直木孝次郎古代を語る

13

奈良の都

吉川弘文館

凡　例

一、本シリーズは、一般読者に親しみやすい著者の論文・研究ノート・講演記録・エッセイを選び、テーマ別に一四巻に編成して収録した。
二、収録の論考は、各巻ごとの書名に基づき三〜五章程度に編成し、新たに見出しを加えた。
三、本文は、発表時の原文通りを原則としたが、つぎのような訂正・整理を行なった。
　1　明らかな誤記・誤植は訂正した。
　2　読者の便を考慮し、新たに見出し、西暦・和暦を加え、送り仮名・ルビを付した場合もある。
　3　文中・文末に〔付記〕〔追記〕等とあるものは、発表時および単行本収録時のものである。
　4　本シリーズの刊行時点において、収載論考の内容に変更、注意すべき点がある場合には、著者が必要に応じて新たに文中・文末に〔後記〕を加え、現時点で特別の意味を持つものは記入年次を記した。
　5　図版・写真の再録は、必要不可欠なものに限った。
五、巻末には、著者による書き下ろしの「あとがき」を収録した。
六、各論文・エッセイ・講演の初出書誌、および収録著書は巻末の「出典一覧」に明記した。

目次

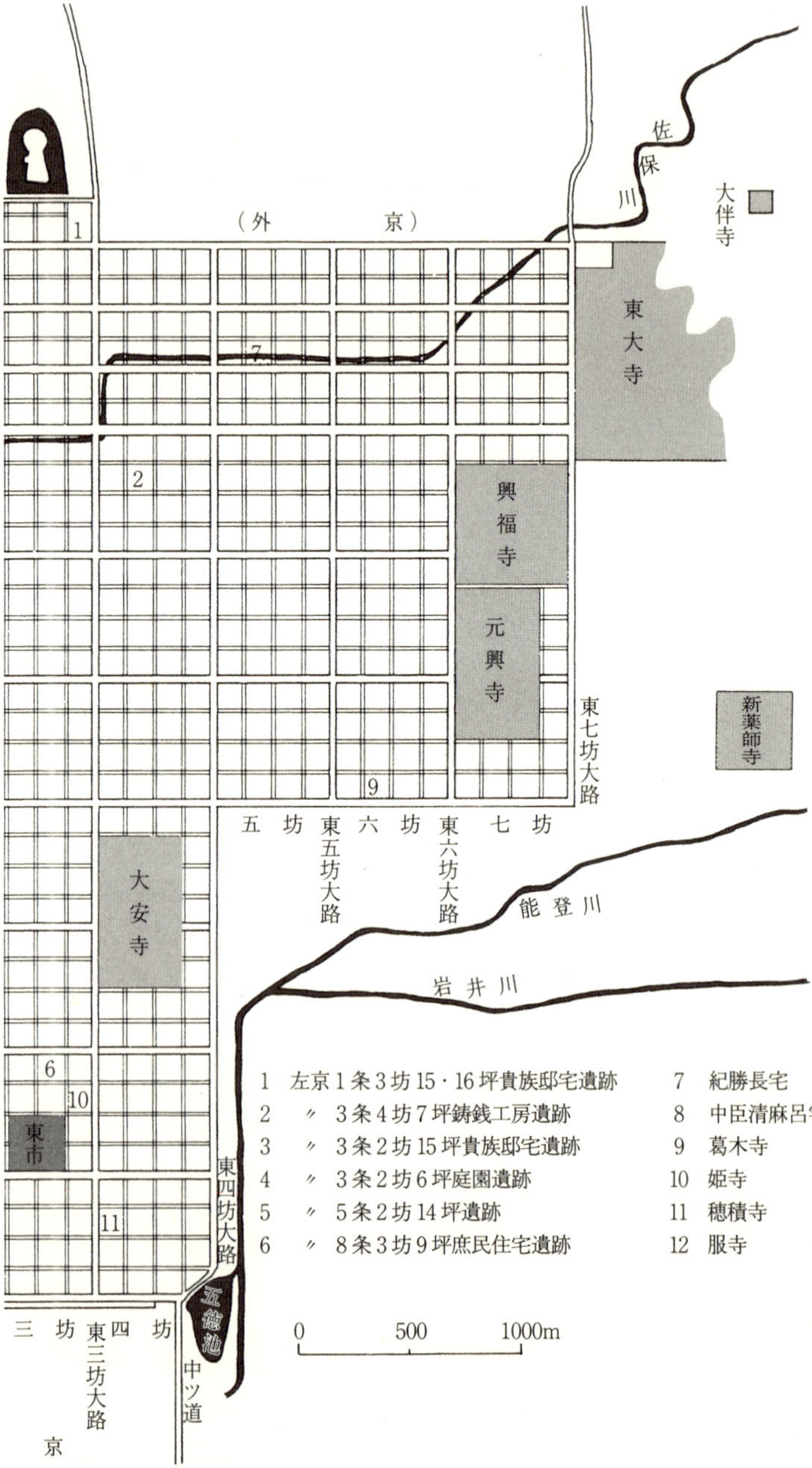
（外　京）
1
2
7
9
6
10
11
佐保川
大伴寺
東大寺
興福寺
元興寺
新薬師寺
東七坊大路
五　坊
東五坊大路
六　坊
東六坊大路
七　坊
能登川
岩井川
大安寺
東市
東四坊大路
五徳池
中ツ道
三　坊
東三坊大路
四　坊
京
1　左京1条3坊15・16坪貴族邸宅遺跡
2　〃　3条4坊7坪鋳銭工房遺跡
3　〃　3条2坊15坪貴族邸宅遺跡
4　〃　3条2坊6坪庭園遺跡
5　〃　5条2坊14坪遺跡
6　〃　8条3坊9坪庶民住宅遺跡
7　紀勝長宅
8　中臣清麻呂宅
9　葛木寺
10　姫寺
11　穂積寺
12　服寺
0　500　1000m

復　元　図

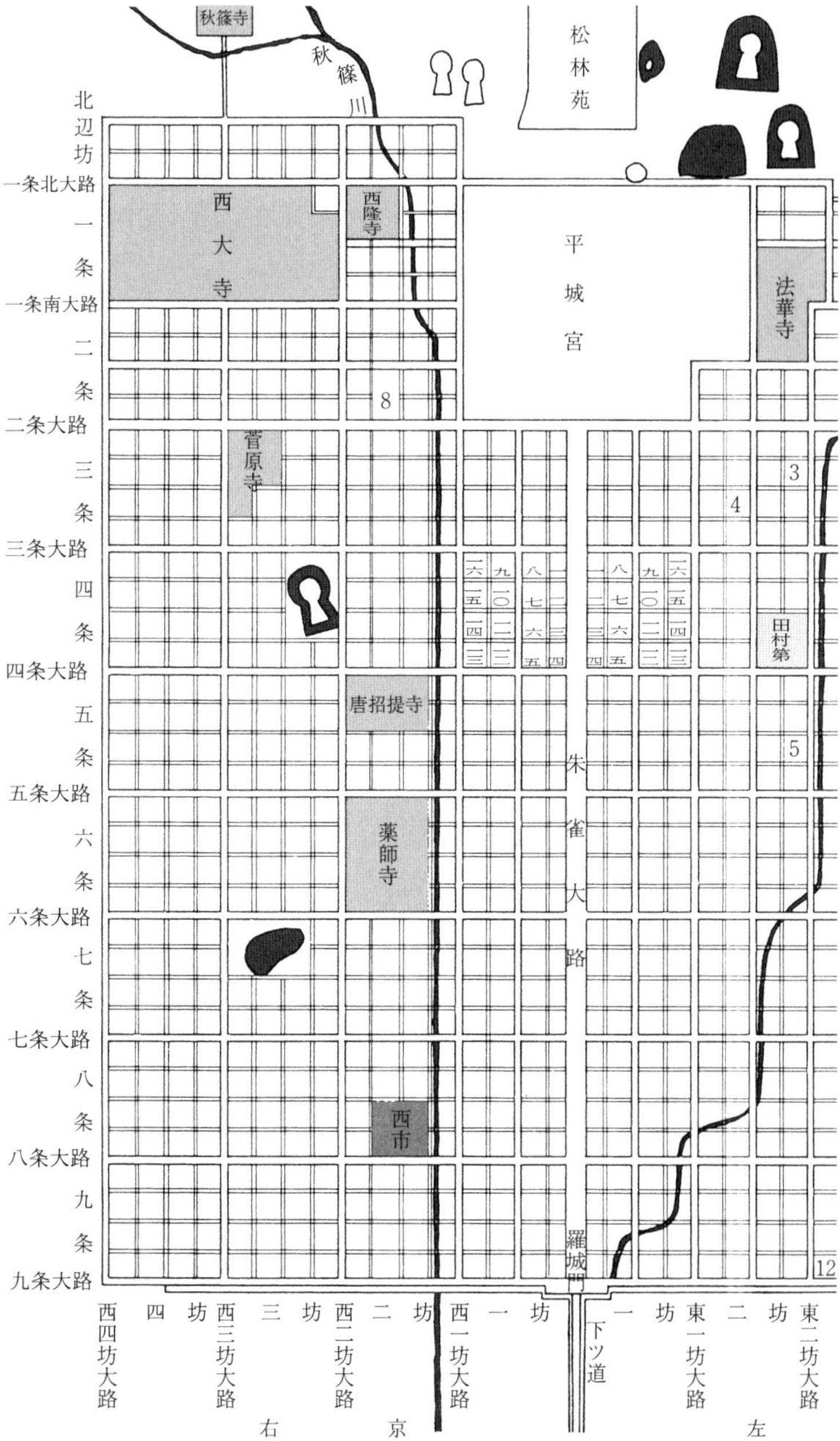
秋篠寺
秋篠川
松林苑
北辺坊
一条北大路
一条
一条南大路
二条
二条大路
三条
三条大路
四条
四条大路
五条
五条大路
六条
六条大路
七条
七条大路
八条
八条大路
九条
九条大路
西大寺
西隆寺
平城宮
法華寺
菅原寺
田村第
唐招提寺
薬師寺
西市
朱雀大路
羅城門
下ツ道
西四坊大路
西三坊大路
西二坊大路
西一坊大路
東一坊大路
東二坊大路
四坊
三坊
二坊
一坊
右京
左京
3
4
5
8
12

平　城　京

序　奈良の都の歴史的位置

1　奈良遷都の意義

藤原京から平城京へ　和銅三年（七一〇）三月、都は奈良盆地の東南の藤原から、同じ盆地の北部、曾布《そふ》（添・所布）の郡の地に遷され、ここに奈良の都＝平城京が成立した。

周知のようにこの都は、藤原京の西の京極と東の京極を画するのに利用された下ツ道・中ツ道の延長を、それぞれ朱雀大路《すざくおおじ》と東の京極とし、朱雀大路を中心に東の京極の線を西に折りかえして、西の京極を定めた（岸俊男「飛鳥から平城へ」『古代の日本』5近畿、角川書店。後記　下ツ道・中ツ道と藤原京との関係は、現在では岸説は修正されている。本シリーズ第一巻「あとがき」の4、参照）。北の京極は、奈良盆地の北を限る奈良山のなだらかな山麓が平野に移行するあたりとし、南の京極はその東西線から藤原京の南北の長さの一・五倍の距離のところに設定した。一・五倍というと、藤原京は南北一二条だから、その割でいくと一八条になるが、奈良の都の条坊の大きさは藤原京の二倍だから、九条となる。東西の坊は、実長で二倍、数では藤原京と同じく左右京各四坊である。面積はそれゆえ奈良は藤原の三倍である。

このようにして奈良の都は画定されるが、東西南北の四つの京極のうち、東の京極が中ツ道の線である以外は、遷都以前とくに重要な道路があったとは思われない。この点は、中ツ道・下ツ道・山田道・横大路の四つの古道を、東西南北の四京極とする藤原京とたいへんにちがう（厳密にいうと、山田道は図上で推定される藤原京の南京極の約一〇〇メートル北を走るが、実際にはその線を南京極としたようである）。

藤原京は、大陸風な永続的都城の建設という点で、日本における在来の都の性格を変革させた。いままで知られている限りでは、難波長柄豊碕宮《なにわながらとよさきのみや》も近江大津宮も、また飛鳥浄御原宮《きよみはらのみや》も主要な建物は掘立柱を用いる和風建築であったのに対し、藤原京は宮殿建築としてはじめて礎石を置き、瓦を葺く中国風建築を採用したことに、それはよく表われている。しかし七世紀中葉にはすでに存在していたと思われる古道を、東西南北の四京極としていることは、藤原京が従来の伝統を断絶した上に成立しているのではなく、それを十分に生かしていることを象徴する（後記　この考えは、現在では訂正しなければならないが、下ツ道や横大路などは、藤原京の条坊の基準に利用されている）、といってよかろう。

藤原という土地からしてそうである。ここは倭京とも呼ばれた推古天皇以来の飛鳥古京と接している。土地が連接しているだけでなく、推古天皇の小墾田宮《おはりだのみや》、舒明天皇の田中宮の推定地は、藤原京内にはいる。舒明天皇の岡本宮・百済宮、斉明天皇の後岡本宮《のちのおかもとのみや》の占地については諸説があるが、かつては藤原京内の地に比定する説も有力であった。

また藤原京一帯の地は、五、六世紀以来ヤマト政権を構成した有力豪族の本拠地ないし勢力基盤の地とのかかわりも深い。蘇我氏の家は軽曲殿《かるのまがりどの》（稲目）、嶋《しま》（馬子）、甘樫丘《あまかしのおか》（蝦夷・入鹿）にあったというから、藤原京の西から南へかけての地であり、阿倍氏の本貫はいまの桜井市阿倍と考えられるから、藤原京の東方にあたる。大伴氏は築坂邑《つきさかむら》に宅地を賜わったという伝承（『日本書紀』神武二年条）をもつほか、十市郡竹田や城上郡跡見に庄をもっていたことが『万葉集』にみえる。これらは藤原京の西南と北および東北にあたる。また朝廷の財政や大王位の継承にかかわりの深い東漢氏《やまとのあや》の繁栄する檜隈《ひのくま》の地は、藤原京の南に当たりさして遠くない。

平城遷都の意味　このように藤原京をとりまく当時の歴史的、政治的環境ははなはだ複雑で、古い因習が断ちがたくまつわっていたと思われる。これに対し奈良の都の環境は、はるかに簡明である。周辺にいる古くからの有力豪族といえば、和珥《わに》・春日とその同族のほかにそれほどめぼしいものはない。その和珥・春日系諸氏族も、六〜七世紀の政治史に占めるウェートは、蘇我・阿倍・大伴の諸氏などとは、比較にならないほど低い。渡来氏族も、奈良の都の東南の山寄りの地に、己知部《こちべ》・曰佐《おさ》・和連《やまとのむらじ》などがいたが、その勢力は東漢氏よりはるかに弱小である。

奈良の都の地はもちろん奈良盆地のなかだから、新天地というわけにはいかない。しかしその歴史的環境は、藤原の地より新しい政治を行うのに適しているといってよかろう。古道の一部を京域画定にとりいれながら、京域の決定には古道以外の要素を利用している。藤原京とは同じではない。

それは伝統の尊重と改革の推進をほどよく調和させたともいえるであろう。別のいいかたをすれば、天智天皇の決断により、まったく新しい地に造られた近江大津京と、天武・持統両天皇により、古い伝統の地に建設された藤原京を足して二で割った都ともいえる。

近江遷都は白村江《はくすきのえ》の敗戦後の政治情勢・国際関係がからまるので、簡単に論ずるわけにはいかないが、天智天皇の政治改革と無関係ではない。ここは畿外にあって奈良盆地からいえばまさに新天地である。しかしこの遷都は、柿本人麻呂が近江大津京の荒廃をいたむ長歌（『万葉集』巻一）のなかで、「いかさまに思ほしめせか」と嘆じたように、大和の貴・豪族にとっては、あまりに唐突であった。大津宮が遷都よりわずか五年ののち、壬申の乱の戦火に亡んだ理由の一半は、遷都が大和の貴・豪族の賛同を得られなかったことにあると思われる。

この失敗の歴史を、以後の政府首脳部は深刻に受けとめたであろう。八世紀初頭の政府――その中心人物は、天智を助けて近江遷都を推進したと思われる藤原鎌足の二男不比等である――は、新しい政治の中心となる首都を、飛鳥・藤原からできるだけ引き離しながらも、大和国内に求めた。こうして成立したのが奈良の都である。

ここで、氏姓制下の伝統をある程度否定し、律令制を基本とする新しい政治が展開するのである。

2　奈良の都の歴史地理

大和川の利用　右にみたように、奈良の都を藤原・大津の二京と対比して考えた場合、奈良が大津京と決定的にちがうところ――逆にいえば藤原京との共通点――は、ヤマト政権の本拠地である奈良盆地にあることである。では奈良が大津宮と共通し、藤原京とちがうところは何か。私はそれを、淀川水系の利用という点に求めたい。

大和・山背（山城）・河内（和泉を含む）・摂津の四ヵ国からなる畿内地域の主要な河川は、いうまでもなく大和川と淀川で、奈良の都はもちろん大和川水系の流域に位置する。具体的には奈良の都を貫流する佐保川が、都のすこし南方で、大和川本流に合する。

しかし奈良の都から、奈良坂越え、歌姫《うたひめ》越えなど昔からある道を辿って、大和と山背の国境をなす低い丘陵を北へこえると、二キロほどで淀川上流の木津川に達する。この川に船を浮かべれば、木津川・淀川をくだって難波に行くことも、宇治川をさかのぼって琵琶《びわ》湖に達することも容易である。ゆたかな水量と広い流域をもち（流域面積は約七二〇〇平方キロ、近畿地方総面積の約四分の一に相当）、近畿地方でもっとも価値の高い淀川水系を利用できるのが、奈良の都の長所である。淀川水系をぬきにして奈良の都を論ずることはできない。また現に奈良時代には、奈良の京にもっとも近い木津川の岸辺（いまの木津町の地）に、木屋が立ちならんでいたことが「正倉院文書」で知られる。

もっとも、藤原京の時代でも、京の建設に必要な用材の運送には淀川水系の水運が利用されたらしい（『万葉集』巻一「藤原宮之役民作歌」）。しかしそれはかなりの不便を伴う。むしろ藤原京の建設の経験が、政府首脳に淀川水系の重要性を認識させ、奈良遷都の気運を醸成する契機となったのではないかと思われる。

淀川水系と大和川水系のちがいは、その自然的な条件にのみあるのではない。両河川のもつ歴史的背景がまた大いにちがうのである。それは大和川が奈良盆地と中河内・南河内を主要な流域とする自然的条件から生まれたのであるが、五〜七世紀のヤマト政権の歴史の主要な舞台となったのが、この大和川の流域であり、ヤマト政権を中心とする古代国家成立史に活躍する氏族の大部は大和川流域を本拠とすることにかかわる。

古代名族の排除　それらの氏族の名をあげると、大王家をはじめとして、葛城・平群《へぐり》・春日・和珥《わに》・蘇我・巨勢《こせ》・物部の諸氏、渡来系では東漢《やまとのあや》氏・西文《かわちのふみ》氏など、古代史を彩る氏族のほとんどの名がならぶ。いわゆる古代の名族で大和川水系以外の地を本拠とするものは、吉備氏とか尾張氏とか上毛野氏とか畿外の豪族を除くと、半ば畿内豪族といってよい紀氏（紀ノ川流域）と秦氏（山背盆地）ぐらいのものではあるまいか。大伴氏の本拠は和泉・摂津の海岸寄りの地だから、大和川の流域ではないが、その発展は大和川と無関係とは思われないし、のち大和川の流域の奈良盆地の東南に居地をもったことは、さきに述べた通りである。

五〜七世紀における古代国家の形成は、これらの氏族の多くの力によって実現した。それゆえ、ヤマト政権が大和川をたよりとする限り、これら古来の「名族」の影響を脱することはできない。七世紀初頭に聖徳太子が奈良盆地の西北の斑鳩に居を定め、竜田道によって難波との連絡を図ったのは、大和川流域の諸氏族の影響力をできるだけ少なくすることも考慮にいれた方策であったかもしれない。しかし竜田道も河内の大県郡・志紀郡あたりで大和川を渡る。斑鳩では中途半端《はんぱ》である。

諸氏族の伝統を排除して、新しい政治を推進するためには、百尺竿頭《ひゃくしゃくかんとう》さらに一歩を進めなければならぬ。といって近江遷都は失敗におわり、孝徳天皇の難波遷都も長つづきしなかった。この前例に鑑みて案出されたのが奈良遷都である。

くりかえすようだが、奈良は奈良盆地にある点で藤原京と同じ基盤に立ち、淀川水系を利用する点では近江大津宮と同じ方策を採っているといえる。これがさきに奈良の都は藤原京と大津宮を足して二で割ったといったことの具体的内容である。

3　奈良の都と唐の政治・文化

唐風の政治　それではこの新しい都で政府首脳部——その中心はやはり天皇一族と、不比等を代表とする藤原氏一族であろう——が目ざした新しい政治とは何か。その特徴の一つである唐風の政治との関係について述べておきたい。

大宝律令は唐の律令とくに永徽《えいき》律令を手本として藤原京で作られたが、藤原京の建設された持統朝（遷都は持統八年〈六九四〉）には、まだ整った律令は日本にはできていなかった。持統三年（六八九）に飛鳥浄御原令《あすかきよみはらりょう》が完成して諸司に配布されたが、律はまだ編纂されず、令も大宝令にくらべるとまだかなり不完全な部分が多かったようである（拙稿「大宝令前官制についての二、三の考察」拙著『飛鳥奈良時代の考察』高科書店、一九九六年。初出一九七八年）。この浄御原令は、『続日本紀』大宝元年（七〇一）八月条に、「（大宝律令は）大略浄御原朝廷を以て准正となす」とあることから、大宝令とそれほど変わりはないとする考えかたもある。しかし浄御原令には、大化改新の時期に成立した朝鮮系の「評」の語がなお用いられており、大宝令においてはじめて唐風の「郡」の制が制定されたと考えられることが示すように、唐令や大宝令との差はまだ相当あったとみるべきである。

つまり唐の政治思想なり政治制度なりを、まだ全面的に受けいれるに至っていない時期に作られたのが藤原京で、唐の律令を全面的に継受して制定した大宝律令が大宝二年に施行されて以後に計画・建設されたのが奈良の都である。

そして藤原京の平面配置すなわち都市計画は、浄御原令がそうであるように、かつて想像されていたほど唐の都の影響は大きくなく、それよりも北魏の洛陽あるいは東魏・北斉の鄴京《ぎょうけい》に似た点の多いことが指摘されている（岸俊男「都城と律令国家」岩波講座『日本歴史』2。秋山日出雄「日本古代都城制の源流」『歴史研究』一九号、大阪教育大学）。洛陽との類似点の特徴的なものとしては、京城の平面の南北と東西の長さの比が三対二であること、宮城が京の北部にあるのではなく、中央部やや北よりに位置することなどをあげることができる。北魏は五世紀中葉に建国して、その都の洛陽は四九三年から五三八年まで存続し、東魏・北斉は六世紀前半に建国し、鄴京は五三九年から五七七年まで続いた。七世紀末の建設である藤原京より一〇〇年以上まえに亡んだ都であるが、その都城の知識は朝鮮からの渡来人によって日本に伝えられたのであろう（後記　藤原京の源流については、その後の調査で、その平面形が矩形でなく、正方形であることの判明した現在、再考の必要がある）。

これに対し、奈良の都と唐の長安とを比較すると、宮城（長安では宮城と皇城）が京の北辺（京極）に接して位置するという重要な点の一致がみられる。奈良の都では一条、二条の条の中央に条間大路、東西各一坊の中央に坊間大路と呼ばれる幅の広い道が通っているのも、長安に類似する。奈良の都の東南隅にいま五徳池があるが、これも長安の東南隅にある曲江池《きょくこうち》（芙蓉苑の池）を模して掘られた池ではないかといわれる（ただし、都全体のプランは、長安がやや横長《よこなが》であるのに対し、奈良の都はやや縦長である）。

唐文化の輸入　こうした奈良の都の建設には、大宝二年に渡唐し、慶雲元年（七〇四）に帰国した遣唐使の人々――粟田真人《あわたのまひと》を大使とする――の知見が役立てられたにちがいないが、このことは、日本の政府首脳が唐の制度と文物の摂取に本格的に取りくんでいることを語る。政府は全力をあげて、唐風の政治と文化の日本への移植をはかったのである。その中心となったのが奈良の都であり、耳目となったのが奈良時代の知識人、とくに遣唐使の人々および遣唐使に従って入唐した学問生・留学僧であり、また唐から日本に渡来した人々である。このほか遣新羅使の人々や、新羅に留学した僧審祥のように、唐の文物に関する知識を新羅で学んで帰国した人々も忘れてはならない。

もちろん国情を異にする唐の政治・制度をそのまま日本に適用することは不可能だし、高度に発達した唐の文化、とくに宗教・思想を日本に根づかせることは困難である。しかしその摂取をはかったわが奈良時代人の努力、それに協力した唐や新羅の渡来人の熱意が、日本の政治を変革し、各方面の文化をいちじるしく向上させ、さらにその後の日本の発達に寄与したことは否定できない事実である。

文化の変貌といえば、藤原京と、それにつづく奈良の都という大都市の出現が、日本にとってはまったく新しい事態である。日本にはじめてその名にふさわしい都会が成立したのである。そこには当時の日本の国力を傾けた壮大な宮殿や寺院が続々と建立され、天皇以下政治を支配し実施する貴族・官人や、多数の僧侶が集住し、政治の施行やこれらの人々の生活の必要に応ずる労働者・奴隷・商人などが起臥した。都を護るのに必要な兵士たちも諸国から集められていた。

この人口一〇万とも二〇万ともいわれる都市の成立は、日本の文化と経済に新しい刺戟を与え、その発展を促す契機ともなった。

こうした奈良の都の諸相は、すでに古くから研究されているが、近年発掘調査の進歩により、多数の木簡や建築・道路の遺跡など多くの新資料がえられ、研究はさらにいっそう発展している。奈良の都は古代の日本の結節点であるとともに、以後の日本の歴史の出発点であるといってよい。

I　平城京のさかえ

若草山から奈良市街を望む

一　奈良のあけぼの

1　奈良の自然と語源

地形と地質　旧奈良市の東部には、三笠火山群と呼ばれる若草山・三笠山・高円山の山々が北から南に連なり、その西側は春日断層崖が南北に走って、急斜面を形成している。この断層崖の形成後、北から数えて吉城川・菩提川（尾花川・率川）・能登川（岩井川）の諸川が、断層崖に谷を作って斜面を浸食し、さらに断層崖西麓の春日野台地を西流して佐保川に合流している。

旧奈良市は春日野台地の西端部を中心に発達した。その市街地の東方、佐保川上流より南、菩提川の線より北、そして若草山・三笠山を抱く春日山およびその東の花山・芳山を含む地域が、ほぼ奈良公園の範囲に該当する。

三笠火山群は、基盤をなす領家式片麻状花崗石の上に噴出した安山岩質の岩石からなる。うち若草山は、噴出の中心が南西から北東に移動して三度熔岩丘を噴出したため、三重の山容を形成したと考えられる。

三笠山は一回の噴出によって成立した単純な熔岩丘である。若草山は三重をなす山形から三笠山と呼ばれることもあり、国土地理院の地図にも「嫩草（三笠）山」と記しているが、現在ではこれを若草山と呼ぶのが一般化している。春日大社の背後にそびえる三笠山は、「御蓋山」とも書く。山形からしても、春日大社の神域となっていることからしても、御蓋山、または御笠山と書くのが古い形であると思われるが、現在ではやさしく三笠山と記される。

奈良の語源　さて以上、奈良公園に該当する地域の自然的状態について述べた。以下この地域の歴史について述べるのであるが、はじめに「奈良」の語源にふれておきたい。

語源として有力なのは、次の二説である。一つは、旧奈良市西郊、すなわち佐保・佐紀の地域の北方の、南山城との境をなすところに連なる低い丘陵をナラ山と呼びならわしたところから、その南方の地もナラと呼んだとする説である。ではなぜナラ山の称が生じたかというと、「踏みならす」の語からもうかがえるように、物の表面を平らにすることを「ナラス」というのにより、佐保・佐紀北方のなだらかな丘陵がナラ山と呼ばれたと推測するのである。この説は実は早く『日本書紀』の崇神紀にみえている。それによると、崇神十年九月、天皇の異母兄武埴安彦《たけはにやすひこ》が反を謀り、軍を集めて山背（山城に同じ）から大和に攻め入ろうとした。天皇は大彦命と彦国葺《ひこくにぶく》とに命じてこれを迎撃させた。二人は精兵を率い「那羅《なら》山」に登って陣を布いた。以下次のように記す。

時に官軍屯聚《いわ》みて、草木を蹢跙《ふみなら》す。因りて以て其の山を号《なず》けて、那羅山と曰う。

そして蹢跙を註で説明して「此を布瀰那羅須《ふみならす》と云う」としている。もちろん、崇神朝のこの事件がもととなってナラ山の話が起こったとは考えられないが、柳田国男や中野文彦氏によって指摘されているように、平地より山腹に連なる緩傾斜地や平坦部の周辺がナラと呼ばれている例は全国に数多く、奈良がナラスと関連の深い語とする見解は、有力な説と認めてよいであろう。

もう一つの説は、朝鮮語の「国・国家」を意味するナラ（나라）が語源であるとする解釈である。『日本書紀』欽明二十六年五月条に、筑紫に投化した高麗人頭霧唎耶陛《づむりやへ》らを山背国に住まわせたとあり、これに続けて、「今の畝原・奈羅・山村の高麗人の先祖なり」と記している。ここにみえる奈羅は、山城国久世郡（ヤマシロはもと「山背」。平安遷都以後「山城」と書く）の那羅郷（『和名抄』）、今の京都府八幡市上奈良・下奈良の地のようであるが、朝鮮渡来人の居住地がナラと呼ばれていることが知られる。奈良市付近にも朝鮮系渡来人の居住していたことは確実であり（後述）、その人々が住みついた地域をナラと呼んだことは十分に考えられることである。この説は早く松岡静雄によって唱えられ、今日これを踏襲する研究者も少なくない。

このほか、前記のナラ山を『万葉集』のなかで「楢山」（四巻五九三・一三巻三二四〇）と記す例のあることなどから、楢の木が茂っていたことによりナラの地名が生じたのではないか、とする説もある（吉田東伍『大日本地名辞書』参照）。また、旧版『奈良市史』は、オロッコ語で「ナ」は陸・野・国を意味し、「ハラ」は村・国を意味するところから、ナラの起源はツングース語にもとづくのではないか、とする説をも紹介している。

このように奈良の地名起源には諸説があり、現状ではいずれとも決しがたいというべきであろう。

2　奈良時代以前の遺跡・遺物

縄文・弥生時代の遺跡と遺物　さて、この地域の歴史的発展のあとをたどる順序となったが、まず縄文時代から古墳時代に至る考古学上の遺跡について述べる。

概観していえるのは、縄文・弥生の遺跡に乏しいことである。縄文時代の遺物は、奈良市柳生下町から石鏃や縄文土器片、大柳生町から石斧・たたき石、水間町から石鏃などの発見が報ぜられているが、いずれも公園地域から東北あるいは東南にかなり離れた山間部である。

弥生時代の遺跡・遺物としては、平城宮跡西南隅付近から、集落跡や壺棺・炭化米その他の遺物、奈良市窪之庄町から住居跡・溝など、池田町広大寺池から弥生式土器や石鏃などの出土が知られる。これらはいずれも著名な遺跡であるが、これらもまた公園地域の西方あるいは南方に離れて所在する。公園地域内では、若草山から石鏃、高畑町「旧歩兵第三八聯隊」（現、奈良教育大学）構内から弥生式土器・骨角器などが発見され、また春日野台地の西端にあたる大森池周辺（現、大森町）では、弥生式土器や石庖丁なども採集されているが、まだ住居跡は発見されていない。しかし、台地上は奈良時代に興福・元興・東大などの大寺院が建立され、それをめぐって早くから市街地化が進んだから、遺跡が破壊・埋没したおそれは大きい。これらを勘案すると、弥生時代に人々は台地の縁辺部に住居を定め、その東方の山地や傾斜地を狩猟ないし植物採集の場として利用して生活していたという状況を想像することは可能であろう。弥生時代からこの地域の開発はじょじょにはじまったのである。

古墳時代の遺跡と遺物　古墳時代においても、確認された遺跡の数はそれほど多いとはいえないが、若草山頂に存する鶯塚古墳は有名である。それは全長一〇三メートルの前方後円墳であって、前方部幅約五〇メートル、後円部径約六一メートル、前方部を南に向け、二段築成の古墳である。前方部と後円部に埴輪《はにわ》円筒列がめぐらされ、墳丘の表面全体が葺石《ふきいし》に覆われていたことも、日本古文化研究所の調査によって推定されている。墓室は未調査であるが、古く船形埴輪の破片と、家型埴輪の屋蓋の破片とが採取され、また一九五三年に前方部西南隅の土中から小形の内行花文鏡《ないこうかもんきょう》が発見された。これらの遺物や墳丘の形態から、古墳の築造年代は五世紀と推定されている。この時期の前方後円墳で、このような山の頂上に築かれたのは珍しい。

この古墳が鶯塚と呼ばれるのは、『枕草子』一九段に「みささぎは、うぐひすのみささぎ」とあるのに該当すると伝えられたことによる。現在、後円部の頂上に「鶯陵」と刻した石碑が建っているが、裏面には、

享保十八歳次癸丑九月良辰／東大寺大勧進上人／□（庸）訓建／延喜式曰平城坂上墓／清少納言謂之鶯陵／并河永誌

とあって、享保十八年（一七三三）に東大寺の庸訓《ようきん》上人が建立し、文は『大和志』の編者並河永の撰であることがわかる。この文中「平城坂上墓」というのは、仁徳天皇の皇后磐之《いわの》媛《ひめ》の墓のことで、この古墳は磐之媛の墓とも伝えられていたのである。また、『大和志』をみると、平城坂上墓を説明して、「磐之媛命、鶯山頂に在り、（中略）枕草子の所謂鶯の陵は即ち此なり」とある。ただし『枕草子』の「うぐひすのみささぎ」を大阪府太子町にある孝徳天皇の大坂磯《し》長《なが》陵（『延喜式』）とされる古墳にあてる説もある。清少納言がどの古墳を鶯陵と考えたかは明らかでない。

なお鶯塚古墳の前方部前面に、小形の方墳らしいもの二基と円墳らしいもの二基が存する。方墳はいずれも一辺約一〇メートル、円墳は径約一八メートルおよび約一〇メートルである。鶯塚古墳の陪塚の

可能性があるが、実態は未調査である。

公園地域内には、もう一ヵ所古墳の群集する所がある。春日野台地のうち春日大社の鹿園のある地区で、小川を隔てて北側の御料園台地に八基、南側の飼料園台地に六基の小円墳が存在する。この古墳群は昭和二十二年（一九四七）に調査が行なわれ、御料園古墳群一基、飼料園古墳群五基が発掘された。発掘調査された古墳はいずれも径三ないし五メートル程度の小円墳で、長さ二・七メートル、幅一・二メートルほどの長方形の竪穴《たてあな》式石室を設けている。ほとんどが破壊され、遺物を失ったものが多いが、須《す》恵《え》器《き》の小型・丸底の壺《つぼ》・高杯《たかつき》・𤭯《はそう》（容器の一種）・堤瓶《ていへい》・鉄鏃・鉄刀などを残存しているものもある。年代の判定が困難であるが、これら遺物から古墳時代後期または奈良時代と推定される。近年の調査によると、古墳の数は若干増加するようであるが、自然地形か人工の封土か、まぎらわしいものも存する。

なおこのほか、三笠山の原始林中に、山頂東寄りから南麓の紀伊神社までと、北麓の水谷《みずや》川までとに、二筋の石敷きの道、また山頂付近その他の三、四ヵ所に方形の祭壇跡とみられる石敷きの広場が、それぞれ発見されている。正確な調査結果が発表されていないので、年代や性質に不明の点が多いが、春日大社の祭祀の前身をなす古代の祭祀遺跡ではないか、という期待もかけられている。

以上が現在のところ、考古学的調査によって知られるこの地域の大体である。縄文時代には獲物を狙う縄文人が姿をみせたであろうが、まだ定住の地とはならず、弥生時代に入って、ようやく緩傾斜の台地上に生活の場が求められるようになる。古墳時代の中期には、鶯塚古墳の存在が示すように、この地も有力な豪族の勢力下に組み入れられる。公園地域にはこれ以外に大型の古墳は存しないが、この地域に隣接する佐紀・佐保の地（旧、奈良市西郊）には佐紀楯列《たてなみ》の古墳群があり、奈良市大安寺町には杉山古墳、油坂町に伝開化天皇陵古墳があることなどを思えば、古墳時代前期末以降、有力豪族の支配する地であったことが想像される。その豪族は、おそらく五世紀以降春日氏を名乗る氏族であり、それが大王家に服属するとともに、この地域にも大王の権力がのびたと思われるが、そうしたことは次項において改めて述べる。

3　春日地域の重要性

春日と春日の国　既述したように、現在の奈良公園地域の東部を占める山塊を春日山と称しているが、奈良時代以来その山麓にある藤原氏の氏神の社が春日神社と呼ばれていることからしても、古くから春日山の名は存したと思われる。また春日神社の所在地を含む春日山山麓の台地が、春日または春日野と呼ばれていたことも疑うに及ぶまい。『万葉集』にしばしば春日山や春日野が歌われるのは、これらの地が平城京に隣接し、貴族・官人にきわめて親しい存在であったからである。

地名としての春日が記録にあらわれるのは、『日本書紀』開化元年十月戊申（十三日）条に、

都を春日《かすが》の地に遷す。是を率川宮《いざかわ》と謂う。（訓註略）

同じく開化六十年十月乙卯（三日）条に、

（天皇の遺骸を）春日の率川の坂本陵に葬る。

『古事記』開化天皇段に、

若倭根子日子大毘毘命《わかやまとねこひこおおひひのみこと》（開化天皇）、春日の伊邪河宮《いざかわのみや》に坐《ま》して、天下を治むるなり。

とあるのが早い例である。

また景行五十五年二月に、東山道一五国の都督に任じられた彦狭嶋《ひこさしま》王が、東国におもむく途中、「春日の穴咋邑《あなくいのむら》に到り、病に臥して薨」じたこと（穴咋邑の地については後述）や、允恭七年十二月に、舎人《とねり》の中臣烏賊津使主《いかつのおみ》が、天皇の命により近江国から絶世の美女の弟姫《おとひめ》をともなって大和へ上る途中、「倭の春日に至り、櫟井《いちひい》の上」で、食事をしたことが『日本書紀』にみえる。

これら『記紀』の所伝は、いずれも歴史上の事実とは思われないが、都がおかれたということは春日の地が政治的に重要であることを示し、東国へ向い、また近江から帰るときに春日を通るというのは、この地が交通上の要地であることを意味する。

次に「春日の率川《いざかわ》」「春日の穴咋邑」「春日の櫟井」というところからすると、春日の地は春日山麓の春日野台地を指すだけでなく、もう少し広範なひろがりを持っていたと思われる。率川は猿沢池の南をめぐって佐保川に入る今の率川と考えてよかろう。穴咋邑は所在未詳ながら、『日本書紀通証』のいうように式内社の穴吹神社（添上郡）の地とすれば、奈良市古市町である。櫟井は、『古事記』にみえる応神天皇の歌に、

　櫟井の丸邇坂《わにさか》の土《に》を

とあることなどから、天理市櫟本町付近とするのが通説である。以上からすると、率川の流れる春日野台地から、古市・帯解・和邇・櫟本に至る山麓地帯をまとめて春日ということもあったのであろう。

『日本書紀』継体七年九月条には、勾大兄皇子《まがりのおおえ》（安閑天皇）が春日皇女を妃にむかえたとき、次の歌を歌ったというが、その歌には「春日の国」がみえる。

八島国　妻枕ぎかねて
春日《はるひ》の　春日の国に
くはし女《め》を　有りと聞きて（後略）

ここにいう春日の国は、上述の広範な地を含めての称であろう。春日皇女は仁賢天皇の妃和珥臣日爪《わにのおみひつめ》の女糠君娘《あらきみのいらつめ》の所生である。後述するように和珥臣は春日臣と同族で、春日の地と関係が深いのである。ただしこの歌は勾大兄皇子の実作ではなく、物語作者が当時の民謡などを改作して作ったものであろう。

『古事記』雄略天皇段に、雄略天皇が丸邇の佐都紀《さつき》臣のむすめ袁杼比売《おどひめ》を娶ろうとして、「春日に幸行《い》でまし」たという話を載せるが、丸邇は和邇と同じであるから、和邇も春日のうちという考えで作られた話であろう。『和名抄』には添上郡に、山村《やまむら》・猶《なら》（高山寺本では「楢中」）・山辺《やまのべ》・楊生《やぎゅう》・八島・春日・大宅《おおやけ》の七郷を記しているが、かつての春日の国は、山辺・楊生をのぞく五郷を含む地域ではないかと思われる。

しかしもちろん、春日がもっと狭い地域を指すこともある。『日本書紀』武烈前紀に、武烈天皇が即位以前の太子のとき、平群臣鮪《へぐりのおみしび》と争ってこれを乃楽山《ならやま》で殺した話がある。このとき鮪の愛人物部大連麁《あら》鹿火《かひ》のむすめ影媛《かげひめ》は、悲しんで次の歌を作り、乃楽山へ急いだという。

石《いす》の上　布留《ふる》を過ぎて
薦枕《こもまくら》　高橋過ぎ
物多《さわ》に　大宅《おおやけ》過ぎ

春日の　春日を過ぎ
妻隠《ごも》る　小佐保《おさほ》を過ぎ
玉笥《たまけ》には　飯さへ盛り
玉盌《たまもい》に　水さへ盛り
泣き沾《そほ》ち行くも　影媛あはれ

これでみると、春日は大宅（奈良市帯解町・古市町付近）と佐保（奈良市法蓮町・佐保田町付近）の間、すなわち春日野台地を中心とする地域と考えられる。やはりこのあたりが本来の春日で、のち南の方までこの地名に包含されるようになったのであろう。

春日地域の氏族　春日山麓から南方櫟本あたりまでの地域が春日の国と呼ばれたであろうと推測したのであるが、五、六世紀においてこの地域を支配した豪族が、春日臣とその同族の氏族たちであったと思われる。

『古事記』によると、春日臣は孝昭天皇の皇子天押帯日子命《あめおしたらしひこのみこと》を祖とし、同じ系譜の氏族に大宅臣・粟田臣・小野臣・柿本臣・壱比韋臣・大坂臣・阿那臣・多紀臣・羽栗臣・知多臣・牟邪臣・都怒山臣・伊勢飯高君・壱師君・近淡海《ちかつおうみ》国造の諸氏があったという。このうち傍点を付した大宅臣・柿本臣・壱比韋臣の三氏は、大宅の地が前述のように古市町付近、柿本の地名が櫟本町の東部にあり、壱比韋《いちひい》が前述の櫟井と同じ地と思われるところから、この春日の国に本拠をおいていたと考えてよい。粟田・小野両氏は山背を本拠とする氏族であって、春日氏・大宅氏などとの関係は密接であったろう。

また春日臣の同族には、以上の他に和珥氏があった。それは雄略紀元年三月条に「春日和珥臣」という複姓がみえることでわかるが、先にも述べたように春日の国の範囲に和珥の地があることからも傍証できる。また前述の仁賢妃の和珥糠君娘《あらきみのいらつめ》の所生の皇女が、春日皇女と称されているのも、和珥臣と春日臣との関係の深いことを思わせる。春日臣が孝昭天皇から出たと伝えられることも前述したが、『日本書紀』の孝昭紀をみると、その六十八年条に孝昭天皇の皇子・天足彦国押人命《あめたらしひこくにおしひと》が「和珥臣等の始祖」であるとする。皇子の名に少異はあるが、伝承過程の誤りで、本来『古事記』の春日臣のそれと同系の伝承と考えてよかろう。岸俊男氏は、『記紀』ともに欽明朝以後には和珥（和邇・丸邇）氏の称があらわれないところから、継体・欽明朝ごろに和珥氏は春日臣と改姓したのではないかとされるが、従うべき見解であろう。

さて、この春日の国に勢いのあった春日臣の性格や隆替についても岸俊男氏の著名な研究（「ワニ氏に関する基礎的考察」『日本古代政治史研究』所収）があり、ここではその詳細について述べる余裕はないが、政治史上この氏のもっとも著しい特色としては、五、六世紀にかけて、大王家と密接な婚姻関係を結んでいたことが挙げられる。『日本書紀』にみえるところを応神天皇以降について記すと、左記の通りである。

応神妃　和珥臣の祖、日触使主《ひふれのおみ》のむすめ宮主宅媛《みやぬしやかひめ》、その妹・小甂媛《こなべひめ》
反正夫人　大宅臣の祖、木事のむすめ津野媛、その妹・弟媛
雄略妃　春日和珥臣深目のむすめ童女君《おみな》
仁賢妃　和珥臣日爪のむすめ糠君娘
継体妃　和珥臣河内のむすめ荑媛《はえ》

欽明妃　春日臣日抓のむすめ糠子《あらこ》
敏達夫人　春日臣仲君のむすめ老女子《おみなご》

『古事記』の所伝もほぼこれに一致する（雄略妃と丸邇之佐都紀臣のむすめ袁杼比売とする点と、継体妃の荑媛を阿倍之波延比売とする点だけが違う）。両書の所伝のすべてが事実とは断定できないが、大半は信じてよかろう。これだけ多くの后妃を出した伝承をもつ古代氏族は、五世紀の葛城《かずらき》氏と六・七世紀の蘇我氏を除いてはほかにないのである。しかし春日氏は、権勢をふるった葛城・蘇我両氏と大いに違うところがある。葛城・蘇我両氏から出た后妃の生んだ皇子・皇女には即位して天皇（大王）となったものが多い（履中・反正・允恭・清寧・顕宗・仁賢は葛城系后妃の所生、用明・崇峻・推古・持統・元明は蘇我系后妃の所生）のに対し、春日氏系氏族から出た妃・夫人の所生の皇子・皇女には、天皇（大王）となったもののないことが、それである。

なぜそのような差が生じたのか、いまにわかに理由を明らかに述べることはできないが、春日氏系諸氏族の勢力が葛城・蘇我両氏にくらべて強大でなかったことによると考えなければなるまい。その原因はいずれにせよ、葛城・蘇我両氏が外廷に権勢をふるい、政治の面で活躍したのに対し、春日氏系氏族は内廷には勢力があったが、政治の表面にはほとんど姿をあらわさなかった。活動の舞台はもっぱら大王家の後宮であった。縷説するのは省くが、春日・和珥氏系の后妃や所生の皇子・皇女をめぐる歌謡や物語が『記紀』に多く伝えられているのは、これと関係があるだろう。そうした物語の代表的なものとしては、宮主宅媛所生の菟道稚郎子《うじのわきいらつこ》皇子の皇位継承に関する物語と、嶋鳥《めとり》皇女の悲恋物語をあげるにとどめておく。これらの物語は大王家の後宮で喜ばれて発達し、春日系氏族の間に伝承されたのではないかと思うのである。七世紀になってのことだが、歌聖と称せられる柿本人麻呂が生まれるのも、この環境があってのことであろう。先に述べたように柿本氏は春日系氏族の一つである。

しかし春日系氏族は政治上にさしてめざましく活動していないとはいえ、大王家と長期にわたって深い関係をもったことは、この氏族が大和における有力豪族であったことを示している。この豪族がヤマト政権内部でそのような独特の地位を築いた理由については、春日の地が前に触れたように交通上の要地であることを無視できないであろう。項を改めて春日山麓地帯の古代交通史上の意義について述べるが、その前にこの地域の渡来系氏族について触れておく。

先に欽明二十六年に高麗人が山背国に住んだことを述べたが、『日本書紀』欽明元年二月条には、百済人己知《こち》部を「倭国添上郡の山村」に置いたとある。この山村は山村御殿円照寺のある現在の奈良市山村町の地であろう。『姓氏録《しょうじろく》』大和国諸蕃をみると、「山村忌寸　己知と同祖」とある。上記の百済人己知部と同系の氏族であろう。同じ大和国諸蕃には、「己智　秦の太子胡亥より出ずる也」と記している。『続日本紀』和銅七年（七一四）十一月条に添上郡の人奈良許知麻呂という人がみえるが、おそらく同系であろう。奈良山の山麓地域に住んでいたかと思うが、『和名抄』にみえる添上郡楢中郷（櫟本町付近）の地の住人かもしれない。

また山城皇別の曰佐《おさ》の項をみると、「大和国添上郡の曰佐等の祖」とあって、添上郡に曰佐を姓とする氏族のいたことがわかる。ここでは曰佐は皇別になっているが、曰佐は訳語とも書き、渡来系氏族の姓とするのが通説である。この見地に立てば、奈良訳語（推古十年紀）や山村曰佐（天平宝字五年十一月付「正倉院文書」）は、奈良・山村の地に本拠をおく渡来人と考えられる。このあたりから山背南部へかけては、渡来人氏族の多い地域であった。それもこの地が交通上の要地であることによっているだろう。

山辺の道・奈良山　先に物部影媛が平群鮪《しび》の死を悼んで作った歌をあげたが、それによると布留《ふる》から高橋（櫟本付近）・大宅・春日をすぎて佐保へ至る道のあったことが推測される。それは奈良盆地の東部山麓を南北に走る山辺の道であるが、天理市以北では桜井市から北上してくる上つ道と合体していたと考えてよかろう。『古事記』仁徳天皇段に、大后石之日売（磐之媛）が「那良の山口」で次の歌をうたったとある。

つぎねふや　山代河を
宮上り　わが上れば
あをによし　奈良を過ぎ
小楯《おだて》　倭《やまと》を過ぎ
わが見が欲《ほ》し国は　葛城高宮《かずらぎたかみや》
吾家《わぎえ》のあたり

奈良を過ぎ、城下郡大和郷（天理市新泉町付近）の倭をすぎる、というのだから、山代河（木津川）の木津で船をおり、奈良坂を越えて奈良を通過し、上つ道を通って倭へ行くという交通路の存在がわかる。影媛の歩いた道を逆に南下することが歌われているのである。

この歌にみえるように、奈良は山背から大和への入口、大和側からいえば山背への出口にあたる。『古事記』垂仁天皇段にみえる次の話は、奈良からの出口が「那良戸《ならと》」と呼ばれ、交通上重要視されていたことを示す。垂仁天皇が皇子の本牟智和気《ほむちわけ》王に曙立《あけたつ》王・菟上《うなかみ》王の二人を副えて出雲大神のもとへ遣

わそうとしたとき、卜《うらない》をしてみると、

那良戸よりは跛盲《あしなえめしい》遇はむ、大坂戸よりも亦《また》跛盲遇はむ、唯《ただ》木戸ぞ是れ掖戸《わきど》の吉き戸

ということであった、というのである。大坂戸は二上山の中腹の峠を越えて行く大坂道であり、木戸は巨勢道を通って紀伊に向う道で、掖戸は主に対する副の道の意であろう。そして那良戸はいうまでもなく奈良坂を越える道である。西国へ行くには、大坂道と奈良坂越えが主要幹線とみなされていたことがわかる。那良口をいまの奈良坂越にのみ限定する必要はなく、下つ道の延長上の歌姫越えや、中つ道の延長上で奈良山を越える道（こなべ越え）をも含めて考えた方がよいが、もっとも早くひらけたのは奈良坂の道であろう。

那良戸が重要なのは西国への出入口という理由だけではない。那良戸からは東国への道もひらけているのである。いうまでもないことだが、奈良坂から南山背へ出、木津川に沿って北上すれば、その道は宇治川を渡って近江にはいり、東国への道に連なる。近江からは北陸への路もひらけている。伝説ではあるが、崇神天皇十年に四道将軍が任命されたとき、北陸へ遣わされることとなった大彦命は和珥坂をへ南山背へ進もうとしたことが『日本書紀』にみえる。大彦命は和珥坂で少女の歌を聞き、武埴安彦《たけはにやすひこ》の謀反を知る。『古事記』では、大毘古命（大彦命）は「山代の幣羅《へら》坂」で少女の歌を聞くとなっているが、奈良から南山背への道をとっていることがわかる。景行天皇五十五年に東山道一五国の都督に任ぜられた彦狭《ひこさ》島《しま》王が任に赴く途中、春日穴咋邑《あなくいむら》で病死したという伝え（『日本書紀』）も、那良戸が東国への出口であることを語っている。

時代は下るが、『万葉集』に「額田王、近江へ下る時作れる歌」と題する長歌があり、「味酒《うま》　三輪の

山　あをによし　奈良の山の　山の際《ま》に　い隠るまで（下略）」（一七）とうたっているところからすると、当然のことながら奈良山を越えて近江へ向ったことがわかる。天智六年（六六七）の近江遷都のさいの歌であろう。さらに時代は下るが、八世紀初頭のものと思われる木製の関所の通行証、すなわち過《か》所符《しょふ》が平城宮跡内を通る下つ道の側溝から発見された。符の文面によって、その過所符は近江国蒲生郡の人が藤原京へ行くのに用いられたことがわかる。奈良を通る道が近江へ通ずることを実証するものである。

奈良山で戦いが交えられたことがしばしば伝えられているのは、ここが交通上の要地と目されていたからであろう。その戦いの一つは先に述べた大彦命と彦国葺《ひこくにぶく》の軍が、山背より大和に侵入しようとした武埴安彦の軍を那羅山（奈良山）で迎え撃つ話である。ただし『日本書紀』によると、那羅山では大彦命・彦国葺軍は屯聚して気勢をあげただけで、戦いは泉川（木津川）を挟んで行なわれたという（『古事記』もほぼ同説）。

戦いの二つ目は、仁賢十一年に天皇の没したのち、大伴連金村が数千の兵を率い、大臣平群真鳥《へぐりのまとり》の子鮪を待ちうけて、乃楽山で戮《ころ》したという話である（『日本書紀』武烈前紀）。

この二つの話はいずれも事実と断定できないが、次に述べる壬申の乱における乃楽山の戦いは史実とみて誤りあるまい。天智天皇が死んだ翌年が壬申の年（六七二）であるが、この年六月二十四日、吉野に隠棲していた大海人皇子（天武天皇）はひそかに美濃に走って挙兵した。かねて大海人皇子に心を寄せていた大伴連吹負《ふけい》は、これに呼応して六月二十九日に決起して飛鳥古京を奪取占拠し、二、三日のち近江の朝廷を攻めるために出撃して、七月三日に乃楽山に到着、布陣した。対する近江朝廷は大野君果安《はたやす》を将とする軍隊を派遣し、両軍は七月四日に乃楽山で遭遇し、干戈を交えたが、近江軍の勢い強く、吹負は敗れて退却した。以上が乃楽山の戦いの大要である。

乃楽山は春日の地域から外れるが、至近の距離に隣接する。右に述べたところから、春日の地が古代政治史のうえで重要な地であったことがわかるであろう。

春日県と匝布屯倉　春日の地に春日県《あがた》がおかれたのは、そこが政治上重要な地域であったからであろう。県は県主に管掌され、県主はヤマト政権の内廷に仕え、天皇に直属する豪族とされている。大和には高市・葛木・十市・志貴・山辺・曾布の六の御県があるが（祈年祭祝詞）、そのほかに春日県があった。それは『日本書紀』綏靖二年正月条にみえる一書の説に、春日県主大日諸《おおひもろ》のむすめ糸織媛《いとりひめ》が皇后となったとあることで知られる。もちろん立后のことは史実ではなく、七世紀ごろ、春日県主の一族の女性が後宮に仕えて天皇の側近に侍し、また皇子のための乳母として出仕したなどのことがあって、このような伝説が作られ、『日本書紀』に一書の説として挿入されたのではなかろうか（直木「県主と古代の天皇」同著『日本古代の氏族と天皇』）。春日県の成立も『日本書紀』に伝えるほど古いことではなく、六、七世紀とみるべきだろう。

また『日本書紀』孝霊天皇二年の条には、「一に云う」として春日千乳早山香媛《ちちはややまかひめ》の立后を伝え、『古事記』も孝霊天皇が春日の千千速真若比売を娶ったという。この伝承も七世紀ごろの成立であろう。私見を率直に述べるならば、前記の春日県主糸織媛の立后伝承とともに、その成立は『記紀』の原型が最終的にまとめられつつあった七世紀末、ないし八世紀初頭の可能性が強いと思う。その理由は、第一に綏靖・孝霊両天皇を含む神武〜崇神間の天皇紀が形をととのえたのがその時期であること、第二に八世紀初頭には、六九四年持統天皇によって遷都の行なわれた藤原京に代って、新しい都の候補地として春日・奈良の地が当時の朝廷首脳部の人々に注目されつつあったと思われること、この二つである。開化天皇が都を春日率川に定めたという伝承も、おそらくはこの空気のなかで作られたのであろう。

これに関連してもう一つ注意されるのは、匝布屯倉《さほのみやけ》の存在である。『日本書紀』によれば、継体天皇の皇太子勾大兄《まがりのおおえ》皇子の妃春日皇女に子がないため、天皇は継体八年正月に春日皇女に匝布屯倉を与え、妃の名を後世にあらわすように配慮したという。春日皇女は仁賢天皇の妃となった和珥臣糠君娘の所生である。継体八年紀の伝承がどこまで確かであるかはわからないが、匝布は春日の地域の北にある佐保のことで、ここに屯倉が設けられたことまで疑うには及ぶまい。ここに屯倉が置かれたのは、この地域が政治的、経済的に重要視されていたことを示している。

また史実とは思えないが、垂仁朝に垂仁天皇の従兄弟にあたる狭穂彦が反乱を企てて敗死し、狭穂彦の妹で天皇の妃となっていた狭穂姫もともに死んだ話が、『記紀』に伝えられている。この話では、狭穂彦は狭穂（佐保）に住んでいたように語られている。このような伝承が生まれたのも、佐保の地が重要な場所であったからであろう。

4　奈良遷都への動き

奈良の地に都を遷す詔が発せられたのは、和銅元年（七〇八）二月十五日である。文武天皇が没し、母の元明天皇が後をついで八ヵ月のちのことであった。遷都の政治的・思想的背景について述べることは省略するが、ここで一言注意したいのは、春日氏系氏族がこのころ朝廷でかなりの勢力をもっていたことである。主要な人々の七〇一年（大宝元）から七〇八年（和銅元）までの官位を次に列挙しよう。

粟田朝臣真人　七〇一年正月　直大弐、遣唐執節使
　七〇二年五月　正四位下、朝政に参議
　七〇八年三月　従三位、太宰帥
小野朝臣毛野　七〇二年五月　従四位下、朝政に参議
　七〇八年三月　正四位上、中納言
小野朝臣馬養　七〇八年三月　従五位下、帯剣寮長官
大宅朝臣金弓　七〇八年三月　正五位下、伊勢守
柿本朝臣佐留　七〇八年四月　従四位下で卒す

平城遷都は藤原不比等らが中心になって推進したことと思われるが、春日氏系の高級官人が五人も宮廷に存したことは、遷都の実現に若干の力となったであろう。和銅元年九月三十日に造平城京司の職員が任ぜられるが、従五位下小野朝臣広人、同馬養の二人がその次官となった。春日氏一族が平城遷都に積極的な立場を取っていたと解してよかろう。

造平城京司の任命に先だって同月（九月）十四日、元明天皇は添下郡菅原（奈良市菅原町）に行幸し、二十日に平城を巡幸、二十二日山背国相楽郡の岡田離宮に行き、二十七日に春日離宮に至り、二十八日に藤原宮に帰った（『続日本紀』）。遷都のための現地視察であることはいうまでもないが、春日に離宮の置かれていたことが注目される。かねてからこの地に着目していたことが察せられる。帰還後、ただち

に造平城京司が構成され、遷都へ向けて大規模な工事が始まるのである。

　和銅三年（七一〇）三月に遷都は無事に執り行なわれ、奈良山の南の平地に壮大な宮都が建設される。そして春日野台地の西辺は外京にとりこまれ、次々に大寺院が建立され、やがて春日山麓には春日神社が営まれる。そして緑につつまれた春日野の野辺は、遊楽の地として都の人々に親しまれるようになるのである。

二　平城京と京の人々

1　平城京の玄関と朱雀大路

羅城門——京の玄関　平城の都を左京、右京に両断して、南北に走る朱雀大路《すざくおおじ》が、都の南端で九条大路とまじわるところに、平城京の表玄関、羅城門がある。いまのJR大和郡山駅の東北方、佐保川にかかる来生《らいせ》橋のあたりがそこだ。現在は大和郡山市にはいるが、もと平和村大字三橋小字来生で、らいせは羅城《らじょう》のなまりという。門のあとが川となっているのは、佐保川の流路がかわったためで、川の中に礎石が残っている。門の大きさは近年の発掘調査によって、桁行《けたゆき》（間口《まぐち》）約三三メートル、梁間《はりま》（奥行《おくゆき》）約二三メートルとわかった。

羅城門のことが歴史にはっきりあらわれるのは、『続日本紀』の天平十九年（七四七）六月十五日の条がはじめで、この日この門で雨乞いの儀式が行なわれたとある。旧暦の六月十五日は夏のいちばん暑いころである。都の表玄関だから、遣唐使や征夷の将軍などは、ここを通って出発し入京した。奈良時代も末に近い宝亀八年（七七七）四月、遣唐大使佐伯宿禰《さえきのすくね》今毛人《いまえみし》は光仁天皇以下朝廷の人々に別れを告げて宮城を出発したが、羅城門にいたって病と称し、とどまってしまったことが、やはり『続日本紀』

に出ている。本当の病気か、渡海がこわくての仮病かはよくわからない。

外国の使節も、ここを通ったと思われる。彼らはまず当時の水陸交通の大中心地である難波に上陸する。難波と平城とを結ぶ道はいくつもあるが、もっとも一般的であったのは、難波からまず南行して大津道（長尾街道）に至り、大津道を東行し、またはほぼ大和川の旧河道にそって河内の国府（いまの羽曳野市国府）に至り、その付近で大津道に合して、大和川の北岸（右岸）の亀ガ瀬峠をこえて竜田にで——すなわち竜田道——、斑鳩《いかるが》・今泉・郡山をへて、平城へはいるコースであるから、羅城門にかかるのが自然である。天平勝宝六年（七五四）二月一日に難波についた唐僧鑑真《がんじん》は、二月四日に平城京にはいるが、このとき朝廷は正四位下安宿王《あすかべ》をつかわして、羅城門外で鑑真をむかえた、と『唐大和上東征伝』にみえる。

遷都後まもない和銅七年（七一四）十二月に来朝した新羅使入京の場合は、布勢朝臣人《ふせのあそみひと》以下が騎兵一七〇をひきいて、三椅《みはし》に迎えているが、これは羅城門がまだ建っていなかったからである。三椅はのちの大字三橋と同じ地で、羅城門建設の予定地であろう。縄張りぐらいはできていたろうが、遷都は大事業だから、なかなか手がまわらないのである。

朱雀大路　羅城門をくぐると、坦々たる朱雀大路が北へ真一文字にはしる。つきあたりは宮城の正面中央で、朱雀門がそびえる。そこまで南北一二六〇丈（約三・八キロ）、道幅は平安京の例などからおしはかって、二八丈（約八五メートル）と推定されていたが、最近の発掘調査によって両側溝間の路面の幅は六七メートルとわかった。そしてこれに、道幅八丈（約二四メートル）の大路と四丈の小路とが規則正しく直交する（ただし二条大路や一坊大路の道幅はこれより広い）。現在でもうらやましくなる都市計画である。

奈良時代の貴族・官人たちも、この都大路を誇りとしていた。

青丹よし奈良の大路はゆきよけどこの山道は行きあしかりけり

（『万葉集』三七二八、中臣朝臣宅守、以下『万葉集』よりの引用は、歌の番号のみを記す）

地方官として越中の国府にあった大伴家持は、天平勝宝二年の春三月、都をしのんでつぎのようにうたっている。

春の日に張れる柳をとりもちて見れば都の大路思《おも》ほゆ（四一四二）

これでみると、朱雀大路などの大路には、街路樹として柳が植えてあったらしい。平安京の朱雀大路に柳のあったことは『凌雲集』その他にみえるが、平城京の制にならったのであろう。そして平城京のそれは、唐の長安の都をまねたのではなかろうか。長安を詠じた詩に、

章台に楊柳を折る　春日路傍の情（崔国輔「少年行」）

万戸垂楊の裏《うち》　君が家は阿那《いずこ》の辺（李白「相逢行」）

などとあるのは、有名な句である。

さてこの街路樹のある大通りに面して、家が立ちならんでいたかというと、平城京は「万戸垂楊のうち」とか「万戸衣を擣つの声」（李白）とかうたわれた長安ほどではなかった。天平十九年の秋に、夏の日照りがあまりにひどかったため、左右京の今年の田租を免ずる詔が出されているが、これからみても京内にかなり水田があったことがわかる。とくに朱雀大路は、奈良盆地北部の中央にあたる低湿な地区を通っているから、住宅地にふさわしくない。正六位下山部宿禰安万呂の家が朱雀大路に面する左京

八条一坊にあったという記録もあるが、高級貴族の邸宅は少なかったようだ。新田部親王・長屋王・藤原不比等・藤原仲麻呂など最高級の貴族の邸宅は、いずれも朱雀大路からややはなれた左京・右京の二坊の地にあった。そうして家のきれめに広い空地や田圃がぽっかり顔を出していただろう。

釈迢空も小説『死者の書』の中でつぎのように叙述している。

朱雀大路も、ここ（京極《きょうはて》）まで来ると、縦横に通る地割りの太い路筋ばかりが、白々として居て、どの区画にも、家は建って居ない。

また田圃の耕作につかわれる牛や馬が、朱雀大路に放し飼いにされ、路傍の草を食べているという、まことに牧歌的な情景もあったことだろう。ただし平安時代にできた『延喜式』によると、平安京での放し飼いは厳禁されていた。奈良時代でもそうだとすると、飼い主にとってはあぶないしわざで、牧歌どころではなかった。

放し飼いの禁は、もちろん帝都の威厳をたもつためである。『延喜式』には、京中の道路の掃除は道路に面した家の責任と規定している。朱雀大路の両側の溝は、政府が人夫をやとって掃除する定めもあった。平城京でも同様な規則があっただろう。そしてところによっては、屋根は瓦で葺き、柱は赤や白に塗った美しい貴族や高級官人・富豪の邸宅の立ちならぶ地域もあったと思われる。貴族の子弟たちは、このように整備された町なみを、悠々と闊歩したのである。

白銀の目貫の太刀をさげ佩《は》きて奈良の都を練るはたが子ぞ（「神楽歌」）

都大路を通ったのは、もちろん貴族たちだけではない。

打ち日さす宮道《みやぢ》を人はみちゆけど吾がもふ君はただ一人のみ（二三八二）

とうたわれるほど、多くの市民が往来した。

人間だけではない。放し飼いの牛馬のほかに、交通・運輸の機関としての馬も、たえず通る。『日本霊異記』（平安初期の成立）にこんな話がある。奈良の左京九条二坊に貧しい女がいた。穂積《ほづみ》寺の千手観音に福をねがっていたところ、ある日、思いがけなく、女の妹が馬の糞の染みついた足をしてやって来て、皮の櫃《ひつ》を預けてかえった。いつまでたっても妹が取りにこないので、問いあわせると、何も知らぬという。不思議に思って櫃を開いてみると、銭一〇〇貫がはいっていた。女は花や香油を買って穂積寺の千手に捧げにゆくと、像の足にも馬の糞がついていた、というのである。

板橋倫行氏はこの話を引いて、「当時の奈良の都の路は馬糞だらけで、ちょっと歩くと足がそれに染みるほどであった」という（『万葉集の詩と真実』）。おもしろい着眼であるが、馬糞だらけというのは少しオーバーだろう。誰でもが黄色の足になるのだったら、こんな話はできなかったとも思われる。とにかく、人馬の往来のはげしい、活気にあふれた都であったにちがいない。

2　都の暮らし

都の人口　それでは、このころ、平城京の人口はいくらぐらいであったか。奈良時代には、戸籍や計帳がつくられ、人口調査はかなり精密に行なわれたが、残念ながら平城京内の分はわずかしか残っていないので、正確な数はわからない。それでも理学士・文学士の沢田吾一氏がいろいろ手をつくして計算し、ほぼ二〇万という結論を出した。その計算法の一つを示すと、宝亀四年（七七三）の太政官符に、左右京（平安京全域）の八〇歳以上の高齢者の人数が一〇七六人とある。一方、正倉院にのこる美濃国の戸籍から統計をとると、八〇歳以上の高年者一人に対する総人口数は二三七人である。平城京も同じ比率とすると、二五万五〇一二人となるのである。それを二〇万とおさえたわけだが、いまの奈良市が、平城京の約一〇倍も広い面積（二一〇平方キロ）を占めているのに、人口一三万あまり（本稿を執筆した一九六三年ごろの人口。現在は三〇万をこえる）だから、ずいぶんの人口といわねばならない（なお本章末の〔後記〕参照）。

ちょっと多すぎる計算のような気もするが、養老令の規定によって、当時の中央官司である神祇・太政の二官と、太政官に属する中務・式部・治部・民部・兵部・刑部・大蔵・宮内の八省の官吏の定員を計算すると、総計六四八七人におよぶ。これに弾正台や衛門府以下の五衛府、左右京職《きょうしき》などの在京諸官司の定員を合計すると、概算一万をこえる。定員を規定どおりに充足させていたとは思われないが、高級官僚となると、官位に応じて数十人から数百人もの資人《とねり》（皇族の場合は帳内）という従者と、家政をつかさどる役人（家令など）とをもつし、後宮関係の人員も少なくはない。朝廷に属する職員の数だけで、やはり一万を下らないだろう。これに家族の人口をいれると、それだけで四〜五万人以上になる。

このほかに、地方から召集されてくる仕丁《しちょう》（朝廷の労務者）や衛府の兵士の群があり、京内各所に偉容を誇る寺々の僧侶があり、その奴婢がある。そしてこれらを養う商工業者——。このようにかぞえあげると、やはり総人口は一〇万以上、二〇万に近い数値になると考えられてくる。平城の前の藤原の都でも、

……かけまくも　あやにかしこき　藤原の　都しみみに　人はしも　満ちてあれども……（三三二

四）

とうたわれた（「しみみに」は「いっぱいに」の意）。平城の都もまた、古代の人々の喜びと嘆きにみたされ、にぎわいたっていたのである（平城京の人口については、章末の〔後記〕を参照されたい）。

夜と盗賊　しかし夜とともに都は急に静かになる。日が沈むと、大路の四つ角におかれた鼓（太鼓）が打ちならされる。夜の鼓という。かつて大津皇子が辞世の詩の中で、

金烏《きんう》西舎に臨み　鼓声短命を催《もよお》す（『懐風藻』）

と詠じた鼓だ。その音が終るのを合図に、京内の通行はすべて禁止されるのである。しずまりかえった夜の街路に時おりひびく足おとは、時を定めて巡行する衛府の番卒たちである。おおやけの使や、婚嫁《こんか》喪病《そうびょう》などの特別の用件のあるものは通行を許されるが、それ以外は発見しだいに罰金を科されるか、刑部省または左右京職に拘引される定めだ。

これでは、夜がくれば京の市民たちは、貴族や文筆をこととする官吏以外は、寝るよりほかはない。大伴家持の愛人であった笠女郎《かさのいらつめ》の歌、

皆人を寝よとの鐘は打つなれど君をし思《も》へばいねがてぬかも（六〇七）

にみえる「寝よとの鐘」は、この夜の鼓をいったものだろう。鼓のかわりに鐘を打つこともあったとみえる。夜があけると暁の鼓が打ちならされて、通行が許され、京はふたたび活気をとりもどしはじめる。

戒厳令下にあるような、きびしい警戒体制をつねにとっていたのは、やはり宮城があるからであろう。しかしそんなにしても、盗賊は都の中に出没していた。『万葉集』にこんな歌がある。

問答

門《かど》立てて戸もさしたるを何処《いづこ》ゆか妹の入りきて夢に見えつる（三一一七）

門立てて戸はさしたれど盗人《ぬすびと》の穿《うが》ちし穴ゆ入りてみえけむ（三一一八）

門も戸もきっちりとしめたのに、わが思う女が夢にあらわれるのは、盗人があけた穴からはいってくるからだろう、というのである。『続日本紀』をみてゆくと、慶雲三年（七〇六）二月の条に、「京及び畿内、盗賊滋《しげ》く起こる」とあるが、これは藤原京の時代である。奈良時代にはいると、天平二年（七三〇）九月の条に、「京及び諸国、多く盗賊あり」とみえる。延暦三年（七八四）十月の条に、「比来《このごろ》、京中の盗賊、稍々《やや》多し」とあるのは、長岡遷都を前にしてことに人心あわただしく、警備がゆるんだことと関係がありそうだが、とにかく、どろぼうはたえなかったのである。

奈良時代の「正倉院文書」のなかには、写経生の欠勤届が数十通あるが、そのなかに、盗難のあとかたづけのために、暇日（休暇）を請う文書が、数通まじっている。その一例をつぎにあげる（原文は漢文）。

秦家主《はたのいえぬしげ》解して暇日を申し請うの事

合せて参箇日

右、今月十六日の夜を以って、私の廬《いおり》の物盗まる。問い求めんが為に暇を請う。仍《よ》って事状を注し、謹しんで以って申す。

天平宝（字）四年九月十七日

十六日の夜に盗賊にあったので、翌十七日にむこう三日間の休暇を請うたのである。

盗難品目を書きならべた盗難届も残っている。差出人、すなわち被害者は、左大舎人寮《おおとねり》少属《しょうさかん》大初位下安拝《あえ》朝臣常麻呂、属は四等官の第四等、大初位下は三〇階ある位階の下から三番目の位である。まず典型的な下級官人といってよい。その盗難品はつぎの一三種である。

麻朝服一領　葛布半臂一領　帛褌《はかま》一要　麻糸抜一箇　帛被《ふすま》一蓋　紵帳一帳　調布帳一帳　被宮一合　緑裳一要　青裳一要　斜一面　真漆真弓一枝　幌二具

下級官人の身で、これだけゴッソリやられてはたまるまい。届には「夜盗まる」とあるから、空巣ではない。おそらくコソ泥、窃盗の類でもなく、強盗がおし入ったのだろう。この届を受理したのは左京職らしいが、その役所から東市司《ひがしのいちのつかさ》に届が回送されているのは、とくに興味をひく。当時の都の市《いち》は、公設市場であるが、どろぼう市でもあって、盗品が売りに出されることが、少なくなかったことを想像させる。終戦直後のヤミ市のことを思いだす。

個人の家が襲われただけではない。東大寺の戒壇院や、造東大寺司の木工所などにも盗難があったことが、やはり「正倉院文書」にみえるし、『日本霊異記』にも、寺に賊のはいった話がいくつかある。

このように物騒なのは、けっして警察力が弱いためではない。上に述べた衛府のほかに、弾正台も京内を巡察したし、左右京職も兵士・武器を有して京内をとりしまった。盗賊に対する刑罰も律（賊盗律）でちゃんときまっていた。たとえば強盗は、何もとらなくても徒二年、布一尺を盗んで徒三年、一五端で絞首刑、窃盗は何もとらなくて笞五〇、布一尺で杖六〇、夜間ゆえなくして人の家にはいっただけでも笞三〇、といった具合である。現在の刑法にくらべて軽いとはいえない。

にもかかわらず、盗賊が少なくないのは、わけはいろいろあろうが、主な原因は制度の不備にあるのではなく、社会不安とくに貧困者の多いことによる、とみるべきだろう。

下積みの人々　「咲く花の匂うがごとく」とうたわれたのは、奈良の都の日にあたる表側のほうで、日のささぬ裏側には、多くのみじめな人々がいたことは、いまさらいうまでもあるまい。奈良の都の繁栄を作りあげたのは、しかし、この下積みの人々の力によるところが大きいのである。諸国から役夫《えきふ》として都へ召しよせられた農民たちは、そうした下積みの人々の代表といってよいだろう。役夫には、無償で働かされる歳役の役夫と、わずかながら給料を与えられる雇役の役夫とがある。歳役は規定の日数（一年一〇日）をこえたときに、調や田租などの物納の租税を免除されるだけだ。奈良時代には、歳役のかわりに傭（品物）を納めさせるのが普通であったが、造都の大事業のためには、雇民とともに歳役の民が徴発されることもあったと考えられる。

その労役が雇役をも含めていかに苦しいものであったかは、逃亡する者が多いことでもわかる。和銅四年（七一一）九月の詔にいわく、

頃《このごろ》聞く、諸国の役民、造都に労《つか》れ、奔亡するものなお多し。禁ずと雖も止まず。

と。しかし故郷までの長い道のりを、どうして逃げ帰るというのか。和銅五年正月の詔はつぎのようにいう。

諸国の役民、郷に還るの日、食粮絶え乏しく、多く道路に饉《う》う。溝壑《こうがく》に転び塡まるもの、その類《たぐい》少なからず。……

無事、労役を務めあげて帰郷する者でも、途中で餓え死ぬ者が少なくないのだ。都の近くでもそうした死人があったことは、藤原京のころのことだが、宮廷歌人柿本人麻呂によって歌われている。

柿本朝臣人麻呂、香具山の屍を見て、悲慟して作れる歌一首

草枕旅のやどりに誰《た》が夫《つま》か国忘れたる家待たまくに（四二二六）

「国忘れたる」（国を忘れたのか）というのは、いうまでもなく反語である。

労役を勤めあげた者でも帰るのがむつかしいとすると、逃亡者はなおさらである。彼らは日雇人夫か乞食同然の境涯に身をおとして、都にいのこるほかはあるまい。さきに「坦々たる朱雀大路」と書いたが、その美しい大路をかざる柳の木陰に、食を求める貧民たちの姿があったのではなかろうか。

逃亡を望んでいたのは、役民だけではない。都を警備する衛府の衛士《えじ》のあいだにも、逃亡者は少なくない。彼らは、若いさかりに衛士に召しだされ、老人になってからでなければ役を免ぜられず、「艱苦いよいよ深い」ために逃亡したと、官撰の『続日本紀』にも記されている。政府もこれにかんがみ、養老五年（七二一）には、衛士の年限を三年に減じたが、逃亡はやまなかった。衛士と同じように諸国から徴集される仕丁たちも、やはり逃亡した。天平六年の「出雲国計会帳」という文書をみると、逃亡した仕丁の代りを差し出せという命令が、仕丁を出した各郡にむかって、頻々と下されている。

しかし衛士や仕丁はまだましである。労役は苦しいといっても、務めてさえいれば、生活は政府が保障してくれる。悲惨をきわめるのは、調庸の物を都へ運んでくる農民や漁夫たちである。長途の山河を越えてくるだけでもいのちがけだが、律令の制では、所定の租税の物品を、自分らで背負って都まで運ぶことを人民たちに義務づけていた。こうして都へたどりつく人夫たちは、「衣服破弊し、菜色なお多し」と『続日本紀』は記している。そのうえ、品物を役人に引き渡すのに何日も手間どり、さらに都の労役に使われることも珍しくない。ようやく事がおわり、故郷へ帰ろうとすると、「路遠く粮絶え、……途中に辛苦し、遂に横斃を致す」。餓えと疲れで、横死してしまうのだ。帰るに帰れない彼らが落ちてゆく道はなにか。こんな話がある。冬のあいだ、都の市《いち》の付近に餓えた人が多いので、わけをきくと、皆つぎのように答えた。——諸国から調を運んできた者たちだが、病気や食糧の不足のため、国へ帰れないのです（『続日本紀』）。彼らは、わずかに市人の情にすがって、露命をつなごうとしているのである。

いまさらあげるまでもないが、奈良の都の繁栄をうたった詩文は多い。

百磯城《ももしき》の大宮人は暇《いとま》あれや梅をかざしてここに集《つど》へる（一八八三）
藤浪の花は盛りとなりにけり平城のみやこを思ほすや君（三三〇）

美しい都をもったことを、当時の貴族たちとともにわれわれも誇りとする。しかし、この都の栄華をささえた民衆の底辺には、貧しくみじめな人々があり、その数が想像以上に多かったことも、忘れてはならない。彼らがある場合、盗賊を働くことがあっても、彼らだけを責めることができるだろうか。

下級官人の生活　盗人とか餓死者とか、都の暗い面を詳しく書きすぎたかもしれない。確かに都の一般の人々が、こんなみじめな生活をしていたのではない。といって、ではどんな生活か、と問われても、簡単には答えられない。都の住民は多種多様だし、生活の実態をかたる史料はそんなに残っていないからである。

しかし幸い、当時、租税徴収の台帳として作られた「右京計帳」の天平五年（七三三）の分が一部残っているので、そこにみえる秦常忌寸《はたつねのいみき》秋庭の戸を例として、すこし考えてみよう。この秋庭という人物は、その後東大寺の写経所関係の文書にも姿をみせ、野村忠夫氏の研究があるから、それらを利用しながら述べる。

天平五年、秋庭は三四歳で右京八条一坊に住んでいた。少初位上の位（下から二番目）をもち、中務省図書寮の装潢《そうこう》生である。装潢はいまの表具・表装にあたる。秦常という氏から考えると、もと彼の故郷は山背（京都府南部）にあり、都へ出て朝廷に仕えるようになってから、本籍をここへ移したものであろう。家族は、戸主の秋庭をふくめて男九人、女一八人の計二七人、女の多い大家族だが、人数はほぼ奈良時代の戸籍にみえる家族人数の平均に近い。ただし、これだけの人数がみな秋庭のもとに集まって暮らしていたかどうかはわからない。この戸は、口分田として三町五～六段の田をもつはずで、それは多分山背にある故郷の村でもらっただろう。これから推して私は、二七人の家族が全部都へ来ているのではなく、その何割かは故郷で暮らしており、都へ出ている秋庭らも、農繁期には休暇をとって故郷へ帰ったのではないか、と思う。在京の官吏には、田仮《でんか》（仮は休暇。田仮は田を耕作するための休暇）といって、五月と八月に一五日ずつの休暇を給することが、令（仮寧令）に定められている。

家族のうち、位をもって朝廷に仕えているのは、少初位上装潢生の秋庭だけである。彼の給料はしれたもので、月々の月料と四季の季禄ぐらいである。月料は米・塩またはそれに相応する銭だが、秋庭一人の食料を若干うわまわるていどで、家族の生活費はもちろん、彼自身の衣料費にも足りない。これを多少ともおぎなうのが季禄で、少初位の地位に対しては、毎季、絁《あしぎぬ》（絹の一種）一疋、綿（まわた）一屯、布（麻布）二端《たん》、鍬五口を基準とする。現代の中級以下のサラリーマンが、月給だけでは生活費が足りず、ボーナスで不足分をうずめる、という状態の原型が、奈良時代にできているのである。

だが奈良時代の官人は、給料とボーナスだけで暮らしたのではない。絁・綿・布はもちろん本人および家族の衣料にあてられるが、鍬は故郷にある口分田やその他の田畑を耕すためのもので（物々交換の材料ともなったようだ)、当時の官吏の生活が農業ときりはなせない関係にあったことを示す。秋庭の場合、二七人の家族の生活費の大半は、故郷の田畑の生産にたよっていたであろう。田仮の規定の必要なゆえんである。衣料も季禄だけでは十分でなく、故郷で蚕を飼い麻を栽培していたことはいうまでもない。いまでも地方の小都市では、田植どきなど、休暇をとって田圃で働いている役場の吏員さんをみかけることが少なくないが、その原型も、奈良時代に生まれているのだ。

ではなぜそんなわずかな給料で、宮仕えをしているのかというと、官吏にともなう各種の特権がめあてであろう。第一に免税の特権がある。少初位でも長上官(日勤)ならば、田租以外は課役(調・庸・雑徭)全免である。秋庭は残念ながら天平五年には番上官(非日勤)であったらしく、課役全免とまではいかないが、一番重い雑徭(一年六〇日の労役)が免除される。第二に、一般農民が必要としながらたやすくは入手できない品物を手にいれることができる。たとえば季禄のなかの鍬である。鉄製農具は当時かなり普及していたが、それにしてもこれを豊富にもつことは誰にでもできることではない。第三に、これとならんで、あるいはそれ以上に重要なのは、どんなに下級でも、官位という背景をもつことが、故郷の農村での彼ないし彼の家の社会的地位を格段に高めることである。秋庭のような下級官吏は、晩年にはたいてい故郷に帰る。そのとき、都での閲歴が農村での地位を確固にし、ときには郡や郷里《ごうり》の役人になることを可能にする。

だから秋庭の戸は、一般農民にくらべると、はるかに恵まれている。しかしそれでも、彼の戸の負担する租税をみると、あまり楽な暮らしとはいえない。途中の計算は略して、結論だけ書くと、田租は、口分田三町六段として一石八升(いまの枡ではかって)、調と雑徭は、このころ都では銭納が認められていたので、合計二九七文（秋庭の雑徭は除く）。ほかに兵士に一人とられている。庸は畿内の住民は免除されていたから、以上が負担のおもなものである。三町六段の口分田の収穫は平年作の場合、三六石ほどあるから、一石八升の田租は重いとはいえないが、技術水準の低い奈良時代では、三年に一度ぐらい不作に見まわれるので、田租の皆済はやはり苦しい。二九七文の税金は、当時の最低労賃で換算すると、約一五〇日の労務に相当する。兵士を一人出したうえにこれだから、かなり痛い。それでも秋庭はどうやら納めたようだが、「右京計帳」では、七戸のうち二戸までが、雑徭を銭で納められなくて、労役に服している。都の下級官人たちはギリギリいっぱいの生活をしていたといってよい。

秋庭はその後も装潢生として仕え、位はじょじょにのぼって、一八年後の天平勝宝三年（七五一）、五二歳で従七位上にいたる。これが彼の昇進の限界であったようだ。二五歳前後で出仕して以来、約三〇年間のたゆみない勤務によって、ようやくたどりついたのが従七位上である。一方では、正四位の貴族の嫡子は、二一歳でいきなり正七位下となり、三位の貴族の嫡子は従六位上になることを令は定めている。下級官吏は宮廷では一生下積みの生活を送らねばならない。これが律令制のしくみである。官僚組織のこの構造は、今日に尾をひいているようである。

都の貴族　下級官人とそれ以下の、豊かとはいえない生活にくらべて、貴族＝高級官人の生活は、奈良の都を華やかにいろどっている。それはいままでにもふれたが、『続日本紀』の記述や、養老令の諸規定、あるいは『万葉集』や『懐風藻』の詩歌が、多くの史料を提供している。正倉院も、貴族の絢爛たる暮らしをものがたる貴重な実物を多量に蔵している。

いまそれらについて詳しく述べる余裕はないが、万葉歌人として有名な大伴旅人・家持父子を例にとって、貴族生活の一面にふれておきたい。まず旅人だが、彼は従二位大納言まで昇った。朝廷から受けとるものは、水田七四町（位田が五四町、職田二〇町）、封戸一一〇〇戸（位封が三〇〇戸、職封が八〇〇戸）、季禄として絁二〇〇疋、綿一四屯、布四二端、鍬一〇〇口、資人（従者）一八〇人（位分資人八〇人、職分資人一〇〇人）をはじめとして、馬料・月料・節禄（節会のさずかりもの）などがあり、ほかに大伴家の財産として、大和の竹田や跡見《とみ》に庄（私有地）がある。こうした莫大な経済的特権を保障されていたのは、大伴旅人だけではない。天平文化は貴族文化だといわれるが、その健康で華麗な文化は、安定した経済的特権に支えられて花ひらいたことを忘れてはならない。

もっとも旅人自身は、

賢《さか》しみと物いふよりは酒飲みて酔ひ泣きするしまさりたるらし（三四一）

世の中は空しきものと知る時しいよよますます悲しかりけり（七九三）

とうたい、深い苦悩をいだいていたが、庶民の立場からみれば、ぜいたくな言い草であったともいえよう。

家持は二〇歳ぐらいから内舎人《うどねり》として聖武天皇に仕え、天平十七年に二八歳の若さで従五位下となった。前述の秦常秋庭が晩年に到達した従七位上より七階も上である。官位に伴う特権に加えて、彼は旅人の嫡男として、父の財産の多くの部分を引きついでもいる。政界の風波は荒いとはいえ、経済的な不安はない。あるときは狩りに、また打毬《うちまり》に、あるいは囲碁・双六に、さらに多くの時間を恋愛と読書と作歌とに費やして、彼はみちたりた青春を送り、歌人として大成する基礎を養っていたのである。

さて彼の邸は、都の北の山の麓に近く、佐保川の清流にもほど遠くないところにあったらしいが、四季とりどりに花が咲きにおい、鳥の来鳴く庭を営んでいた。その庭に関する家持の歌をあげて、当時の貴族の生活の一端をうかがうよすがとしよう。

初春とともに、まず咲く花は梅である。

今日ふりし雪に競ひてわが屋前《やど》の冬木の梅は花咲きにけり（一六四九）

梅とともに家持の庭をにぎわすのは、春を告げる鶯である。

うちきらし雪はふりつつしかすがに吾《わ》ぎ家《へ》の苑にうぐひす鳴くも（一四四一）

藤原永手《ながて》にもつぎの歌がある。

袖垂れていざわが苑にうぐひすの木伝ひ散らす梅の花見に（四二七七）

梅と鶯のとりあわせは、奈良時代以来のことであった。桃は家持の有名な歌、

春の苑くれなゐにほふ桃の花下照る道にいでたつ乙女（四一三九）

があるが、これは越中での作である。桜は家持の邸にあったかどうかわからぬが、厚見王の歌にみえる。

屋戸《やど》にある桜の花は今もかも松風疾《はや》み地《つち》に散るらむ（一四五八）

桜の散るころ、馬酔木《あしび》が白い小さな花を鈴なりにつける。家持はつぎのようにうたう。

池水に影さへ見えて咲きにほふ馬酔木の花を袖にこきれな（四五一二）

これには「山斎《しま》を属目《み》て」という詞書があるから、家持が自分の家の庭を詠じたものだろう。馬酔木とともに藤はいまも奈良に多い植物であるが、家持も、

わが屋戸《やど》の時じき藤のめづらしく今も見てしか妹がゑまひを（一六二七）

とうたって、坂上大嬢《さかのうえのおおいらつめ》に贈った。橘の花の咲くのも、このころである。

十《も》五夜降《ちくだ》ち清き月夜《つくよ》に吾妹子に見せむと思ひし屋前の橘（一五〇八）

家持はとくに撫子《なでしこ》を愛したようで、

わが屋戸のなでしこの花さかりなり手折りて一目見せむ児もがも（一四九六）

また「庭中の花を見て」という詞書をつけて、

なでしこが花見る毎にをとめらがゑまひのにほひ思ほゆるかも（四一一四）

とうたった。彼が置始《おきそめ》連長谷に与えた歌に、

わが背子が屋戸の山吹咲きてあらば止まず通はむいや毎年《としのは》に（四三〇三）

とあり、山吹も当時の貴族の庭を飾った。夏がすぎて秋になると萩である。

吾が宿の萩の下葉は秋風もいまだ吹かねば斯くぞ黄変《もみ》てる（一六二八）

吾が屋戸の萩咲きにけり秋風の吹かむを待たばいと遠みかも（四二一九）

吾が屋戸の一群《ひとむら》萩を思ふ児に見せずほとほと散らしつるかも（一五六五）

いずれも家持の作である。

彼が宮中の庭をみて作った歌には、

秋風の吹き扱《こ》きしける花の庭清き月夜《つくよ》に見れどあかぬかも（四四五三）

とあり、天平の貴族たちは、萩にかぎらず秋草の花をこのんだようである。湯原王が、

夕月夜心もしのに白露の置くこの庭にこほろぎ鳴くも（一五五二）

とよんだのも秋の庭である。田中朝臣浄足が長屋王の宅で作った詩に、

水底遊鱗戯《たわむ》れ、巌前菊気芳《かんば》し（『懐風藻』）

とあって、菊の花も賞美されたらしい。家持の庭に竹のあったことは、

わが屋戸のいささ群竹《むらたけ》吹く風の音のかそけきこの夕《ゆふべ》かも（四二九一）

の名吟でわかる。

以上、家持を中心として述べたが、そのような庭園を持ち、自然の美を愛することは、大なり小なり当時の貴族に共通の性格であったろう。彼らは人口二〇万の大都市を作りあげながら、自然に親しみ、自然を愛する心のゆとりをもっていた。いや、大都市を作ったから、自然を愛惜する心情が生じたのかもしれない。またこのゆとりは、経済上の特権にうらづけられてはじめて、存続が可能である。それは、生活に余裕のない一般民衆や、大都市をもたぬ奈良以前の貴族たちには、まだ発達していなかった新しい感覚であり、天平貴族の新しい性格の一面を、端的に示すものである。専制的中央集権政治とともに、いわゆる日本的審美感の一つの源流が、貴族層のなかに形成されはじめていた。

3 都の繁栄

貨幣の流通 平城京という大都市は、新しい思想や感情を人の心にめざめさせるとともに、都市生活を円滑に運営するための新しい経済制度をも発達させた。その一つは貨幣の制度である。

日本における貨幣の使用は、天武天皇朝にはじまることが『日本書紀』にみえるが、実際に流通した形跡はほとんどない（後記 近年の調査で、天武朝に貨幣の鋳造されたことが知られたが、流通しなかった）。和銅元年（七〇八）二月、平城遷都の計画が発表されたのと同じ月に、催鋳銭司《さいじゅせんし》が設置されたのが、本

格的な貨幣鋳造のはじめで、こうして造られたのが、和同開珎《わどうかいちん》である。これには銀銭と銅銭がある。金銭は天平宝字四年（七六〇）に造られ、開基勝宝とよばれた。いずれも実物が残っているが、開基勝宝はいまも燦爛たる黄金色《こがねいろ》をはなち、天平の栄華を語るがごとくである。

奈良時代後期のものだが、正倉院につぎのような借金の証文が残っている（原文は漢文）。

謹んで解《げ》す　出挙銭《すいこせん》を請い申すの事

合せて銭四百文を請う

高屋連兄胲　口分田二段を質とす

相　妻《つま》矢原木女　女《むすめ》稲女　阿波比女

右の人生死同心、八箇月の内、半倍にて進上す。若し期月過ぎなば利を加え進上す。謹んで解す。

若年不過者、稲女・阿波比女二人の身入れ申す。

天平勝宝二年五月十五日

おわりから二行目の「若年不過者」の意味がはっきりしないが、口分田二段を質草として、八ヵ月で五割という高利の銭四〇〇文を借り、おまけに銭が返済できないときは、二人の娘をも差し出す、ということだろう。このような証文はほかにもかなりある。都に住む人がどんなに銭をほしがっていたかがわかる。しかし、はじめからこんなに銭が重宝がられていたのではなく、奈良時代の初期には、政府は蓄銭叙位法（銭を蓄えた者の位をあげる制度）を定めたり、官吏の禄には銭を主として与えたり、諸国の調庸を銭で納めることを許したりして、銭の流通を奨励していた。この奨励策に加えて、平城京を中心として商品流通が活発となったため、畿内では貨幣の使用が、しだいにさかんになったのである。

表　米値段変動表

年次(西暦)	米1石の価
和　　銅4年(711)	66文
天　　平9年(737)	160
天平勝宝3年(751)	500
天平宝字6年(762)	700
8年(746)	1,000
天平神護元年(765)	2,000

そうなると、つぎには貨幣を偽造する者があらわれてくる。にせの銭を私《し》鋳銭《ちゅうせん》といったが、これを造るために、法隆寺の東北にある法起寺に賊がはいり、銅の観音像を六体も盗みだした話が、『日本霊異記』にのっている（中の一七話）。政府は私鋳銭を造る人を斬罪に処し、また大赦にも許さないことをたびたび布告して、厳重にとりしまったが、跡をたたなかった。このように銭が一般化し、しかも私鋳銭がまじってくると、しだいに貨幣価値が下落し、物価があがる。岸俊男氏によると米一石あたりの値段の変動は上の表のとおりで、五〇年あまりの間に約三〇倍に高騰している。とくに宝字六年ごろからがはなはだしいが、この悪性インフレの進行には、連年の不作と、とくに宝字八年の恵美押勝《えみのおしかつ》の乱の影響が大きい。戦争が物価を高めることは、古今その揆を一にしている。

市のにぎわい　このように銭が流通するのは、奈良時代に商業がさかんであったことを意味する。平城の左京六条五坊に住んでいた楢磐嶋《ならのいわしま》という人が、大安寺から銭三〇貫を借りて、越前の敦賀の津に商いに行った話が『日本霊異記』（中の二四話）にみえるが、平城京内には左右両京に、それぞれ東市・西市が設けられて栄えた。市のにぎわいは、前に書いた盗難届が市司《いちのつかさ》のもとに回送されていることでもわかるが、またつぎのような歌もある。

西の市にただ独り出でて眼《め》並べず買ひてし絹の商《あき》じこりかも（一二六四）

「眼並べず」は多くの人の目をへないで、自分だけの考えでの意、「商じこり」は買いそこないの意。市の商人にわるい品物を高く売りつけられたのであろう。取引きには、いまと同様、虚々実々のかけひきがあったのである。しかもあまり不当な値をつけることや、にせ物を売ることは、市司がとりしまることになっていた。そのため市司の下に、価長五人と物部《もののべ》二〇人などがおかれた。

東西の市の位置についてはいろいろ議論があるが、東の市は左京八条三坊、西の市は右京八条二坊にあったと考えられる。前者はもとの辰市村（現在の奈良市辰市町）に属し、後者は郡山市に属し、市田の地名をのこす。両方の市が正確に対称の場所になく、同じ八条にありながら、三坊と二坊とに存するのは、川との関係によるらしい。物資輸送の必要上、市の場所は水運の便利な地でなければならないが、右京を南北に縦貫する西の堀川（いまの秋篠川）は、右京二坊を南流していたのに対し、左京では、佐保川の支流岩井川から引いた運河が三坊を流れていたようである。

養老令によると、市は午の刻（午前十一時から午後一時）より開き、日没に鼓を合図にとざし、商品は品名を標記して肆《いちくら》に陳列する定めであった。標準価格もきめることになっていたが、あまり守られなかった（養老六年二月の詔）。市には都の周辺の農漁村の人々が、生産した品物を売りにくる場合も少なくなかったろうが、専門の商人もいた。平城京のことではないが、河内国に、馬に瓜を山と負わせて売りあるく人のあったことが、『日本霊異記』にみえる（上の二一話）。農民から買い集め、市に運ぶのであろう。諸国から政府に送られてくる調や庸の品々の中には、政府が市に払いさげるものもあった。また諸国の国司は、政府の定める調庸の品種がととのわないときには、百姓から取りたてた品を、都の市で所定の品と交易することもあったようである。東の市の西辺に相模国の調邸（邸は倉庫をかねる）があったが（「正倉院文書」）、ここでそうした仕事をしたものと思う。

このようなしだいで、市で売られる品物は多種多様であった。たとえば、天平十一年八月二十四日の写経司の買物の品目は、薪・瓜・茄子《なす》・売我《めが》（みょうが）・青菜・桃子・爾礼《にれ》（楡の皮、物をしばるのに使う）・未醬（味噌に似たもの）・茶・水葱で、代価九四五文、ほかに司への運賃二〇文を支払っている。その他、市では米麦・雑穀・各種の野菜・果実・海藻・魚貝・塩・油（灯火用）・炭・衣料品・紙筆墨・陶器・漆器、さらには瑠璃玉・紫檀・白檀・経巻などの貴重品も取引きされた。数量も、一度に絁一二〇疋を一二三貫余で売るというように、商品を豊かにそなえていた。だからこそ、貧民は荷かつぎでもしようとして、市に集まり、市のにぎわいをめざして辻説法をする者もあったのである。

しかし、いまの市場とたいへんにちがうのは、死刑が市で執行されたことである（養老令獄令）。市にひしめく民衆に、国家権力の峻烈さをみせつけるしくみであろう。

四大寺　奈良の都の繁栄を語るばあい、おとすことのできないのは、南都六宗といわれる壮麗な寺院のかずかずである。しかしこれらの寺々も、ローマは一日にしてならず、のたとえのとおり、短日月のあいだに建てられたのではない。

よく知られているように、奈良の寺のおもなものは、はじめ藤原京やその付近から遷されたのだが、移建にせよ新築にせよ、一つの寺を建てるにも莫大な費用がいるうえに、寺には寺の由緒があり、そう簡単には遷れない。藤原京のころの主要な寺は、大安・薬師・元興（法興）・弘福《ぐふく》の諸寺で、これを四大寺といった。そのうち『続日本紀』に平城への移転が明記されているのは元興寺だけであるが、その記事に、霊亀二年（七一六）五月に左京六条四坊に徙《うつ》し建つとあり、さらにその二年後の養老二年（七一八）八月の条にも、法興寺（元興寺のもとの名）を新京に遷す、とあるので、話がむつかしくなる。いろいろな解釈があるが、現在奈良の元興寺は左京五条七坊にあり、左京六条四坊の地には大安寺があるところから、霊亀二年に移転したのは大安寺で、これを元興寺としたのは『続日本紀』の編者のまちがいであろう、とする説が有力である。

薬師寺は元興寺と同年の養老二年に遷ったことが「薬師寺縁起」(平安中期)にみえる。弘福寺はついに遷らなかったようで、そのかわり、藤原氏の氏寺の興福寺が、霊亀または養老のころ、高市郡厩坂《うまやさか》の地から左京三条七坊に遷ってきた。奈良前期の四大寺は、以上の四寺をさす。

藤原京の四大寺は、元興寺がかつて蘇我氏と関係の深い寺であったほかは、いずれも天皇または朝廷の建てたものであるが、平城京の四大寺には藤原氏の寺が一つはいってくる。藤原氏の勢力の増大を示すものである。しかしもっとも重んぜられたのは、やはり大安・薬師の両寺で、それぞれ左右両京の六条の四坊と三坊に広大な地を占め、輪奐《りんかん》の美をきそいあった。ただし、以上の諸寺の造営は、おおよそ天平年間までかかったようである。四大寺のほかに、紀寺・穂積寺・葛木寺など諸氏の氏寺も、つぎつぎに建てられた。いま当時の建築をのこすのは、これらの寺々のうちでは薬師寺の東塔のみであるが、大安寺は、養老二年に唐から帰朝したばかりの道慈の計画のもとに造られ、そのみごとな構作に、歎服しない匠手《たくみ》はなかった、という。

大安寺は建築の妙をもってなるだけでなく、財力の豊富さも誇るに足りた。天平十九年(七四七)現在で、僧侶八八七人がおり、封戸一〇〇〇戸、銭六四七三貫、水田二一六町、稲二二一万束(ほかに天武朝以来の出挙稲三〇万束)、米三三一八石以下、多大の財産を貯えていたことが、記録されている。奴婢の数は記録されていないが、法隆寺の例から類推すると、一〇〇〇人を下らなかったと思われる。銭や米は出挙(高利貸の一種)して利殖をはかっていた。このような状態は大安寺だけのことではなく、当時の大寺といわれる寺々に共通していた。大寺は宗教・学問の府であるだけでなく、巨大な前期的資本家でもあった。

このころの寺院は、政治に積極的に働きかけるものは少なかったが、僧侶の中から政界に進出をはかるものがあらわれてくるのは、この寺院のありかたからいって、やむをえない現象であった。だが同時に、寺をはなれて、民衆の救済に挺身しようとする布教者も生まれた。奈良前期では、前者は玄昉《げんぼう》、後者は行基《ぎょうき》に代表される。

4　天平の政争

行基と長屋王の時代　行基は天智七年（六六八）和泉国大鳥郡（いまの堺市）で生まれた。大官大寺で出家、持統五年（六九一）に受戒し、道昭に師事したらしい。道昭は単なる学僧ではなく、天下を周遊して、井戸を掘り、橋を造るなど社会事業にも活動した。行基は師からこれらの技術を習得し、後年の活動に大いに役立てたと思われる。文武四年（七〇〇）に道昭が死んだとき、行基は三三歳であった。その後しばらく彼の動静は明らかではないが、井上薫氏は、道昭の死の直後から民間伝道を開始したのではないか、と推測している。彼が正史のうえにはじめて姿をあらわすのは、それから若干年月をへだてた養老元年（七一七）のことである。すなわちこの年四月に出された詔に、

方今、小僧行基ならびに弟子ら、街衢《がいく》に零畳《おちかさな》りて、妄《みだ》りに罪福を説き、……詐《いつわ》りて聖道と称して百姓を妖惑《ようわく》し、……進みては釈教に違い、退きては法令を犯す。

とあり、行基の街頭布教は弾圧されたのである。このころ、農村は律令支配の重圧のために、ようやく分解の度をすすめ、貧農層の窮乏は日一日とはなはだしく、浮浪・逃亡の者が続出する形勢であった。政府は出挙の利率を引きさげたり、麦や禾《あわ》の栽培を奨励したりするが、ほとんど効果はなく、救済をもとめる民衆は、村里にみちていた。

この社会の要求にこたえたのが行基である。だから彼は単に罪福の因果を説いただけではなく、井戸を掘り、池を築き、橋を架けして、民衆生活の向上のために力をつくした。大衆が彼に従うのは当然で、政府が禁令を出しても、簡単におしとめることはできない。河内・和泉からはじまった行基の運動は、やがて大和国におよび、養老年間には平城京内にも多数の信者をもつようになった。さきの詔は、行基の徒が京内にもふえてきたので、たまりかねて出されたのではなかろうか。だが行基の運動はますます発展し、養老五年には右京三条三坊に菅原《すがわら》寺が建てられた（『行基年譜』）。喜光寺ともいう。いまの本堂は室町時代の再建だが、唐招提寺の金堂に似た構造で有名である。

養老年間は政治の上でも、大きな変動があった。養老初年は藤原不比等が右大臣として政府の中心にあり、養老二年に養老律令を編纂したが、実施するまもなく、同四年に死去し、あとには長屋王が右大臣に昇って、政治を主宰することとなった。長屋王は天武天皇の孫で、皇親政治（皇室中心の政治）の復活をこころざし、いままで藤原氏が中心になって進められていた律令政治を修正する意図をもっていた、といわれる。具体的な政策としては、養老七年に三世一身の法を定めたことが注目される。これは、墾田を開いたものに、一代または三代をかぎってその私有を許したもので、期限つきとはいえ、律令制の基礎である土地公有の原則を破る施策である。しかしこのころには、土地所有の要求は、貴族・豪族から一般農民にいたるまでさかんとなっていた。長屋王はこの要求に応じたのである。誰が政権を担当しても、土地公有主義をゆるめるのは、結局時間の問題である。

三世一身の法の評価はともあれ、政権の座から一歩しりぞいた藤原氏は、やがてふたたび政権奪回の熱意をもやしはじめる。彼らの望みは、不比等の娘で、聖武天皇の夫人である光明子（安宿媛《あすかべひめ》）が皇子を生むことであった。願いどおり、神亀四年（七二七）に皇子が生まれ、立太子したが、翌五年に死亡した。そこで藤原氏は第二の策として、光明子が皇后になることを望んだ。しかし令の規定からいっても、従来の慣例からしても、臣下出身の女性が皇后に立つことは困難である。とくに藤原氏の進出を抑えようとする長屋王が健在なかぎり、この計画の実現は不可能であった。

こういう情況で迎えた天平元年（七二九）二月、突如、長屋王は謀反の疑いにより、藤原宇合《うまかい》らの率いる六衛府の兵によって、その邸を包囲され、その翌日、王は自害してはてた。これが長屋王の変であるが、半年後の天平元年八月には光明子の立后が実現し、藤原武智麻呂以下、不比等の諸子はいっせいに昇進した。この事件は藤原氏の陰謀によるといわれているが、おそらくそのとおりだろう。

政界の上層部が政争にあけくれている間に、行基ら僧尼の布教活動は根強く続けられ、天平二年九月には、平城京の東の山原——いまの飛火野あたりか——で、毎日数千から一万の大衆を集めて「妖言」する、というありさまとなった。一種のデモである。政府もうちすてておくわけにはいかない事態である。

天平の政局　天平三年、つぎのような内容の詔が出された。「このごろ、行基法師に従って仏道を修行している者は、年六一以上の男、五五以上の女をかぎって、ことごとく僧尼となることを許す。それ以外はきびしく取りしまる」。制限つきではあるが、行基の運動に対する一種の妥協である。

がんらい律令政府は、仏教を厚く保護したが、同時に統制を加え、公認された寺院以外での自由な布教活動を許していなかった。政治権力の外で、仏教が独立することをみとめないのである。この詔は、その意味では、仏教統制の原則をゆるめたのである。三世一身の法によって土地公有の原則をゆるめたのと、同じ態度といってよかろう。天平年間は奈良時代の最盛期のようにいわれるが、事実は各方面に律令体制の矛盾と危機が高まりつつあったのである。

しかし平城京の災難は意外な方面よりおこった。天然痘である。それは天平七年、まず大宰府管内の諸国（九州）に流行した。保菌者が遣唐使の船か外国船にのって九州にはいったのであろう。八年はややおさまったかに見えたが、九年の春にふたたびおこって各地にひろがり、夏にはついに平城京にはいって、大流行となった。はやくも六月一日には、疫を患う官人が多いという理由で、朝廷の恒例の儀式が中止された。なにしろ防疫の準備のまったくない二〇万の大都会である。その惨状は想像にあまる。死者算なく、四位以上の高官だけでも一〇人が死に、その中には、藤原不比等の息子たち、武智麻呂・房前・宇合・麻呂の四人がはいっていた。被害は全国におよび、政府は救済に躍起となった。筑紫の防《さき》人《もり》をやめて、本国に帰らせたのも、このときのことである。

中央の政界でとくに手痛い打撃をうけたのは、不比等の四子を失った藤原氏である。長屋王の変以来、ふたたび政治をリードしつつあった藤原氏の勢力は頓挫し、かわって橘諸兄《たちばなのもろえ》が台閣の首座にすわった。彼は美努《みの》王を父、県犬養三千代《あがたいぬかいのみちよ》を母とする。三千代は、諸兄を生んだのち不比等の後妻となり、光明子を生んだから、光明子と諸兄とは異父兄妹である。この関係も諸兄の進出を助けたのであろう。ついでにいうと、聖武天皇の母宮子も不比等の娘である。聖武天皇は叔母を皇后としたのである。

この諸兄を中心とする新政府の中で活躍するのが、さきにふれた玄昉である。彼は天平七年に、一九年間におよぶ唐での留学をおえて、吉備真備らとともに帰朝し、宮中の内道場（宮中の寺）に仕えた。翌八年に封戸一〇〇戸を賜わるなどの優遇をえていたが、天平九年八月にいたって、当時の僧としては最高の地位の僧正に任ぜられ、この年の末には、長く幽憂に沈んで人事を廃していた宮子の治療をこころみ、みごとに成功した。『続日本紀』はそのところを、「法師一看して、恵然として開晤す」（玄昉が一度診察すると、おだやかに、すっきりと回復した）と記す。宮子と玄昉との間に特殊な関係が生じたのではないか、とする説がふるくからある。玄昉はこれ以来宮中に絶大の信頼を博し、やはり天平九年に従五位上中宮亮《ちゅうぐうのすけ》に抜擢登用された吉備真備とならんで、天平の政界に勢力を伸ばすのである。

政局の思いがけない動向に対し、藤原氏はしばらく雌伏するほかなかったが、宇合の長男で大宰少弐の任にあった藤原広嗣は、天平十二年八月、玄昉と真備を除くのを名として、任地の大宰府で兵をあげた。この乱は、政府側の処置よろしきをえて、二ヵ月後の十一月一日には鎮圧され、広嗣は斬罪に処せられた。しかし朝廷はかなりのショックを受けたもののようで、聖武天皇は十月に平城京を出て、伊勢への旅にのぼった。一種の避難行であろう。そしてこの旅行が、この後五年つづく平城京放棄のきっかけとなるのである。

遷都のさわぎ　聖武天皇は伊勢から美濃・近江をめぐって、十二年の末に山背国相楽郡恭仁郷《くに》（京都府相楽郡木津川市〈もと加茂町〉）にとどまり、ここに恭仁京をいとなむことになった。この付近には以前から離宮がおかれ、ときどき天皇の遊幸があったが、諸兄の別邸も相楽郡にあり、遷都は彼の発議によるといわれる。やがて大規模な造都の事業がはじまるが、それが進行中の天平十四年八月に、天皇はさらに近江の甲賀郡紫香楽《しがらき》（信楽）の地に離宮の造営をはじめ、まもなくそこへ移った。近江は、不比等が淡海公のおくり名をもつように、藤原氏と関係が深い。だから紫香楽への移座は、藤原氏のすすめによるのではないか、といわれる。

天平十五年のはじめ、天皇はいったん恭仁に帰り、五月にそこで有名な墾田の永代私有を許す詔（墾田永年私財法）を発し、ついで十月には、紫香楽宮で大仏造顕の詔を公にした。前者は、さきの三世一身の法に含まれた制限を撤廃し、ますますさかんとなる土地私有の傾向に歩調をあわせたものであり、後者は、国家社会の繁栄を、政治の力よりも「三宝（仏・法・僧）の威霊」に頼ろうとするものである。政府の首脳部みずからが、律令的支配だけでは社会の秩序や幸福をまもることができないと考えるようになったことを示す。支配階級の自信の喪失を意味する出来事である。

大仏造営は、しかし宮廷の非常な意気ごみと期待のもとに、十五年十月から紫香楽ではじめられた。ところが翌十六年にはいると、閏正月、聖武は元正太上天皇とともに難波宮に行幸し、同年二月、聖武は紫香楽宮に行幸、難波にのこった元正は難波宮を皇都となすことを宣した。何らかの理由で聖武と元正の意見が分れ、両朝対立の状態が生じたと思われるが、やがて両者の妥協が成立し、元正は同年十一月に紫香楽宮に移り、聖武はその翌年（天平十七年）の五月には、元正とともに五年ぶりに平城へもどっている。まことに目まぐるしいばかりの遷都の連続ではないか。なぜそうなのか。天皇やその側近の意図を正確におしはかることはできないが、天皇を中にはさんで、橘諸兄の派と藤原氏の党とが、政治の主導権の掌握に火花をちらす暗闘を演じていたことは確かである（本シリーズ第十一巻Ⅱ—三「紫香楽宮の造営と難波宮」参照）。

遷都さわぎは、おそらくその余波であろう。ただ、そのさわぎにまきこまれ、造都・造宮の労役に駆使される民衆こそ、よい迷惑である。またさしもの平城京も、五年の遷都のあいだに荒れはてた。

立ちかはり古き都となりぬれば道の芝草長く生《お》ひにけり（一〇四八）

世間《よのなか》を常無きものと今ぞ知る平城《なら》の京《みやこ》の移ろふ見れば（一〇四五）

農民たちは、また都の復興にかり出されるのである。

さらに平城京で再開された大仏造営の大事業が民衆の肩にのしかかる。のちに貴族の一人が「東大寺を造ること、人民苦辛し、氏々の人等も、またこれを憂となす」（『続日本紀』天平宝字元年七月の条）といったように、人民の辛労は深まってゆく。なお、朝廷は奈良時代の後期に、大仏を本尊とする東大寺のほか、これにならぶ壮麗な西大寺を建立した。前述の四大寺とあわせて南都六大寺と呼ばれる。

平城京の終局　古代日本の黄金時代といわれた奈良朝の栄えも、その実態はこのようであった。政局は橘諸兄の勢力を圧倒して、藤原仲麻呂がしばし全盛をほこるが、やがて僧道鏡に地位を譲り、その道鏡も保護者である称徳天皇の逝去とともに失脚し、光仁天皇を擁立した藤原永手・百川らが政権をにぎる。そしてその後も、光仁朝には皇太子他戸《おさべ》親王を廃太子とする事件、光仁のあとをついだ桓武天皇即位後も、氷上川継の謀反事件がおこる。このようにくりかえされる政変のうちに、貴族社会は権謀術数のたくらみに慣れ、頽廃の淵に沈んでゆく。

桓武天皇が、長岡遷都、ついで平安遷都を断行して政治の建て直しをはかるのは、当然のなりゆきであろう。奈良朝七〇年の歴史はこうして幕を閉じるのである。

〔追記〕　亀井勝一郎編『平城宮』（筑摩書房、一九六三年）に掲載した。ただし原題は「平城京の時代」で、その末尾（全体の約四分の一）を削り、四〇〇字ほど加筆した。『平城宮』は平城宮保存運動の推進が動機となって生まれた書物で、亀井氏のほか太田博太郎・松島栄一・和島誠一の諸氏の尽力によるものである。朱雀大路の道幅のことは一九七四年（昭和四十九）に奈良国立文化財研究所の行なった調査の結果によって記した。『平城京朱雀大路発掘調査報告』（一九七四年、奈良市）参照。

〔後記〕　平城京の人口については、本文で沢田吾一の約二〇万とする説をあげたが、その後、一九八四年に、沢田説を批判して、奈良時代の初期には七万四〇〇〇、後期には一〇万程度とする岸俊男氏の説「人口の試算」（『古代宮都の研究』塙書房、一九八四年）が出た。鎌田元一氏は「鹿の子C遺跡漆紙文書」を用いて、古代の日本の総人口を改めて推算した（「日本古代の人口」、『律令公民制の研究』塙書房、二〇〇一年、初出一九八四年）。その結果は、日本の総人口の推計は沢田説は過大であるという。平城京の人口を計算したのではないが、岸説を支持する研究とみてよいであろう。鎌田氏にはこの論文の他に、「古代の人口」（岸俊男他編『日本の古代』別巻〈日本人とは何か〉中央公論社、一九八八年）がある。

しかし、朝廷に勤務する官人の数は、令外の官人の数なども考えると、やはり七、八千人を下らないであろう。岸氏の七万四〇〇〇人とするのは過少の推計ではないかと私には思える。

三　正月元日の朱雀門と楯槍再考

奈良時代、大伴氏や物部氏系統の軍事氏族が、正月元日に大楯や槍（桙）を樹てる儀礼を行ったことが、『続日本紀』にみえる。つぎの三例である。

(1)天平十四年正月丁未朔、百官朝賀す。大極殿いまだ成らざるがため、権《か》りに四阿殿《あずまやどの》を造り、此に於て朝を受く。石上・榎井両氏始めて大楯と槍を樹つ。

(2)天平十七年正月己未朔、廃朝。（中略）兵部卿従四位上大伴宿禰牛養《うしかい》・衛門督《えもんのかみ》従四位下佐伯宿禰常《つね》人《ひと》をして、大楯と槍を樹てしむ。石上・榎井二氏、倉卒《にわか》にして追し集むるに及ばず。故に二人をして之をなさしむ。

(3)延暦四年正月丁酉朔、天皇大極殿に御して朝を受く。其の儀常の如し。石上・榎井二氏、各々桙楯を竪つ。

正月元日ではないが、即位儀礼の一つである大嘗祭の行われる十一月の中の卯の日に、物部氏の裔の石上・榎井の二氏が、大嘗宮の南北の門に「神楯戟」を樹てることは、『延喜式』の践祚大嘗祭条の班幣の項にみえて有名である。この『延喜式』にみえる大嘗祭での「神楯戟」と、『続日本紀』にみえる正月元日の「大楯と槍」とは、同一の品かどうかは不明であるが、儀礼の上で重要な意義を持つ品であることは共通している。天平十六年閏正月十一日聖武天皇は恭仁宮から難波宮に行幸し、二月二十日に恭仁宮から高御座と大楯とを難波宮に運んだこと（『続日本紀』）が示すように、大楯と槍、あるいは神楯戟は天皇ときわめて関係の深い品なのである。

この重要な品を軍事氏族として著名な大伴あるいは物部系の氏族が樹てることは、天皇を中心とする宮廷にとって大切な正月元日の行事であったに違いない。『続日本紀』には上に記した三例しかみえないが、それは特殊な場合であったから記したのであって、特別な事情がない限り、毎年行われる行事であったかもしれない。上記の三例についてはかつて述べたことがあるが、以下に再説する。

(1)は恭仁宮でのことで、聖武天皇は天平十二年十二月に恭仁の離宮にはいる。正式に恭仁遷都がきまったのは翌十三年のことであろう。そうすると、(1)の天平十四年正月元日は恭仁に都を遷して最初の正月元日である。

(2)の天平十七年正月は、聖武天皇が天平十六年閏正月に恭仁宮を出、難波宮を経て、同年二月に紫香楽宮に幸し、ここを都とした翌年のことで、都としての紫香楽で迎える最初の正月元日である。

(3)の延暦四年正月は、桓武天皇が延暦三年十一月に都を平城より長岡宮に遷した翌年の正月で、やはり遷都した最初の正月元日である。

このように、いずれも遷都の翌年の正月元日という節目《ふしめ》のときに、大楯と槍が樹てられているのである。私はさきにこの儀礼は毎年行われることではないかと言ったが、大嘗宮の門に「神楯戟」が樹てられるのが、天皇即位という節目のときに限られるように、宮城に楯槍を樹てるのも、遷都という節目のときに限るという考え方もなり立つ。

それはどちらともきめにくいが、少なくとも遷都の行われた新宮では、最初の正月元日に、有力な軍事氏族であった大伴・物部系の氏人が、新都守護のシンボルとして楯と槍を樹立する儀礼が行われたと考えられる。

つぎに問題となるのは、新宮のどこに樹てたかである。それを考える上で参考になるのは『続日本紀』にみえるつぎの二つの記事である。

(4)天平十六年三月甲戌（十一日）、石上・榎井二氏、大楯と槍を難波宮の中外門に樹つ。

(5)天平十七年六月庚子（十四日）、（中略）是の日、宮門の大楯を樹つ。

(4)の記事はさきに触れた聖武の天平十六年閏正月の難波行幸と関連する。聖武は自身が難波に行くだけでなく、恭仁宮から高御座や大楯を取り寄せ（前述）、兵庫の器仗も水路を取って難波へ運ばせ、遷都の構えをみせた。ところが二月二十四日、聖武はにわかに「三嶋路を取り、紫香楽宮に行幸」し、元正太上天皇と左大臣橘諸兄は難波宮に取り残された。二日後の二十六日、聖武が難波を去ったにもかかわらず、諸兄は「今、難波宮を以て、定めて皇都と為す」という勅を宣した。勅は元正太上天皇の勅であろう。元正と諸兄は、聖武の意にさからって、難波を都とすることを宣言したのである。

この間の政情についてはかつて述べたことがある（本シリーズ第十一巻Ⅱ―三「紫香楽宮の造営と難波宮」その他）ので省略するが、石上・榎井の二氏が楯槍を難波宮の中外門に樹てたのは、難波を皇都とする勅を宣した一四日後のことで、両者は密接な関係にある。元正や諸兄は楯槍を樹てることで、難波が都であることを明示しようとしたのであって、前記の史料(1)(2)(3)にみえる楯槍の樹立と同じ意味を持つ。それゆえ、正月元日に楯槍を樹てる場所を考えるのに参考となるのである。

そこで(4)にみえる「難波宮の中外門」はどの門か、ということになる。天平十六年は大宝令の行われ

ている時期だが、養老の宮衛令1宮閤門条の『集解』所引の「古記」（大宝令の注釈書）に、

古記云、外門、謂最外四面十二大門也。主当門司、謂門部也。其中門、謂衛門与二衛士一共防守也。門始著レ籍此門也。内門、謂兵衛主当門之也。

とあって、外門は宮城（大内裏）のいちばん外側の門、すなわち養老令制にいう宮城門であることがわかる。「中外門」の中は、大宝令制の中門すなわち養老令制の宮門の意味ではなくて、『続日本紀』の天平神護二年五月四日条にみえる「中壬生門」の中と同じ意味であろう。

中壬生門の中にも諸種の解釈があるが、私は壬生門の内側にある門を指すと考えている。多年にわたる平城宮城の発掘調査の結果、壬生門は平城宮南面中央の外門である朱雀門の東側の門であること、壬生門の北には、大極殿と十二朝堂を備えた第二次朝堂院と内裏とがあること、朝堂院の南には東西に朝集殿を持つ朝集殿院があることが明らかになった。この朝集殿院の南門が中壬生門（壬生門の内側の門）に当るのである。

ところで、壬生門は外門（宮城門）であるから、中壬生門は中外門のひとつと言える。しかし難波宮には、壬生門に当る外門の北には内裏・大極殿や朝堂院、朝集殿院はない。難波宮の中外門は、朱雀門の内側の門、すなわち平安宮の応天門に相当する門と思われる。この例から類推すると、建設途上にあった恭仁宮の場合である(1)の例は別として、(2)の紫香楽宮、(3)の長岡宮の場合は、応天門に相当する門の前に楯槍を樹てたと思われる。ただし、紫香楽宮では応天門相当の門はなかったかもしれない。その場合は朱雀門の前ということになろう。もしこの慣例が藤原宮に始まるのであれば、藤原宮にも応天門相当の門はなかったようだから、朱雀門が楯槍を樹てる場所となる。（以下省略）

以上に記したところは、二〇〇一年一月刊『日本歴史』六三二号に発表した「正月元日の朱雀門と楯槍」（以下、旧稿と呼ぶ。一部省略）と題する論文である。その大凡は誤りはないと思うが、楯槍を樹てる場所がもと朱雀門であったとしたのは、失考であった。以下その誤りを訂正したい。本論を「正月元日の朱雀門と楯槍再考」と題した所以である。

再考の端緒となったのは、前記の(5)の史料に「是の日、宮門の大楯を樹つ（「是日、樹二宮門之大楯一」）」とあることである。原文によれば、この場合は「宮門」に「大楯」を樹てたのではなく、「宮門の大楯」を樹てたというのである。建設途上の紫香楽宮でのことだから、どこに樹てたかはこの文では不明であるが、「宮門之大楯」というのだから、大楯は宮門に立てるのが原則であったと思われる。

旧稿では、営繕令11京内大橋条の『令集解』所引の「古記」に、養老令で「宮城門前橋」と記すところを、大宝令では「当二宮門一橋」と記していることを取り上げて、大宝令制下では、宮城門のことを宮門と呼ぶこともあった、と論じ、(5)の場合も、「宮門」は「宮城門」のことで、「大楯は朱雀門に樹てたとして差し支えない」とした（この部分は、前ページの終りに「以下省略」としたところに含まれる）。しかしこれはやはり強弁というべきであって、宮城門と宮門とを同一視している「古記」の説は、「古記」筆者の誤解または伝写の誤りとすべきであろう。

現在の私は、(5)の史料に「宮門之大楯」とあることにより、本来、大楯（槍も）は宮門の前に樹てるべきものとされていたと考える。ところが宮門のある朝堂院の南に朝集殿が造られ、それを囲む朝集殿院ができると、宮門の前では目立たない。そこで大楯・槍は宮門の前から朝集殿院の門すなわち朱雀門のうち側にある門である中外門（平安宮では応天門）の前に移して樹てられることになったのであろう。

以上が「楯槍」を樹てる場所についての私見である。

〔追記〕　本論は文中にも記したように、旧稿の一部を訂正したものである。旧稿を書くに際しては、舘野和己「大伴氏と朱雀門」（『高岡市万葉歴史館紀要』一〇）、拙稿「大極殿の門」「天平十六年の難波遷都をめぐって」（ともに拙著『飛鳥奈良時代の研究』塙書房）、同「平城宮諸門の一考察―中壬生門を中心に―」（拙著『飛鳥奈良時代の考察』高科書店）を参照した。舘野氏の論文には、出土木簡から「中大伴門」の門号の存在が知られることを挙げ、この門が朱雀門（大伴門）のうち側にある応天門に相当することを論じ、中壬生門の位置を推定する手掛りとしていることは注目される。本巻「あとがき」（「古代宮城の門について」）と関連するところも多い。また、上記のほか、本論のテーマに関する論文は、上記の諸論文（拙稿を含む）以外にも少なくないであろう。見落している場合は、筆者および読者の寛恕を乞いたいと思う（二〇〇九年五月十七日記）。

四　日本古代の内裏と後宮

1　聖武帝に近侍した人

戦後、平城宮跡と同京跡の発掘調査が本格的にはじまるのは、一九五九年からである。以後本論執筆の一九九二年までの三三年間、発掘は多くの成果を上げ、奈良時代史の解明はいちじるしく進んだ。成果のいちいちを挙げる余裕はないが、いままで平安時代にはじまると思われていたもの、またはその萌芽が、すでに奈良時代に存することが明らかになったことも、その一つにかぞえてよいであろう。

たとえば左京三条二坊六坪（現、奈良市三条大路一丁目）から出現した園池は、屈曲した汀線《ていせん》をもち、玉石を敷きならべた荒磯や立石を配した岬などは、平安貴族の寝殿造りの庭園を思わせるものがある。また平安の上臈《じょうろう》の持ちものとされていた檜扇《ひおうぎ》も出土している。

堅苦しい話になるが、租税の面では、天皇の食膳に奉る産地直送品である贄《にえ》の木簡が大量に出土したのも興味深い。贄のことは大宝・養老の令制にはまったく見えず、十世紀の『延喜式』に詳しい規定がある。「正倉院文書」にはいくらか例があるので、贄の貢納が奈良時代にあったことは知られていたが、これほど多くの贄が各地から朝廷に納められていたとは、それ以前、だれも思っていなかったであろう。

『延喜式』の贄の実体は、奈良時代にほぼ存していたのである。

そのように奈良時代と平安時代とをつなぐ新史料でおもしろいのは、平城宮二条大路の溝から出土した左の木簡である（『平城宮発掘調査出土木簡概報二十四―二条大路木簡二―』一七ページ。『平城京木簡三―二条大路木簡一―』〈奈良文化財研究所、二〇〇六年〉では五〇〇五番木簡）。おもてに、

油二升一合　大殿常燈料　日別三合 七日料　　油八合　膳所料三日料
油七合　文基息所燈料日一合　　油六合　内坐所物備給燈料
油一升四合　天子大坐所燈料　　油四合　召女豎息所燈料
合六升

そして裏に、「七月内」とある。同じ場所から出土した木簡から考えて、「七月」は天平八年（七三六）七月と推定される。そうすると、木簡上段三行目の「天子」は聖武天皇ということになる。おそらくこの木簡は、聖武が文基《ぶんき》（同二行目）という人物と、下級女官である女豎《にょじゅ》（下段三行目）若干名を伴って、平城宮のどこかへ行幸したときの油（灯火用。ただし下段一行目の油八合は食用）の消費量を記したメモと思われる。

一行目の「二升一合」以下、各行の上部に記された油の量を合計すると、ちょうど六升（最終行）となる。行幸時と考えるのは、天皇が宮中の内裏《だいり》に居るならば、このようなメモはおそらく不要だろうし、また灯火用の油の消費量ははるかに多いと思われるからである。

ところで、ここで私が問題にしたいのは、上段二行目・下段三行目にみえる「息所」である。休憩所の意味で、ヤスミトコロと読むのであろう。似た例に『行基年譜』に引用された「天平十三年記」とい

う記録に、「船息二所」として「大輪田船息」「神前船息」がみえる。フナヤスミと読み、船の休み所、すなわち港のことであろう。

しかし息所の語をみてすぐに想起するのは、平安文学にしばしばあらわれる「御息所《みやすどころ》」である。いうまでもなく、「天皇の御寝所に侍する宮女の敬称」（『日本国語大辞典』小学館）であって、『源氏物語』の夕顔の巻に登場する六条御息所はことに有名である。鎌倉時代になった『帝王編年記』では、天智天皇の妃の車持公女のことを「御息所」と書いている。

木簡にみえる文基息所は、聖武の側近に侍するそうした女性の可能性があるが、簡単には断定できない。女豎息所の例からすると、この木簡の息所は、休息の場所という本来の意味で用いられていると解されるからである。もし文基が女性であるならば、結局、天皇の寝所に侍したであろうが、男性かもしれない。奈良時代には行基・弁基などの僧がいるから、僧であるとも考えられる。しかしまた、尼と思われる人物で明基という者（『続日本紀』神護景雲三年〈七六九〉九月二十五日条）もいるから、文基は尼であるかもしれない。さらに内命婦（五位以上の女官）で藤原教基という女性もいた（天応元年〈七八一〉六月十五日条など）。

もしそうなら、称徳女帝が僧道鏡を寵愛《ちょうあい》したように、その父聖武は尼を寵愛したという微妙な事態が生じていたかもしれない。そのことはなお検討を要するが、平安時代の御息所の語の起源を、奈良時代の木簡にみえる息所に求めることは、それほど見当違いのことではあるまい。

なお、これに似た例として、いわゆる長屋王邸から出土の木簡にみえる「若翁」を挙げることができる。『隋書』倭国伝に「利（和《ワ》?）歌弥多弗利《カミタフリ》」の語があり、これが平安時代に皇族あるいは女王を意味するワカントホリの語となったといわれているが、中世の辞書に、翁にタフレスの訓がみえることからすると、若翁はワカミタフリと読める（東野治之氏の説）。そう考えてよければ、ここでも奈良と平安とはつながる。こうした例は他にも多いと思われる。

2　後宮の移り変わり

前節、奈良時代と平安時代に共通する現象のあることを述べたが、違っていること、変化していることは、もちろんたくさんある。時代が変わっているから、それがあたりまえなのであるが、さきにふれた宮城のなかの後宮のありかたも、違ってきている。

たとえば後宮に仕える女性を、奈良時代には宮人と言っていたのが、平安時代では女官と称するようになる。それは言葉だけのことではない。本来、後宮の女性は天皇の私的な生活に奉仕するという職務をもち、律令制施行後も当初、その性格はほとんど変化せず、朝廷に仕える男性が一般に官人と呼ばれても、古い呼び名の宮人の称は変わらなかった。これが奈良時代初期の状態であったが、その後しだいに後宮をふくめて朝廷のありかたに変化が生じ、後宮の女性の官人化がはじまって、奈良時代末ないし平安時代初めごろから女官の称が用いられたと考えられるのである。

しかし後宮女性＝宮人の官人化がどうしておこるのかは、従来の研究ではもう一つ明確ではなかった。その点、最近公にされた吉川真司氏の研究（「律令国家の女官」『日本女性生活史1』所収論文、東京大学出版会、一九九〇年）はたいへん示唆するところが大きい。それを紹介するまえに後宮の説明をしておく。

ここは、天皇をはじめ、皇后・妃・夫人などのきさきたちの御殿と、それらの人々の生活のための雑多な庶務を処理する役所のある場所で、天皇の日常の住居である内裏と同じと考えてよい。ここに勤める職員は原則として女性であって、それが宮人なのである。

吉川氏の研究によれば、男の官人が後宮にはいる場合、とくに天皇から召された者のほかは、後宮の門（閤門《こうもん》）で、門を管理する宮人に用件を告げ、宮人が天皇に奏上し、勅許を得るという手続きが必要であった。

こういえば、江戸時代の大奥の入り口の御錠口《ごじょうぐち》を思い出す人も少なくないだろう。まさにその通りで、吉川氏に従えば、閤門内、すなわち後宮は「本来は天皇と女官だけの空間」であった。ところが実際には、奈良時代にはいると、高級官人である公卿が儀式以外のときにも内裏に出仕するようになる。そうすると公卿にかかわる雑務や記録を担当する中・下級官人も、日常的に閤門内にはいってくる。こうして閉ざされた内裏（後宮）は、しだいに、「開かれた内裏」に変容し、それは「八世紀後期に至って確立したと考えるのが最も妥当である」と吉川氏は結論する。

この吉川説が示唆に富むというのは、第一に宮人から女官の名称の変化の理由がはっきりすることである。今まで男のほとんどいない後宮に男性官人が日常出仕するようになると、宮人だけが天皇の側近奉仕の特権を保持することはできなくなり、宮人の特殊性は減少して官人化する。奈良時代の末ごろから女官の称がおこるのはそのためである。

この第一点は吉川氏も指摘していることであるが、それに加えて私は日本の古代宮廷に宦官《かんがん》がいない理由が明らかとなることを、第二点として挙げたい。宦官は中国をはじめとして、西はエジプト、ギリシャ、ローマ、トルコから東は朝鮮まで、地中海からアジアの全地域にわたって存在していたが、日本の宮廷にはいなかった。

その理由として、一に古代の日本は異民族を征服したことがなかったこと、二に農業と漁業を主な生活手段として、本格的な牧畜を知らず、去勢の慣習がなかったこと、三に強力な専制国家でなかったので、宮刑のような残酷な刑罰を行わなかったことなど、さまざまの原因が挙げられている。

それら諸説ももっともであるが、後宮が男性官人に開かれ、後宮に比較的自由に彼らが出入りすることができるならば、後宮のいろいろの任務に彼らを用いることができるので、とくに宦官を置く必要性はなくなるであろう。

しかしこの場合、もう一つ問題がおこる。後宮が閉ざされていた奈良時代以前はどうかという問題だが、それは次節に述べる。

吉川説から示唆を受ける第三点は、七世紀の宮廷に関する『日本書紀』の記述の疑問が解けることである。たとえば推古十六年（六〇八）八月、飛鳥の小墾田宮《おはりだのみや》にはいった隋の使者は、朝廷で阿倍臣鳥《あべのおみとり》らの接待を受けるが、国書を内裏への入り口の大門の前の机に置いただけで、天皇のいる内裏へははいらなかった。推古朝の閉ざされた内裏は隋使の入門を認めなかったのである。

皇極四年（六四五）六月、「三韓」の調を受け取る儀式のさいも、儀式の正式の参列者は、天皇と蘇我入鹿と蘇我倉山田石川麻呂と古人大兄皇子の四人だけで、朝鮮の使者の姿はない。おそらく、この儀式は内裏の大殿で行われたため、朝鮮の使者は隋使同様、内裏にはいれなかったのであろう。

ところが、こうした内裏の男子禁制の風も、前述のように平安時代には破れる。固定的にみえる制度も、やはり時とともに移り変っているのである。

3　宦官に代わる役目

前節に述べたように、日本の後宮も、本来、男性の出入りは後宮の入り口である閤門でチェックされ、天皇の許可なしにははいれなかった。後宮は天皇のほかは女性だけの世界であった。

しかし、そうした後宮でも、警備や雑役のために男の手がいることがあるだろう。後宮には女性で組織された「兵司」という役所があり、そのほか掃除や宮殿内の施設のための「掃司」には女孺《にょじゅ》一〇人、用水のための「水司」には采女《うねめ》六人が配されるなど、警備や雑用も一応は女性だけで処理できるように計画されてはいた（養老後宮職員令）が、それで十分であったとは思われない。宦官のいない日本では、だれがそのような仕事にあたったか。

この問題を解く手がかりは、奈良時代中期以降の史料にあらわれてくる豎子《じゅし》または内豎《ないじゅ》と呼ばれる人々である。山本信吉氏の論文「内豎省の研究」（『国史学』七一）によると、豎子は豎子所に属する官人であるが、もちろん令外の官の一種で、光明皇太后の側近に仕え、光明皇太后の没後は、孝謙太上天皇に仕えたと考えられるという。豎子はやがて内豎と改称され、孝謙太上天皇がふたたび位について称徳天皇となると、所管の役所も内豎省として整備された。

これだけでは、豎子・内豎と後宮とのかかわりが明らかではないが、中国では漢代以来、内豎は宦官の意味に用いられていた。唐代も同様で、武則天の時代の内豎の弊を述べた意見書に、「内豎は宮掖《きゅうえき》の事に給す」（『新唐書』列伝第四十七魏元忠条）とある。宮掖はここでは後宮のことである。日本の豎子・内豎も同様に、光明皇太后や称徳天皇のいる後宮の庶務に従事していたのであろう。

しかし唐と違うのは、日本の豎子・内豎は後宮に出入りしていても宦官ではない。それは内豎として名のしられる淡海三船《おうみのみふね》や高倉福信をみればわかる。三船は大友皇子の曾孫で、大学頭や刑部卿を歴任した奈良朝屈指の知識人、福信は右衛士府《うえじふ》の大志《だいさかん》、中衛少尉などの武官を経て従三位にまで昇った高級官人で、宦官ではない。

では、なぜ宦官とまちがわれやすい豎子や内豎の名称を用いたのであろうか。「豎」のもとの意味は子供で、豎子の語は相手を青二才などと、いやしめていう場合にも用いられる。しかも一方、三船や福信をはじめとして、わかっている限りでは、彼らはすでにりっぱに成人してから、光明や孝謙・称徳に仕えて、豎子や内豎と呼ばれているのである。

この称をあえて用いたのは、唐の風にならったこともあろうが、日本の後宮では、三船や福信が活躍した奈良朝中・後期より以前、少年を後宮の雑用に使役する習慣が長く存在したからではあるまいか。

私がこのように考えるのは、律令制が宮廷に導入される以前、小子部《ちいさこべ》という部を率いる伴造《とものみやつこ》の小子部連《むらじ》が天皇の側近に仕えていたと思われるからである。小子部の性格については諸説があるが、小子の名称からして、ある特定の目的に従事する少年のグループと解するのがよいと思う。

『日本書紀』雄略六年の条には、天皇が側近に仕えるスガル（栖軽）という男に蚕《かいこ》を集めよと命じたところ、スガルは子供のこととまちがえて「嬰児《あかご》」を集めたので、天皇は笑ってスガルに嬰児を与えて養うことを命じ、小子部連の氏姓を与えたという有名な説話がある。嬰児というのは、スガルの失敗を面白くするための誇張で、スガルの率いる小子部は少年団と考えてよかろう。

　さて、この小子部の職務であるが、近年、藤原・平城の各宮跡から出土した木簡がその手がかりを与えてくれた。「小子門」または「小子部門」と記した木簡が、管見の限りでも六例発見されている。藤原・平城の宮門の名称は、このように氏族の名をつけるのが一般で、たとえば建部《たけるべ》門・山部門・海犬養《あまのいぬかい》門・壬生《みぶ》門・大伴門などが知られている。門の名称になっている氏族は、いずれも軍事に関係があり、門号となったのは、その軍事上の功績を記念するためであるといわれている。

　そうすると、小子部も門号になっているのは、小子部が後宮守衛の功績があったからと考えられる。しかし、それだけでなく、小子部は後宮内部のさまざまの雑用にも従事したのであろう。少年の特権により、比較的自由に後宮の奥まではいりこんだのではあるまいか。

　平安初期に書かれた説話集である『日本霊異記《りょういき》』の巻頭第一話に、雄略天皇が宮中の大安殿で皇后と枕を共にしていたら、小子部連スガルが部屋の中まではいって来たので、天皇は恥じて「婚合」を止めた、とある。事実ではあるまいが、後宮と小子部のかかわりを想像させる話である。

4　公私共存した内裏

　前々節、後宮と天皇が日常の生活を営む内裏とを同じと考えてよい、と述べた。本来、内裏とはそうしたものであるが、天皇または天皇の前身の大王の地位が高まり、政治組織が複雑になると、その原則はしだいに崩れたようである。そうして天皇の政務をみる場所が、後宮から独立してくると思われる。

私がそう考える理由の一つは、孝徳天皇の治世の大化六年（六五〇）二月に、天皇に白い雉《きじ》を献上した儀式のありかたである。この白い雉は長門《ながと》国（孝徳朝では穴門国）で捕獲され、天下太平の祥瑞として難波《なにわ》の都へ運ばれた。『日本書紀』によると、儀式のようすは次のようである。

左右大臣以下、百官の人々が「紫門」の外に四列にならび、雉を載せた輿《こし》を先頭にして門内の「中庭」にはいり、「殿」の前に進む。ここで左右大臣らが輿を執り、「御座」の前に置く。天皇は皇太子を召してこれをみる。左大臣が百官を代表して賀詞を述べ、天皇はこれに対して詔を下し、年号を白雉《はくち》と改めることを宣し、関係者に褒賞・叙位を行って、儀式は終わる。

ここで問題は百官人がはいった「紫門」であるが、紫は帝王の居所の色で、紫禁・紫宮・紫闕《しけつ》などの語は、どれも天子の居所（皇居）を意味する。したがって、紫門は皇居の門、日本風にいえば内裏の門のことであろう。しかしその門内へ、左右大臣だけでなく百官人もはいっていったのだから、後宮とは考えられない。また皇太子（中大兄皇子）は登場するが、皇后・間人《はしひと》皇女や妃・阿倍小足媛《おたらしひめ》らの姿はみえない。しかもそこでは、天皇は大勢の前に姿をあらわし、改元や叙位などの公的な行事を執行しているのである。内裏のなかで天皇は政務をみる空間が、後宮から分離して成立したと考えられる。

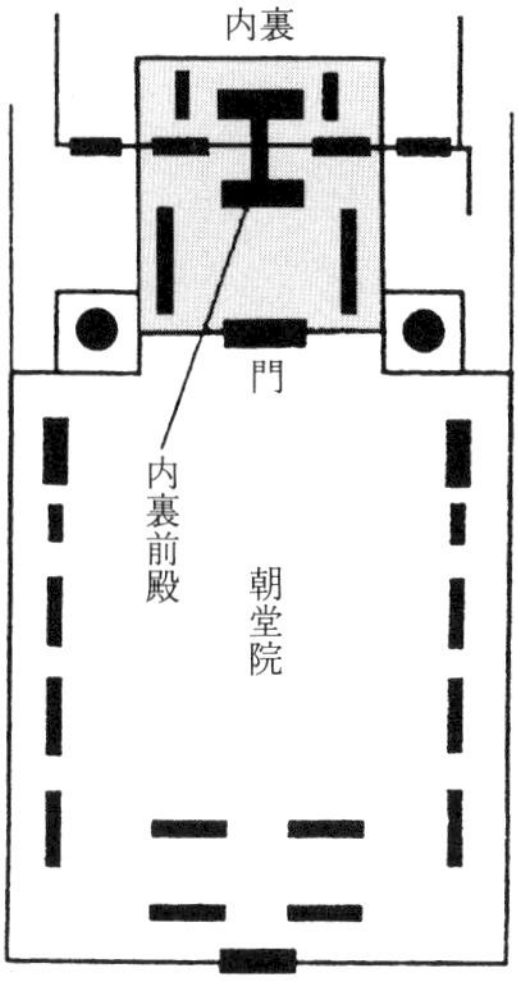

図　前期難波宮遺構配置図（大阪市文化財協会『葦火』47号による）

このときの孝徳天皇の宮は難波にあった。難波長柄豊碕宮《ながらとよさきのみや》ができる前で、小郡宮《おごおりのみや》とよばれる宮殿であったと思われるが、遺跡はまだ発見されておらず、右の推定を遺構の上からあとづけることはできない。けれども、大阪市中央区法円坂町に所在する前期難波宮の遺跡は、この推定を傍証するものと私には思われる。それは前ページの上部の図に示すように、内裏の前面に大きな門と殿舎（内裏前殿）を持つ一郭（図の網をかけた部分）が凸字形に突き出ており、門は小郡宮の紫門、殿舎は同じく「殿」に対応すると解されるからである。

この前期難波宮は白雉三年（六五二）に完成した難波長柄豊碕宮とする説が有力であるが、その内裏の突出部分の原形は小郡宮ですでに成立していたとみるのである。ここは内裏の一部ではあるが、公的な一郭であるので、必要なときは男性官人も出入りできるのである。殿舎の系譜からいえば、突出部の殿舎（図の内裏前殿）は、藤原宮とそれ以後の宮の大極殿に発展する。大宝令制にみえる侍従（定員八人）や内舎人《うどねり》（九〇人）は、内裏のなかでは、後宮以外の大極殿一郭をふくむ公的な部分を勤務の場としたのであろう。

以上の私案に対して、宮城の中心である大極殿のようなもっとも公的な殿舎が、もと内裏の一部であったというのはどうか、と疑うむきもあるかもしれない。しかし前期難波宮と藤原宮とを比較すると、前者の内裏前殿は後者の大極殿に相当する位置にあり、それをかこむ回廊の東西幅がそれぞれ一一五メートルと一一六メートルで、ほぼ両者一致することも、早くから注目されている。

また大宝令の注釈書（『集解』所引の古記）に、兵衛《ひょうえ》が大極殿の門の開閉を担当するとあるのも、大極殿が内裏の系譜を引く殿舎であることを語る。というのは、宮城にある外・中・内の三重の門のうち、兵衛はいちばん内側の内裏の門である内門を守ることが、同じ注釈書にみえるからである。

このように天皇の私的な生活の場であるはずの内裏に、公的な政治の場が設けられるというのも、日本古代の宮廷の特色であろう。帝王の家産を管理する機関を内廷、国家行政を処理する機関を外廷という場合、隋・唐などではその区別が明確であるのに、日本では区別が不明確で、まじりあっているという指摘がある。日本が政治的に遅れていたことを示すが、内裏のこのような構造も、それと関係があるだろう。

古代日本の宮廷は多くの点で唐の制度の影響を受けたが、独自の制を守ったところもある。伝統的な習慣のねづよい後宮では、とくにそれが少なくなかったのではあるまいか。

〔補記〕私は古代の日本には宦官はいなかったと思うのであるが、気になる史料が『続日本紀』に二か条ある。一つは天平勝宝三年七月丁亥（七日）条で「授二（中略）、女孺无位刑部勝麻呂外従五位下一」、もう一つは宝亀九年正月壬申（二十五日）条で、「授二女孺无位物部得麻呂外従五位下一」とある。蔭子蔭孫の特権を持っていたと思われない部姓（刑部・物部）の人物が、無位から外従五位下へ破格の昇叙を得ているのは珍しいが、それとともに不審なのは、後宮に仕える下級女官である女孺がなぜか二人とも麻呂という男性を示す名を持っていることである。

　管見の限り、麻呂を名のる女性はいないようである。麻呂にかぎらず男名前を持つ女性はめったにいないと思うが、男の場合は女のような名を持つものがいるから、絶対にないとはいえない。男ではたとえば大同四年（八〇九）六月に従五位上で卒した広岡朝臣綿裳（旧姓橘宿禰）。少納言や大判事を歴任しているから男性であることは確かだが、綿裳という名はいかにも女性的である。男については、幼少時無事に育つようにと女性名をつけ、女の子のようにして育てる風習が少なくとも近世には存在したと思われる。たとえばフィクションではあるが、滝沢馬琴の『八犬伝』にみえる八剣士の一人、犬塚信乃である。彼は犬塚番作の四人目の男子であるが、上三人が幼くして死去したため、この子は丈夫に成人させようとして、信乃という女性的な名をつけ、女服をきせて育てたとある。

もっとも馬琴は、番作の妻に「よに子育のなきものは、男児なれば女の子とし、女の子には男名つけて、やしなひ育れば恙なしとて、しかする人も稀には侍り」と言わせている。しかし男中心の社会では、そうまでして女の子を育てる人は少なく、一般には男の場合だけこの風が行われたのではあるまいか。

けれども女に男名前をつけていけないという規則があるわけではないから、勝麻呂・得麻呂は男名前を持つ女性であったかもしれない。そうすれば何も問題はないが、刑部・物部という部姓のウジから考えて、この両名の家庭の社会的地位はそれほど高いとは思われない。そうした家で、わざわざ女に男名前をつけて育てるであろうか。

そうではなくて、勝麻呂・得麻呂という男性を後宮に仕えさせるために、特別に女孺という職名を授けたと考えられないであろうか。その場合、無位から外従五位下に叙せられているのだから、特別に天皇の寵愛を受ける人物、あるいはふつうの女孺とは違う職務を担当する人物であったと推測される。

女孺と異なる任務を担当したとすれば、この二人は中国の宮廷に多い宦官に相当する人物ではないかと思われる。ただし日本の場合、この二人が男性機能を失っていたかどうかはわからない。特別に天皇の寵愛を受けた者とする考えに立てば、とくに勝麻呂は女孺の名で時の天皇である孝謙女帝の側近に侍し、道鏡の登場するまで寵愛を受けていたと想像することもできる。得麻呂の仕えたのは光仁天皇だから、同性愛的関係の存在が考えられるが、そこまで想像するのはどうであろうか。

しかしまた、そんな微妙な関係ではなく、宮廷をはなやかに飾るために、気の利いた美貌の女孺に男装させ、男名前を与えたのであるかもしれない。唐の宮廷にはそうした女官がいたということである。近・現代の芸妓に勝太郎とか市丸とか男名前が多いことは周知の通りである。

以上のように私は奈良時代の中期以降、日本の後宮にも宦官があらわれた可能性もあるが、そう断定する勇気はないのである。

Ⅱ　聖武天皇と貴族・官人

法華寺金堂

一　藤原不比等

1　不比等の経歴

鎌足の長男定恵とは　不比等《ふひと》はいうまでもなく藤原鎌足《かまたり》の子ですが、参考に出しておきました系図でおわかりのように、長男ではなく次男で、兄に定恵《じょうえ》があります。はじめにこの定恵のことについてお話しておきます。

定恵については、藤原鎌足の伝記である『家伝《かでん》』（『藤氏家伝』ともいう）の上巻の付録の「定恵伝」によって、大体のことがわかります。また『日本書紀』にも二回ほど出てきます。

それらによると、定恵は皇極二年（六四三）の生れで、斉明五年（六五九）生れの不比等より一六歳の年長です。白雉四年（六五三）、かぞえで一一歳のとき、遣唐使吉士長丹《きしのながに》の船に乗って学問僧として唐にわたり、在唐一二年ののち、天智四年（六六五）に、日本へ来る唐の使の船に乗って帰国し、その年の十二月二十三日に没します。二三歳でした。

一一歳で出家・入唐した謎　こうした定恵をめぐる問題の一つは、なぜ鎌足が自分の長男を、一一歳の若さで僧とし、入唐させたか、という点です。それについては、鎌足が仏教の信仰に篤く、定恵に仏教を深く学ばせようとしたのだ、という解釈（横田健一説）もありますが、信仰心だけで幼い子供を入唐させるだろうか、という疑問が生じます。

これについて大胆な推論を出されたのが、梅原猛さんです。梅原さんによりますと、定恵はじつは孝徳天皇の皇子であるが、ある事情により、鎌足がそれをわが子として育てた、しかし孝徳と中大兄皇子のあいだが不和になってくると、孝徳の子をわが子として育てることは危険になる、そこで鎌足は、定恵を出家・入唐させることで、「天智（中大兄）に忠誠を誓った」のではないか、と梅原さんは主張されるのです（『塔』）。鎌足にとって定恵は不要である、いない方がよい、というわけです。

図　藤原氏系図

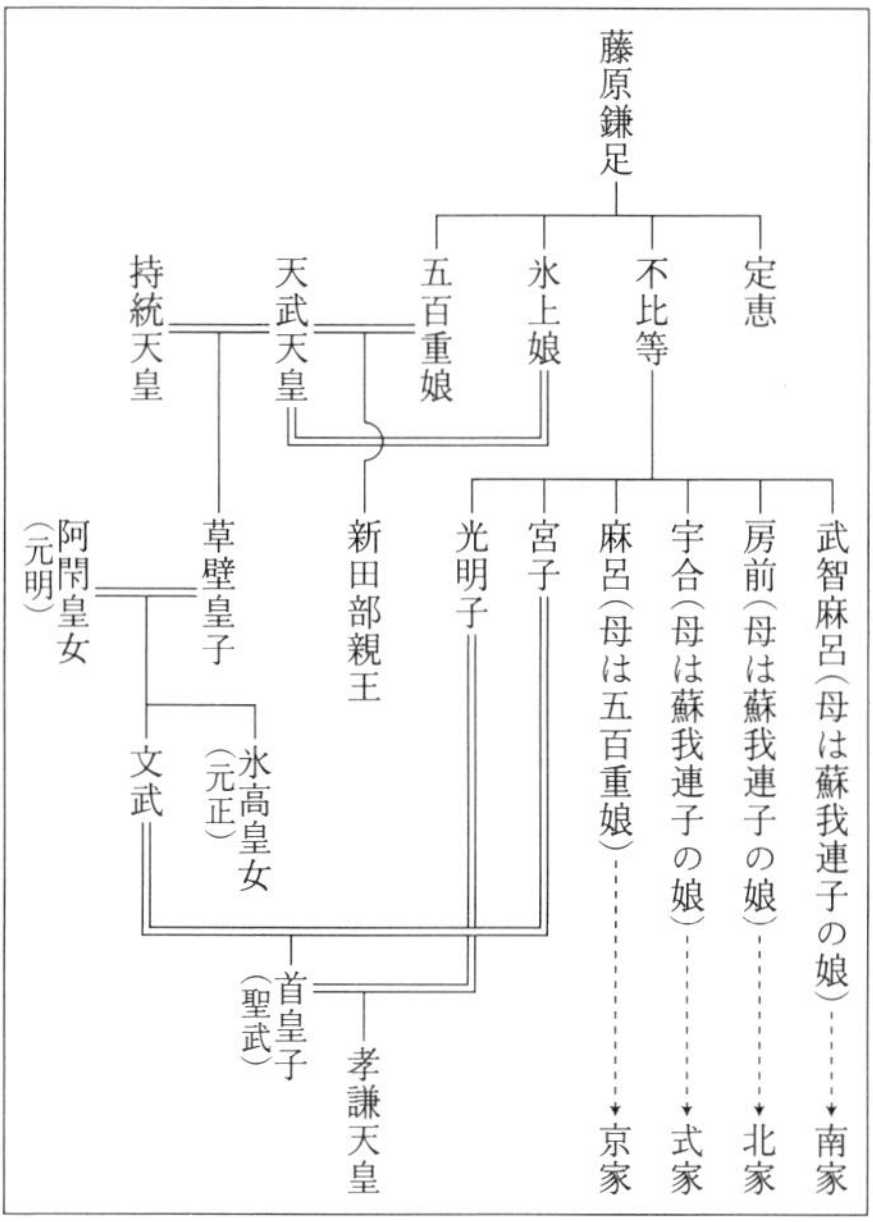

そういう定恵であるので、帰ってきてから暗殺されて死んだというのが梅原説ですが、定恵が孝徳天皇のいわゆる落としだねであるというのは、室町時代にできた『多武峰縁起』という書物に初めて見えることであって、古代の書物には出てまいりません。したがって、定恵皇胤説すなわち、定恵孝徳天皇忘れ形身説は、私はあまり信用しておりません。

しかし、一一歳で坊さんになって唐へ渡ったというのは、一見、不思議に思われます。それについてはさきに述べました横田健一さん（「藤原鎌足と仏教」『白鳳天平の世界』所収、創元社）や上田正昭さん（『藤原不比等』朝日新聞社、一九七六年）などにもお説がありますが、私はそれほど不思議に思わなくてもいいのではないかと思います。このころの留学生・留学僧は、長期計画のもとに、長い人は三〇年ぐらい唐に行っているからです。

たとえば、推古天皇の中ごろに遣隋使に付いて隋に渡った留学生・留学僧が、それから二五年ないし三〇年ぐらい隔たった舒明天皇のときに帰ってきて、大化改新をおこなった中大兄皇子のブレーンになるということがありますから、一〇年、二〇年先を見込むと、一一歳でも聡明な子どもであれば、そういうことを考えて送り出した、というように考えればいいのではないかと思っております。

定恵が坊さんになったというのも、それほど疑問にはなりません。この当時は坊さんになるといちばん暮らしやすいのです。唐へ渡って坊さんとして待遇されれば、おそらく生活費がタダになったと思います。各種の経費（本代など）の問題がぜんぜんないわけでもないでしょうが、どこかのお寺に所属すれば、俗人として行くよりはずっと暮らしやすかったにちがいありません。

また、この当時の坊さんは仏教だけを勉強していたのではありません。時期が少し遅れますが、鑑真和上なども薬をたくさん持って日本にやってきています。そういうふうにいろいろな方面の学問をやるのが当時の坊さんですから、むしろ坊さんとして行ったほうが学問をやるうえで都合がいいのです。息子がじゃまになるから坊主にして海外へ追放した、という解釈はとるべきではないと思っております。

ちょっと定恵のことに暇どりますが、ついでですから、もう少し申しておきます。明治維新のときに、日本から海外に留学生がたくさん行きましたが、あのときでも若い人は一二歳とか一三歳の年齢の人が、当時の藩士、あるいは幕臣のなかから選ばれて海外へ渡っているわけです。津田英学塾を始めた津田梅子は、七歳で渡米しています。時代がずいぶんちがいますが、長期計画のうえに立てば、それはそれほど不思議なことではないのではないかと思います。

定恵は暗殺されたのか　それから、暗殺されたというのも、死んだことは確かですが、はたして暗殺されたかどうか。百済の人に暗殺されたとふつう考えていますが、それは「定恵伝」に、「百済の士人、窃《ひそか》に其の能を妬《ねた》み、これを毒す」と書いてあるからです。それで毒殺されたということになったのです。じつは、私もそれはありえないことではないと考えておりました。

当時、百済は唐と戦って敗れます。日本は百済を救援して白村江で戦いますが、けっきょく白村江の戦いに敗れてしまいます。そのように日本と百済とは連合関係にあったのに、定恵は百済にとっては敵になる唐に長い間留学して、日本に帰ってきました。帰ってくるのは白村江の戦いの二年のちの天智四年です。日本も情勢の変化によって、唐とも国交を厚くしていかなければならない時代です。

こうした情況のもとで、唐から日本に帰ってきて、唐の立場に立ってものを言っている定恵を、百済の人が憎んで暗殺したということはありうると思ったのです。しかしまた、「毒す」というのは、かならずしも毒殺するという意味ばかりでもありません。

これは、お茶の水女子大学の青木和夫さんに手紙で教えてもらったことですが、「毒す」には憎むという意味があるようです。ですから、百済人が定恵を憎んだというだけのことで、毒殺とまで考えなくてもいいのではないか、ということを青木さんが言っておられますが、それももっともな説だと思いま

表　藤原不比等略年表

西暦	和暦	歳	事　　　項
659	斉明5	1	誕生，鎌足第二子．長子は定恵(665年没)
689	持統3	31	判事，直広肆(従五位下相当)
697	文武元	39	文武即位(不比等の娘宮子入内)
700	文武4	42	刑部親王らとともに大宝律令編纂，直広壱(正四位下)
701	大宝元	43	正三位大納言，12月首皇子誕生，この年安宿媛誕生
707	慶雲4	49	4月封戸5000戸を授けられるが，2000戸のみ受ける．6月文武没．7月元明即位
708	和銅元	50	右大臣となる(石上麻呂，左大臣)
710	和銅3	52	平城遷都，石上麻呂は藤原京留守司
714	和銅7	56	首皇子，立太子
715	霊亀元	57	元明譲位，元正即位
717	養老元	59	3月石上麻呂没，78歳．10月二男房前参議となる
718	養老2	60	養老律令ほぼ成る(施行は757年)．長男武智麻呂式部卿となる
720	養老4	62	5月『日本書紀』成る．8月不比等没，贈太政大臣，淡海公

す。若死にしたのは確かですが、はたして暗殺されたかどうかはわかりません。

梅原さんは、鎌足が百済人を使って、自分の息子だけれども、自分の地位を安定させるために殺してしまったのだという非常に重大な想像をしておられますが、そこまで想像するのはいきすぎではなかろうかと私は考えています。

不比等、鎌足の跡継ぎとなる　ともかくそういうことで、一〇年余り年上の定恵が亡くなりましたので、不比等が鎌足の跡継ぎになり、実質上は鎌足の嫡男というかたちになりました。最初に簡単に略歴を申しておきますと、持統天皇三年（六八九）に初めて『日本書紀』に判事ということで姿を現わします。このときの位が直広肆《じきこうし》で従五位下相当です。直広肆というのは飛鳥浄御原令の位階四十八階制の位の呼び方で、大宝令の位に換算すると従五位下です。

五位の線を越えるかどうかというのは、古代の官人の立場としては非常に大きな分かれ目になりました。それを越えると、中級官人ないし上級官人という立場を獲得するので、『続日本紀』以下の六国史は、原則として五位以上になった人のことを書き残しています。五位になっても史料から漏れているということは、とくに『続日本紀』などはそうとうありますが、原則として五位になると書き留められます。

三一歳にして姿を現わす

その原則は、持統朝でもだいたいあてはまっておりまして、不比等が五位の線を越えたので、姿を現わします。そのとき彼は三一歳でした。学者の中には、不比等が三一歳になるまで姿を見せないのは非常に不思議だと言っている方もありますが、私はあまり不思議だとは思いません。ちょうど妥当な線ではないかと思います。

古代律令制では蔭《おんい》位の制があって、父親の身分が良ければ、子どもはそのお蔭で位をもらいますが、大宝令の制では二一歳以上になると初めて位をもらいます。従五位などという位をもらうのは、よほど父親の身分が高いばあいです。父が正一位といったようなばあいは、従五位下の位をもらいますが、たいてい六位ぐらいしかもらえません。二一歳ぐらいで六位をもらうと、三〇ぐらいで五位の線にはいるわけです。もっと早く五位の線に達するばあいもありますが、不比等は父親がずっと前に死んでいて、バックが強力とは言えないから、こんなところでしょう。

鎌足の位は大織冠《たいしょくかん》ということですから、のちの正一位に相当します。しかし、これはやや伝説的な話で、どこまで信用していいかわかりません。また、蔭位の制が確立していたわけでもありませんので、不比等はおそらく二十二、三歳で従六位ぐらい（浄御原令では勤位の参か肆）の位をもらって、七、八年たってこういう位になってきたのだろうと思います。

ですから、ここまでは不比等は遅くもないし、特別目立った昇進でもないということになりますが、日立った活動を示すのはそれからです。もっとも、持統三年に判事というのは、ある意味では、重要な時期に重要な官位についたともいえます。

ついでに申しておきますと、このとき同じく直広肆になって判事の官をもらったなかには、大津皇子の事件に連座して逮捕された人が二人ほどまじっていますが、それは巨勢多益須《こせのたやす》と中臣臣麻呂《なかとみのおみまろ》です。この二人は朱鳥元年（六八六）十月に大津皇子の事件に連座してとらえられました。しかし、大津皇子の刑死後に釈放されます。それが朱鳥元年ですから、持統三年の三年前にあたります。三年前に謀反事件に連座した人物が二人とも判事になっています。

古代の判事もいまの判事と似ております。ただしいまの判事と検事を両方合わせたような役でしょうが、裁判に直接関係する役人です。その官職に数年前に謀反の罪でいったんは逮捕された人物が返り咲いてくるということは、たいへん不思議なことです。

大津皇子は謀反の罪で死刑になるのですが、ほんとうに大津は謀反しようとしたのか、大津皇子をひっかけて謀反の汚名を着せるために、側近に仕えていた巨勢多益須その他の人々をうまく立ち回らせたのではないか、だれが立ち回らせたかというと、証拠はありませんが、現在では持統天皇ではないかと一般に考えられているわけです。

大津皇子の事件に関して、不比等のことは何も記録に表われておりませんが、そういう人たちと一緒に判事になり、五位の線を越えて昇進しています。そして、持統三年というのは飛鳥浄御原令が正式に施行された時期ですが、浄御原令の施行とともに、法律の番人ともいうべき役に不比等がついたということです。

不比等の生まれ育ち　そのことについて、不比等の生まれ育ちをお話しておいたほうがいいと思いますが、これは有名な藤原不比等皇胤説とも関連いたします。不比等が皇胤か、すなわち天皇の子かどうかということはいちおう後にいたしまして、不比等皇胤説に関係する史料を四つばかり並べておきまし

不比等皇胤説

(一)『帝王編年記』

（斉明五年条）是歳、皇太子（天智天皇）妊(任)寵妃御息所車持公女婦人賜二於内臣鎌足一、已六箇月也、給二件御息所一之日、令旨曰、生子有レ男者為二臣子一、有レ女者為二我子一、爰内臣鎌足守二四箇月一、厳重令レ遂二生産一、其子已男也、仍如二令旨一、為二内臣子一、其子贈太政大臣正一位勲一等藤原朝臣不比等、

(二)『公卿補任』

（大宝元年条）不比等……内大臣（実天智天皇々子云々）大織冠鎌足二男（一名史、母車持国子君之女与志古娘也、車持夫人、）

(三)『尊卑分脈』

〈不比等伝〉内大臣鎌足第二子也、一名史、斉明天皇五年生、公有二所レ避事一、便養二於山科田辺史大隅等家一、其以名レ史也、母車持国子君之女、与志古娘也、

(四)『万葉集』

　内大臣藤原卿娶二采女安見児一時作歌一首

吾はもや安見児得たり皆人の得難にすといふ安見児得たり（二―九五）

(五)（参考）『続日本紀』

天平神護二年四月甲寅、有二一男子一自称二聖武皇帝之皇子一、石上朝臣志斐弖之所レ生也、勘問、果是誣罔、詔配二遠流一、

たが、前ページの『尊卑分脈』のほうをごらんいただきたいと思います。そこに「不比等伝」というのがはいっていますが、『尊卑分脈』というのは、藤原氏を中心として奈良から平安時代にかけて栄えた貴族の系譜をまとめたもので、「国史大系」の中にはいっております。だいたいは人名を線でつないで親子兄弟の関係を示した系図ですが、ところどころで重要な人物について、注のようなかたちで略伝が付いています。そこで、『尊卑分脈』の「不比等伝」を読んでみますと、「内大臣鎌足の第二子也。一名史《ふひと》（ほんらいは史という字を書いて、あとで不比等という非常に立派な漢字をあてたわけです）。斉明天皇五年生まる。公避《さ》くる所の事ありて、便ち（または「便りに」）山科の田辺史大隅《たなべのふひとおおすみ》等の家に養われ、其を以て史と名づく也。母は車持国子君《くるまもちくにこのきみ》の女与志古娘《よしこのいらつめ》也」とあります。

渡来人に養育　田辺史というのは渡来系の氏族で、西文氏《かわちのふみうじ》と関係があるだろうといわれています。大阪府柏原市の田辺一丁目の田辺廃寺は、田辺史氏の氏寺と考えられ、もとこのあたりに居住していたのでしょう。大阪市にも東住吉区に北田辺、南田辺という地名があり、あのあたりが古代の田辺郷で、田辺氏はあの辺にも住んでいたのですが、京都府の山科に住んでいたこともありました。

これは近江遷都との関係だろうと思いますが、藤原不比等はそういう渡来人の家で養われて、田辺史の史をとって名とするというぐらい密接な関係にありました。そのために若いころから漢籍に親しむ機会が多くて、律令の学問にも通じていた、それで律令と直接かかわりのある判事という役についたのだろうといわれています。

孫首皇子と娘安宿媛の誕生　それから八年たって、持統天皇が文武に位を譲って文武天皇が即位しますが、そのとき不比等の娘の宮子が文武天皇のお妃になるということで、不比等の地位が確立してくるわけです。ざっと不比等の略年表を見ておきますと、七〇〇年に刑部親王らとともに大宝律令の編纂にかかわりますが、そのときは直広壱（正四位上相当）でした。そして、大宝元年（七〇一）に正三位大納言になり、十二月には首《おびと》皇子が誕生しています。首皇子は不比等の娘宮子が文武天皇との間にもうけた子どもで、のちの聖武天皇です。

不比等自身はこのとき安宿媛《あすかべひめ》、のちの光明皇后を自分の娘としてもうけています。首皇子は孫になるわけです。娘のうちの一人が文武のところへ行って首皇子を産み、もう一人の娘が、後年首皇子の皇后になる安宿媛ですが、これは八五ページにあげました系図を見ていただくとおわかりになるとおりです。偶然ながら聖武天皇と光明皇后が同じ年、しかも大宝律令が発布された大宝元年に生まれているというのは、やや運命的な感がいたします。

養老律令ほぼ成る　やがて慶雲四年（七〇七）に五〇〇〇戸という非常に莫大な封戸《ふこ》をもらいますが、二〇〇〇戸のみ受けて、あとは辞退しています。そのとき文武が没して元明が即位し、やがて右大臣になっています。平城遷都、そして和銅七年に首皇子が立太子するというかたちで進んでいって、養老二年（七一八）、不比等の死ぬ二年前に大宝律令を改定した養老律令がほぼ成るわけです。

ここに「ほぼ成る」といっているのは、ふつう養老律令は養老二年に成るといわれていますが、かならずしも完成しなかったのではないかという説も有力だからです。これが実際に施行されたのは、これから約四〇年のちの七五七年（天平宝字元年）ですから、四〇年もどこかの蔵に積み込まれたままになっていたわけです。

このように養老律令はつくられてからずいぶん長い間、実施されておりません。これは、不比等が養老四年に死んだからだともいわれていますが、いちおうできあがったけれど、細かい点は完備していなかったので、そのままになっていたのではないかという説もあるのです。

藤原氏繁栄の基礎作り　養老四年五月に『日本書紀』ができあがって、その三ヵ月後に不比等は死にます。以上が大体の経歴です。死んだのちになって、太政大臣淡海公という位と贈名《おくりな》（諡号）を与えられています。

八五ページの系図にあるように、不比等の子どもは宮子と光明子のほかに、武智麻呂・房前・宇合・麻呂という四人の息子があり、四人がそれぞれ家をつくりました。藤原氏の繁栄の基礎は、こうしてまさに不比等のときにつくられました。鎌足のときは、まだ藤原氏はそこまで安定していなかったのですが、それを安定したところへ持っていったのは不比等の仕事だというのが、今日の不比等についてのだいたいの評価であろうかと思います。

それからさらに発展して、鎌足ははたしてどれだけの仕事をしたのかわからない、不比等が自分の立場を良くするために、自分の父親が中大兄皇子を助けて律令体制の基礎となる大化改新を成功に導いた、というふうに鎌足のことを誇大に宣伝して、鎌足の虚像、偽の姿をつくりあげたのではないかということもいわれています。松本清張さんなどもそういうことを強く主張しておられます。

そういうことも考慮しますと、不比等はますます藤原氏のなかで本当の創業者的な基礎を築いた人物だということになってまいります。そういう想像をしなくても大宝律令、養老律令の撰定ということは、やはり不比等の仕事として重視しなければなりません。たいへん大きな仕事をした人物であることは確かです。

そのことについてはまた申しあげますが、なぜ不比等のときに藤原氏がそれほど大きな勢力を築くことができたのでしょうか。鎌足の業績を受けたということもむろんありますが、いま申したように、鎌足がはたして大化改新から近江朝にかけて、どれだけ大きな働きをしたのかということは、やや不確かなところがあるわけです。

2　藤原氏勢力拡大の原因

なぜ一代で成功したか　そういうことも考慮に入れますと、なぜ不比等一代にして、そういう大きな仕事をやることができたのかということが、あらためて問題になってくるかと思います。不比等の地位を決めたのは、先祖以来の功績もあり、幸いうまいぐあいに男の子も生まれたし、女の子も生まれた。おそらく女の子もそうとう美人が生まれたのだろうと思いますが、すでに多くの方がいわれているように、皇位継承に関与して、それが成功したというところに、一つの大きなポイントがあったのではないでしょうか。

聖武天皇に至るまでの黒作懸佩刀と不比等　そのことを、まず申しあげておきたいと思いますが、それに関係しているのが次ページの「東大寺献物帳《けんもつちょう》」です。「東大寺献物帳」は「正倉院文書」の一つで、献物帳という名前でたしか現在五つ残っています。これは東大寺に皇室から品物を五回にわたって献納したときに、一回一回目録を作って品物と一緒に納めたものです。ですから、献物帳は何通もありますが、いちばん重要なものを含んでいるのが、天平勝宝八歳六月二十一日の「東大寺献物帳」だと思いま

「東大寺献物帳」（天平勝宝八歳六月二十一日）

奉為　太上天皇、捨国家珍宝等、入東大寺願文

（中略）

御大刀壱佰口

（中略）

横刀一口 刃長一尺四寸七分、（以下二行の分注あり、略す）……

右一口者、太政大臣之家設新室宴之日、天皇親臨、皇太子奉舞、太臣寿贈 彼日皇太子者即平城宮御宇後太上天皇也、

黒作懸佩刀一口 刃長一尺一寸九分、……（以下略）……

右　日並皇子常所佩持、賜太政太臣、大行天皇即位之時、便献　大行天皇、崩時亦賜太臣、太臣薨日、更献　後太上天皇、（下略）

す。

これは聖武天皇が亡くなって、七・七忌の忌日が終わったのを機会に、聖武天皇遺愛の品々を東大寺に納めたときのものです。その冒頭に、「太上天皇の奉為《おおんため》に、国家の珍宝等を捨てて東大寺に入る願文」と書かれていますが、太上天皇はむろん、このばあい聖武天皇を指しています。天平勝宝八歳という年は、聖武の娘の阿倍内親王が即位した孝謙天皇が今上ですから、聖武天皇は太上天皇です。

献物帳はたくさんの品物がずらっと書いてあって、寸法などが書かれているほかに、その品物の由緒がところどころに書かれていますが、そのうちで不比等に関していちばん注目されているのは、黒作《くろづくりの》

懸佩刀《かけはきのたち》一口《ふり》です。これはだれでも読んでいるはずですが、黒作懸佩刀のことを詳しく論じられたのは、関西大学教授の薗田香融さんだと思います。「護り刀考」という薗田さんの着眼のいいところを十二分に示した論文であります。

上田正昭さんの『藤原不比等』でも、上山春平さんが藤原不比等のことを書いた『埋もれた巨像』という本でも、この史料を取り上げておられます。お二人とも、それに最初に目を着けたのは薗田さんだということを書いておられませんが、これはやはり薗田さんの功績です（上山さんは、あとで訂正して、薗田さんのことを紹介されたそうです）。

それを読んでみますと、「右、日並皇子《ひなめしのみこ》常に佩持するところ、太政太臣に賜う。大行天皇即位の時、便《すなわ》ち大行天皇に献ず。崩ずる時また太臣に賜う。太臣薨ずる日、更に後の太上天皇に献ず」となっております。

これだけのことですが、どういうことかと申しますと、日並皇子は草壁皇子です。天武天皇と持統天皇の間に生まれた草壁皇子は、皇太子になったので日並皇子といわれて、柿本人麻呂は日並皇子が亡くなったときには、有名な挽歌を作っています。大行天皇は、文武天皇のことです。

さてこの文では、この黒作懸佩刀は、もとは草壁皇子がいつもお持ちになっておられたところであって、それを太政大臣に賜ったとあります。太政大臣はむろん不比等です（このときにはまだ太政大臣ではありませんが、不比等を意味します）。主語が略されていますが、それから不比等は大行天皇、すなわち文武天皇が即位するとき、大行天皇に献上した、とあります。さてこの大行天皇は慶雲四年（七〇七）に二五歳で早死にします。

日並皇子も二八歳で若死にしますが、大行天皇（文武）も自分の息子の首皇子がわずか七歳で、満でいえば六歳になるかならずのときに死ぬわけです。さきの文のつづきを見ますと、大行天皇は死ぬときにこの黒作の刀を不比等に賜り、不比等が亡くなるとき、のちの太上天皇に献じた、というのです。このばあい太上天皇は聖武天皇のことですが、不比等が死んだときは、即位以前で皇太子でした。だから実際はこの刀を皇太子の聖武に奉ったのです。こういう由緒深いものですから、のちの太上天皇、つまり聖武天皇はそれ以来ずっと身につけて持っていた、一種の護り刀として身につけていたにちがいないと考えられます。

それではいつ日並皇子が太政大臣にこの刀を渡したかということですが、この経過から考えてみますと、日並皇子、すなわち草壁皇子が二八歳でみまかるときに不比等に渡したのでしょう。皇子の息子の軽皇子、のちの文武天皇はこのときわずか六歳でした。

そういうときに、つねに持っていた刀を不比等に渡したということは、自分の息子の行く先を頼むぞという気持ちをこめて、おそらくそういう遺言とともに渡したにちがいないと薗田さんは想像されましたが、まさにそのとおりだろうと思います。

それで、その遺言を体して、不比等はいろいろ画策したにちがいありません。その画策が成功して、文武天皇が即位したときに、これはお父様からお預かりしたかくかくの由緒のあるものでございますと言って、文武天皇にお返しした、そういう由緒ある刀だから、大行天皇（文武天皇）が二五歳で七歳の子どもを残して死ぬとき、また不比等に渡して皇子をよろしく頼むと言ったのでしょう。

先日テレビを見ておりましたが、豊臣秀吉が死ぬときに、秀頼、秀頼と言って死んだところが出ておりました。秀吉は六二歳で、ちょうどいまの私と同い年ですが、大行天皇はもっと若くして死んだわけです。若ければ若いなりに小さな息子のことが気になるにちがいありません。やはり息子のことを頼むぞと言って、この刀を不比等に渡したにちがいないと思います。

不比等は、首皇子をなんとか早く天皇の位につけようと思って努力したことと思います。自分の娘をお妃に入れるぐらいですから、むろんの話ですが、残念ながら不比等の目の黒いうちには天皇になれませんでした。不比等の死後五年のちに即位しますが、養老四年にはまだ即位しておりません。秀吉はたしか満の六二歳だったと思いますが、不比等はかぞえの六二歳で死んでしまいます。

草壁皇子のご学友として

そういう刀ですが、それから考えますと、不比等はまず文武天皇の即位に努力して、それを成功させています。草壁皇子が死んだ持統天皇三年（六八九）当時、不比等はやっと五位の線を越えたばかりで、軽皇子は皇太子になっていなくて、ただの皇子でした。そして、天武天皇の皇子たちがまだたくさん残っていました。

大津皇子はもう死んでいましたが、高市皇子を筆頭にして、忍壁皇子もいれば、母親の身分が良いという点では舎人親王や長皇子、新田部親王など二〇歳代の立派な皇子たちがずらっと残っているときに、五位の線にようやく到達したばかりの不比等が、わずか六歳の軽皇子を即位させることを引き受けたというのは（確証はないが、そう考えられる）、おそらく不比等の一つの賭けだったのではないかと思います。

不比等はそれ以前から、皇太子でやがて天皇になると思われていた草壁皇子に取り入っていたにちがいありません。持統三年に死んだとき、草壁皇子は二八歳、不比等は三一歳ですから、ご学友といったようなものです。

そういう関係をうまく持続して、草壁がすんなり天皇になっていれば、まさに不比等にとっては思ったとおりで、自分も草壁天皇に従ってどんどん出世していけると思っていたのに、草壁皇子は夭折してしまいました。

持統天皇と同じ思惑　そうすると、そのときの不比等としては、まだ若い軽皇子をなんとか天皇につけよう、これが自分の将来を開く唯一の道だと感じたのではないかと思います。そういうふうに考えたのは、軽皇子の後には持統天皇がついているからです。

持統天皇にとっては自分の直系の孫ですから、目に入れても痛くないという感じの孫であったにちがいありません。持統はこれを天皇にしようと考えていたので、持統天皇がいる限り、これはかならずしも不可能な仕事ではない、と不比等は感じたにちがいないと思います。

最大の強敵、高市皇子の死　おそらく、そのとき不比等のいちばんの強敵は高市皇子であったと思われます。高市皇子は、このとき三〇歳をかなりすぎていたはずです。壬申の乱のときが一九歳で、それから十七、八年たっているので、もう四〇歳に近かったわけです。持統天皇も高市皇子を無視できなくて、持統天皇が正式に即位した持統四年（六九〇）に太政大臣に任命していますが、この時期においては太政大臣は皇太子とすれすれの地位ですから、このまま推移すれば高市皇子が次の天皇になったかもしれません。

そうすると、不比等の軽皇子を即位させるという計画は、あるいはどうなったかわかりません。万一高市皇子が天皇になれば、皇位は高市皇子の息子の長屋王に移る可能性が非常に高いわけです。そういう立場に長屋王はいたので、のちに長屋王は皇位を狙っているのではないかという疑いで殺されてしまいますが、どっちに転ぶかわからない岐路に持統の初年の不比等は立っていました。

　ところが、不比等にとっては幸いなことに、持統天皇十年に高市皇子がポックリと死んでしまいます。あまりタイミングよく死んだので、暗殺されたのではないかという説も出ておりますが、それを実証する史料はないので、いちおう病気で死んだということにしておきたいと思います。


文武即位——地位固めの最大の要素　そこで、『懐風藻』の有名な葛野王の伝に出てくる皇位継承の会議が開かれます。はたせるかな会議は紛糾して、葛野王が軽皇子のためにおおいに弁ずるという一幕があるわけです。このとき、弓削皇子などは自分の兄の長皇子を皇太子に推そうとしたようです。

　その場面では、不比等は表面には出てまいりませんが、このときは持統十年で、持統三年から七年後ですから、まだ不比等は四〇になっておりません。位はのちの大宝律令に換算して四位になるかならないかということで、おそらく発言権がまだ大きくなかったということもあったと思います。

　また、がんらい黒幕、策士的なところがあるので、自分は表面に出ずに、葛野王をうまく使って、葛野王にしゃべらせたのかもしれませんが、そのばあいは表面には出ないけれども、けっきょく背後にいる持統天皇の圧力がものをいって、軽皇子が皇太子になるということが決まって、その翌年の持統十一年に文武天皇が即位するという経過をとるわけです。

　こうして文武の即位に成功したということが、不比等の地位を固める最大の要素になったのではないかと思います。文武天皇が即位するということは持統天皇の気持ちにもかなうし、むろん文武の母親の阿閇《あべ》皇女、のちの元明天皇の気持ちにもかないますので、持統や元明にとっては不比等は何よりも頼りになる人物です。

文武即位のときは三九歳で、まだ若いけれども、これはあてになる男だということで、彼はうまく持統天皇、阿閇皇女の懐に潜り込むことができました。そして、持統・文武の信任のもとに、律令の編纂にとりかかるということになっていくのではないかと思います。

不比等皇胤説　そのあとは順調に勢力を伸ばしていきますが、不比等が非常に順調に昇進し、大きな力を築いたことの説明として、不比等皇胤説が出されてくるわけです。これについて梅原猛さんや上山春平さんがどういうふうに見ておられるのか、私は詳しいことは存じませんが、不比等皇胤説について次に見ておきたいと思います。

不比等皇胤説に関して、ここでは『帝王編年記』を挙げておきます（九一ページ「不比等皇胤説」）。これは鎌倉の初めごろ、十二世紀のごく末ごろにできた書物だと考えられていますが、これよりもう少し早く、平安時代の末近くにできた『大鏡』にも、不比等皇胤説が出てまいります。

『大鏡』は藤原道長の栄華を説くのが中心ですが、藤原道長の繁栄の源は不比等にさかのぼる、それは不比等が天皇の血を引いているからだ、というような説明で皇胤説が出てきます。しかし、その内容は『帝王編年記』とほとんど同じです。

『帝王編年記』を読んでみますと、「斉明五年己未正月、是の歳皇太子（天智天皇）妊める寵妃御息《みやす》所《どころ》車持公《くるまもちこう》の女《むすめ》の婦人を内臣鎌子に賜う。已に六箇月也。件の御息所を給うの日、令旨して曰く、生める子男有らば臣が子とせよ。女有らば我が子とせん」となっております。

この年というのは不比等が生まれた年で、皇太子は天智天皇です。まだ即位しておりません。御息所というのは平安時代風な言い方で、奈良時代にはまだ御息所ということばは出てきませんが、お妃ということです。妊娠六ヵ月のお妃の一人、車持君のなにがしをお気に入りの鎌足にくださって、生まれた子は自分の種だけれども、男だったらお前の子どもにせよ、女であったら朕（中大兄皇子）の子にしよう、と言ったわけです。

それにつづけて、「ここに内臣鎌子四箇月守り、厳重に生産を遂げしむ。その子男也。仍って令旨の如く内臣の子となす。その子贈太政大臣正一位勲一等藤原朝臣不比等」とあります。

そこで中臣鎌足は、妊娠六ヵ月ですから、あと四ヶ月、大事にお守りして、安産をさせますが、男の子だったので鎌足の子としたということが出てまいります。

逆に見たい皇胤説　こういうことで不比等皇胤説が言われて、それで不比等はああいう異数な出世をしたのだと言いますが、私はこれは逆だろうと思います。

不比等が非常にめざましい出世をして、死んでから贈られたのですが、太政大臣まで昇った、それは不比等がふつうの人間ではないからだろう、太政大臣は皇太子に準ずる身分ですから、皇族でなければなかなか太政大臣にはなれない、中級貴族の身からそこまで昇りついたというのは、きっと不比等が特別な人間だからだ、特別な人間というのは、天皇の血筋を引いているということだという考えが、古代天皇制の影響の強い時代では多くの人を納得させるわけです。

平清盛の場合　たとえば、不比等にくらべると時代はずっと下がりますが、平家出身の平清盛も太政大臣になっています。平清盛は桓武平氏といっておりますから、桓武天皇の出とはいえ、中ごろはずっと地方の豪族になってしまって、地方武士でした。ですから、桓武天皇の血筋が急にそこでものをいうはずはありません。清盛が太政大臣に昇るのは、特別な人間だからだろうということになると、当時の人としてはさっそく天皇の血筋を引いているのだろう、清盛は白河法皇の落としだねだと考えます。

白河法皇がお気に入りの祇園女御を清盛のお父さんに与えたという話がありますが、これは『平家物語』にも出てきていて、清盛皇胤説は今日でもかなり有名ではないかと思います。たしか吉川英治さんの『新平家物語』は、清盛皇胤説でずっと書いてあったようです。

私は、それもやはりいま言ったようなことでできたと思います。祇園女御の話は有名ですが、清盛が生まれたとき白河法皇は六十二、三歳になっていました。女の人が六十二、三歳で子どもを産むわけにはいきませんが、男はそのころになっても子どもができる人は何人もあると思います。それは不可能なことではないかもしれませんが、やはり清盛という特別な人物を説明するために、ああいう話ができてきたのではないでしょうか。

豊臣秀吉の場合　ですから、天皇の権威がだんだんくだってしまった中世末期以降は、そういう話はもう出てきません。ただ、豊臣秀吉については、若干似た話があります。豊臣秀吉のおじいさんは萩中納言という人であって、京都で落ちぶれて尾張の中村まで流れてきたけれども、その娘が宮中にご奉公に上がって、帰ってきて産んだのが豊臣秀吉だという話があります。これはもうひとつはっきり書いてありませんが、御所にお勤めに上がって、おなかが大きくなってきて子どもを産んだ、それが秀吉だというと、なんとなく秀吉は天皇の血筋を引いているように思われます。

そういう本ができるのは江戸時代になってからだと思いますが、その時期になってくると、だれもそれをあまり信用しておりません。むしろ秀吉は日吉丸であって、お母さんがお日様が口に飛び込む夢を見て産んだのが秀吉だ、という話のほうが一般化してしまっています。

ですから、いまは田中角栄さんが皇室と関係があるなどということはだれも考えませんが、昔だったらそういう伝説があるいはできたかもしれません。その先がけをなすのが、不比等の皇胤伝説ではないかと私は考えております。

史料にみる不比等皇胤説　九一ページの不比等皇胤伝説の二番目に『公卿補任《くぎょうぶにん》』を出しておきましたが、これも傍注に、「実は天智天皇の皇子云々」という書き込みがあるわけです。『公卿補任』も中世になってからできた書物ですが、これは古い史料があって、それを中世になってまとめたもののようです。「内大臣大織冠鎌足の二男（一名史。母は車持国子君の女与志古娘也。車持夫人）」とあって、その横に「実は天智天皇々子云々」という書き込みがあるわけです。しかし、不比等が本当に天智天皇の皇子だったとしたら、三一歳になって初めて頭角をあらわしてくるということではなくて、もっと早く立身していいのではないかと思います。

三番目の『尊卑分脈』には皇胤であるということは何も書かれていませんが、「公避くる所の事ありて」というのを意味を持たせて解釈すると、これは皇胤だから、あまりそこらの関係を表沙汰にできないのでこっそりと、というふうな解釈になるわけです。しかし、そこまで読むのは、いわゆる深読みではないかと思います。

ただ、四番目の有名な『万葉集』の歌に見られるように、鎌足が天皇が寵愛していたと思われる釆女《うねめ》を自分の妻にしたということは、認めていいと思います。「吾はもや安見児《やすみこ》得たり皆人の得難《えがて》にすといふ安見児得たり」という有名な歌でありますが、この安見児が不比等の母親であるというような話はどこにも出てまいりません。

奈良時代の天一坊　五番目は不比等とは関係ありませんが、奈良時代に皇胤について出てくる話がちょっと興味があるので、出しておきました。「天平神護二年四月甲寅。一男子有り。自ら聖武皇帝の皇子、石上朝臣志斐弖《しひて》の生む所と称す。勘問するに果たして是誣罔《ぶもう》。詔して遠流に配す」。これを種にしても一編の小説ぐらいはできそうに思いますが、ひょっとしたらこれは本当であったかもしれません。もしこれが本当ならたいへんおもしろいと言うと、ちょっと不謹慎かもしれませんが、いろいろな想像ができるわけです。

天平神護二年（七六六）というのは、孝謙天皇がもう一度即位して称徳天皇となり、道鏡が権力を振るっていたときです。称徳天皇は女性でありますが、少なくとも表向きは結婚しないで天皇になっているので、もちろん子どもは一人もありません。

跡継ぎがないから、夫のような立場にあった道鏡に皇位を譲ろうという気持ちを持ち、道鏡もあるていどその気になるのですが、こういう未婚の女性がそのまま天皇になるということが、奈良時代の末期の政治を乱す大きな原因です。

そういうときに、聖武天皇の子ども、つまり称徳天皇の兄さんか弟になるという男が現われてきて、これが事実と認められたら、その人物が次期の皇位継承の候補者としてもっとも有力な人物となって、道鏡の立場はなくなってしまいます。道鏡に皇位が行く可能性はまったくなくなってしまうと言っていいと思います。

ですから、当時の政界の首脳部としては、こういう人を認めるわけにはいきません。「勘問するに果たして是誣罔」ということで、いわゆる黒い霧の中で、事を処理してしまった可能性があるのではないか、という気がするわけです。しかし、これだけの史料ですから、なんともわかりません。

石上朝臣というのはもと物部氏で、有力豪族ですから、命婦《みょうぶ》として仕えていた女性が聖武天皇に近づいて、子どもを産んだ可能性はおおいにあると思いますが、可能性があるというだけで、いまとなっては真偽のたしかめようがありません。江戸時代に徳川吉宗の落としだねだという天一坊が現われてきたように、石上志斐氏所生の男子は奈良時代の天一坊であったかもしれません。

古代に多い皇胤説

もっとも、吉宗の落としだねだという天一坊も、解釈によっては、あれは本当に吉宗の落としだねだったのだけれども、それを認めると徳川の政治が混乱するから、あれは偽者だとして処理してしまったのだという歴史小説も出ております。

ですから、これはまったくわかりませんが、不比等のばあいはそこまで考える必要はないと思います。こういう皇胤伝説が古代に出てきて、中世以降ほとんどそれが問題にならなくなってくるというのは、古代、中世における天皇の地位を考える材料としておもしろい資料ですが、不比等の出世とは無関係であって、不比等の出世・栄達の原因は、なんといっても文武の即位を成功させたことにあると私は考えているわけです。

「横刀一口」にみる天皇家との交わり

次に、献物帳の黒作の刀の前にある横刀一口というのを見ておきます（九六ページ）。「右一口は、太政太臣の家新室宴《にいむろうたげ》を設くるの日、天皇親しく臨み、皇太子舞を奉り、太臣寿贈す。かの日の皇太子は即ち平城宮御宇、後の太上天皇也」とありますが、平城宮に天の下しろしめすのちの太上天皇というのは聖武天皇です。

ここで言う天皇は文武天皇ではなくて、次の元明天皇だと思いますが、元明天皇が不比等の邸ができあがったときのお祝いに不比等の邸にやってきて、元明天皇の親臨の前で、皇太子首親王が舞を舞った、首親王が立派に舞を舞ったので、不比等がごほうびとして差し上げた、これが横刀一口であるということです。こういうことを見ても、不比等が天皇家の中にいかに親密に取り入っていたかということがわかるわけです。

平城宮に隣接する法華寺　次に律令の話をいたしますが、その前に新室宴のことが出てておりましたので、不比等の邸のことについて一言申しあげておきます。いま申したように、奈良時代最初の天皇である元明天皇のころのことだとすると、もう都は平城京に移っています。平城京の北の中央に平城宮がありますが、ほぼ一キロ四方の正方形の宮城の東側が出っ張っていることが、近年の平城宮跡の発掘でわかりました。その東隣にあるのが現在の法華寺です。

しかし、この法華寺は、不比等の邸を不比等の死後に法華寺としたということが、記録に出てまいります。これはもともと不比等の邸だったわけです。東の出っ張りは、かなり早い時期から平城宮の一部として設計されていたようですので、かなり早い時期から不比等の邸は、宮のすぐ東隣に設けられていたということになります。光明皇后などものちに法華寺になったところで育って、お父さんの不比等から邸を伝領します。光明皇后がお父さんから引き継いだところをお寺（のちの法華寺）にして、自分もそこで生活していたようです。

ですから、宮の東に隣接して不比等の邸が立派にできあがって、そのお祝いに宮中から元明天皇が皇太子（首親王＝聖武）を連れてやってきたのです。このように不比等はうまいぐあいに天皇一家に取り入っているわけです。

大宝律令制定に刑部親王を戴く　不比等が奈良時代の政治、あるいは後世の政治のうえにいちばん大きな影響を及ぼしたのは、平城遷都などもありますが、やはり大宝律令を完成させたことだと思われます。これは多くの方々の指摘しておられるとおりです。かたちのうえでは刑部《おさかべ》親王を総裁として上に戴いていますが、刑部親王は上に戴いただけで、実際は不比等の考えが十分に働いていたのでしょう。

刑部（忍壁とも書く）親王について私は前から非常に関心があって、刑部親王を主題とした論文を書いたこともありますが、一時刑部親王は持統天皇に忌避されていた、にらまれていたと考えています。なぜ刑部親王はにらまれていたかといいますと、やはり皇位継承において、文武の有力なライバルだったからです。さきにも申しましたが、草壁皇子が死んだとき、残った天武の皇子のうちでいちばん年上が高市皇子で、おそらく高市皇子から五、六歳隔たって刑部親王です。舎人親王などはさらに一〇歳以上若かったと思われます。したがって、軽皇子（文武）のいちばん強力なライバルは高市で、それにつぐのが刑部であったのではないでしょうか。

その後の経過を見ますと、草壁皇子が死ぬころから、『日本書紀』のうえから忍壁（刑部）皇子の名前が消えてしまいます。一〇年ぐらいずっと消えっ放しです。文武四年（七〇〇）、刑部親王らとともに大宝律令を不比等が編纂したということが『日本書紀』にみえますが、持統三年からそれまで約一一年間ほど刑部親王の姿が見えないのです。その後は、数回『続日本紀』に見え、持統太上天皇が大宝二年に死んだあと、知太政官事という官についています。

知太政官事というのは、太政大臣事務取扱といったような役目だろうと言われています。左大臣より地位が上か下かが問題になっていますが、形式的にいうと左右大臣より上、太政大臣より下という地位になると思います。そういう地位につく数年前に刑部親王は宮廷に復活してくるのですが、それは文武天皇が即位してしまってからです。高市皇子はすでに死んでいるので、このとき宮廷で、天武天皇の皇子たちでいちばん年上で実力を持っていたのが刑部親王ですが、文武が即位してからこれを不比等が引っ張り出したわけです。

そういう点で、不比等はいちおう持統天皇とも協調しながら、持統天皇の機嫌を見て、ここらで刑部親王を出してきても、もう文武天皇が即位したのだから持統の強い反対もあるまいと判断して、天武天皇の皇子たちのうちで、いちばん年かさの刑部親王を上に戴くことによって、大宝律令を権威づけていこうとしたのではないかと思います。

3　大宝律令と象徴天皇制

はたして近江令はあったのか　律令となると、どうしても話が少し固苦しくなりますが、不比等の話をしようと思うと律令制度を避けて通るわけにはいかないので、ご辛抱願います。律令の制度は中国の制度を日本が受容したものですが、大宝律令ができあがるまでに、浄御原令と近江令というものがあったことになっております。

あったことになっているというのは、近江令ははたしてあったかどうか、ということが疑問になっているからです。近江令というまとまった法令集は、実は存在しないのではないか、天智天皇や鎌足の功績をたたえるために、天智天皇のときに近江令ができたということを、平安時代になってからいいだしたのではないか、という説があります。天智天皇のときには制度はかなり整備されますが、近江令というまとまった一つの法典を編纂するところまではいっていなかったという説で、戦後出されました。

私もだいたいその説のほうに加担していますが、それはいずれにしても、天武天皇が浄御原律令の編纂に着手して、持統天皇のときに浄御原令が完成して施行されたということはまちがいのない事実です。

そのときに、天智天皇のときにできた全国的な戸籍の庚午年籍《こうごねんじゃく》を継いで、二番目の全国的な戸籍である庚寅《こういん》戸籍ができ、以後だいたい六年に一度、戸籍が奈良時代を通じてずっと編纂されたと考えられており、このような点から浄御原令というものは、かなり高く評価すべき内容を持っているとされています。

律がない浄御原令　ただ、浄御原令のばあいは律はできていませんでした。かつては浄御原律令が編纂されたと言われていましたが、近年の細かい研究によって、律はまだなくて浄御原令だけができた、律と令が並ぶのは大宝律令からだというのが有力な説になっております。

『続日本紀』を見ますと、大宝律令ができあがったところに、「大略浄御原の朝庭を以て准正と為す」、ほぼ浄御原の朝廷に準ずるということが書いてありますので、大宝律令は浄御原朝廷の取り決めたこと、すなわち浄御原令を手本にしてつくったもので、大きなちがいはないだろうと考えられていたのですが、これも細かく研究が進んできますと、浄御原令はかなり大ざっぱなもので、カッチリしたかたちに仕上がるのはやはり大宝令においてのようです。

そういうことで、大宝律令というものは、日本の古代史のうえで、たいへん画期的な意味を持っているということが確認されつつあると言っていいと思います。

浄御原令の内容 たとえば、地方政治の国・郡制でも、郡というい方は浄御原令のときはまだできていなくて、国の下位の行政区画は評で、その制度は国・評制といわれていました。もっとも国・評制といっても評は郡の前身ですから、その限りでは浄御原令ではかなり地方制度が整ったということも言えますが、中央の官制でも省という役所はまだなかったと思われます。

つまり、宮内省とか大蔵省とか治部省とか民部省というい方はまだできていなくて、省のかわりに官といういい方が使われています。たとえば治部省を理官、民部省を民官、式部省を法官、刑部省を刑官というふうに、下に官を付けていっていたようです。また中務省は、中官と言っていたのではないかともいわれています。そして大宝令は八省ですが、浄御原令では六官だったようです。こういうふうに、役所の名前の付け方もまだ未熟でした。

大宝律令とは何か 大宝律令では神祇官と太政官があって、太政官の中に弁官というのが事務局のかたちでくっ付いています。そして、ここに八省が並ぶわけです。ですから、律令官制の上下関係が非常にはっきりしてきますが、浄御原令では省ということばがまだできていなくて、法官、民官、中官、理官であり、その上にあるものが太政官であり、神祇官（または神官）ですから、慣例的に上下関係はできていたとしても、上下の関係があまりきっちりいきません。

その下にある役所、たとえば園池司という庭園係の役所は、藤原宮跡から出てきた木簡によりますと、薗官となっています。こういうかたちで上のほうの省だけではなくて、司とか寮にあたる役所も官と呼ばれていました。日本読みではみんな「つかさ」でしょうが、官という名称が多くの役所の名称でした

（一部に職という役所名もあった）。
したがって、いわゆる職階制がどれだけ厳密におこなわれていたのか、疑問に思われる点が出てくるわけです。
そういうかたちをぜんぶ整理して、大宝令では大きな役所は官、その次が省、その次が職、それから寮、司となりました。国でも摂津国などは港があり、難波宮があって重要なので、摂津国といわずに奈良時代には摂津職といっていました。官、省、職、寮、府というふうに、役所の等級・大小によって名称を付け替えるということは、大宝令でできてくるわけです。このような点でも、大宝令は大きな意義をもつ法律です。

日本独自の大宝律令の特色　この大宝律令において、中国の制度とちがう大きな特色としてよくいわれるのは、神祇官と太政官があい並んでいるということです。じっさいは神祇官は太政官とは比べものにならない小さな役所であって、神祇官の長官を神祇伯といいますが、たしか従四位下が神祇伯の相当官だったと思います。太政官のいちばん上は左大臣ですが、これは官位相当では二位です。正二位、従二位といったような人がなるわけです。
したがって、おのずから太政官が神祇官より上に立っていますが、かたちとしてはあい並ぶかたちです。こういうかたちをつくったのが、中国の制度を取り入れながら日本独自の在来の伝統を生かしたやり方だといわれています。

藤原・中臣と太政官・神祇官　大宝令制のこの特色に関連して注意されるのは、文武天皇二年（六九八）八月条に見える次の詔勅です。

それを説明するまえに藤原と中臣の関係について、ひとこと申しておきます。藤原氏はもとは中臣氏と言っており、中臣が藤原に変わったのは、中臣鎌足が晩年になって藤原という新しい氏をもらったからです。『日本書紀』では、鎌足の死ぬ直前ということになっています。それ以来中臣氏の一族は、天武朝以降、藤原という姓を称するようになりました。これについてさきに言いかけた文武二年八月の詔が出るのですが、中臣氏に賜った藤原朝臣という姓は、鎌足の子の不比等がそれを継承すべきである、ただし一族の意美麻呂は「神事に供するに縁《より》て、宜《よろし》く旧姓に復すべし」、意美麻呂は藤原意美麻呂といっていたけれども、これからは中臣意美麻呂となって、神事をつかさどれという詔りであります。

これが大宝律令が完成する三年前の話です。大宝律令の編纂がいつから開始されたかというのは問題があって、旧説では八八ページの不比等略年表にある七〇〇年（文武四）に律令撰定のことにより刑部親王らに禄を賜ったという記事が『続日本紀』に出てくるので、これが大宝律令編纂開始の年だと考えられていました。

しかし、浄御原令とかなり内容のちがうものが文武四年に着手して、一年あまりでできあがるというのは、あまりに早すぎはしないか、文武四年にあるていど大宝律令ができあがったので、関係者に禄を授けたのではないか、ここで一段落してできあがったのであって、大宝律令の編纂は、おそらく文武天皇の即位後まもなく始まっていたのではないかという説が有力になっているのではないかと思います。私はかなり前からそういうふうに考えておりましたが、四、五年前に出た井上光貞さんの研究で、私の説を評価してくれました。

そうすると、こういうふうに藤原を氏とするもののなかで、神様に関係している者は中臣に戻れという詔勅が出されたというのは、律令の官制を太政官と神祇官に大きく二つに分けるという着想と、無関係ではないのではないか、ということになってまいります。

じつは、藤原氏が藤原と中臣に分かれることと、令の官制が太政官と神祇官に分かれることとが関係あり、と考えたのは私ではなくて、上山春平さんが先ほど紹介した『埋もれた巨像』その他で論じておられます。

おそらく不比等は、将来の政治は自分が藤原氏でやっていく、そのばあい藤原氏だけでなんでもかんでもやっていくわけにはいかない、幸い藤原氏はがんらいは中臣氏であって、神様のことをつかさどっている家柄であるから、中臣が藤原に変わったけれども、やはり古い伝統も残しておこう、一族を二つに分けて、俗界と聖界というか、政治界と宗教界の両方を押さえていく体制（政界が太政官、宗教界が神祇官）をつくろうというふうに考えたのではないかと思います。これは詔のかたちで出ていますが、文武天皇はこのとき一六歳ですから、不比等が文武天皇にこう言わせたのではないかと考えられるわけです。

それでは、意美麻呂というのはどういう人物かといいますと、これは不比等の又従兄弟《またいとこ》ぐらいにあたります。ですから、これも不比等の深慮遠謀かもしれません。中臣可多能祜《かたのこ》の子に御食子《みけこ》と国子があり、御食子の子どもが鎌足、鎌足の子がむろん不比等です。六世紀から七世紀には男で子の付くのがわりあい多くて、蘇我馬子などもそうです。国子の子どもが国足で、国足の子が意美麻呂です。意美麻呂の子は清麻呂といい、これは奈良時代の中期から後期にかけてかなり長い間、神祇伯を務めて、たびたび『続日本紀』に姿を現わす人物です。もう一系統ありますが、話が長くなるので省略いたします。

国子、国足、意美麻呂の系統を神祇官のほうに押しやってしまって、鎌足、不比等の系統で太政官を握っていくという構想を持って賜姓の面もそれに適合するように変えていき、律令体制もそういうふうにかたちづくっていったという点が、不比等の天才的なところだといってもいいのではないかと思います。

刑部親王の役割　おそらく刑部親王は長い間、不遇の地位にあって、それを引っ張り上げてくれた不比等を徳として、不比等に対してあるていど協調的な態度をとっていたと考えていいかと思いますが、刑部親王がもっと長生きすれば、状況はどう変わっていたかわかりません。結果論ですが、すべて不比等にとって運がいいように、運がいいようにいくわけです。じゃまであった高市皇子は、ちょうどいいタイミングで死んでくれました。

刑部親王は先ほどちょっと申しましたように、長い間、皇位継承のじゃまになるというので持統天皇ににらまれて、宮廷から疎外されていましたが、文武天皇の即位によって持統天皇の疑いが薄らいだところで、不比等は自分の地位を強化するために、自分の仲間に引き入れたのでしょう。そして大宝律令ができあがった翌年に、持統天皇が亡くなるわけです。亡くなってしまうと、持統天皇の意向をおそれなくてもよくなりますので、その段階でおそらく不比等の推進によって、刑部親王は知太政官事になったのだと思います。

大宝二年（七〇二）には、宮廷に不比等のライバルはまだいくらもいたわけです。石上麻呂という先輩もいました。不比等が大納言になったとき、石上麻呂は右大臣であり、不比等が右大臣のときに石上麻呂は左大臣でした。

そのほかにも何人かライバルがいますが、たぶん大宝律令編纂時からの因縁で、刑部親王を自分の仲間に引き入れて、これを知太政官事にしたと考えられます。ところが、刑部親王は大宝三年（七〇三）正月に知太政官事になり、三年目の慶雲二年（七〇五）に死にます。

私は高松塚は刑部親王の墓ではないかということをいろいろな機会に言っていますが、もちろん確証はありません。刑部親王がもっと長生きすれば、不比等と対立的な関係になってきて、不比等もやりにくくなったのではないかと思いますが、そこまでいかないうちに、不比等の箔づけの役割が終わると、刑部親王は死んでしまうのです。

太政官が大きな権力を持つ大宝律令　神祇官、太政官というのが大宝律令の一つの特色ですが、これよりもっと大きな大宝律令の官制上の特色は、太政官が非常に大きな権力を持っていたということです。日本の制度における太政官に匹敵するような組織は、唐の律令にはないようです。唐では皇帝が大きな力を持っていて、皇帝のもとに中書省、門下省、尚書省という三つの役所がありました。すっかり同じではありませんが、この三つの役所を集めたような機能を太政官は持っているわけです。

中書省というのは、おもに皇帝の意を受けて詔勅の起草など文書を担当するところです。したがって、大きな政治上の仕事をしようと思うと、皇帝はまず中書省に下命して詔勅を作らせます。それを門下省に回して審査させますが、唐で門下省が大きな実権を持っていれば、皇帝の意思を門下省でチェックすることが可能です。多少そういうことをやった時期もあったようですが、だいたい門下省は文章上の誤りを直すていどで通過させたようです。

こうして通過したものを尚書省に回して実施に移しますが、尚書省の中に実施機関として六つの部がありました。これがほぼ日本の八省にあたるわけです。

皇位継承に関与できる太政官

太政官には八つの省がありますが、八つの省の中に中務省《なかつかさ》があります。日本のばあいは天皇が詔勅を出すときは、太政官の管轄下にある中務省で起草して、天皇のところに持っていき、天皇がそれを見たら、今度はそれを太政官に回します。左大臣以下、太政大臣がいれば太政大臣以下の太政官の首脳部、すなわち左右大臣と大納言、のちに令外官として中納言が加わり、さらに参議が加わってまいりますが、そういう人たちがそれに副署して、いよいよ実効を持つということになります。

ですから、天皇がいくらこうしたいと思っても、太政官がそれにサインをしなければ値打ちがありません。実際には発効しないという建て前でした。天皇が意図したことを太政官がチェックするのは実際には困難であったかと思いますが、天皇も太政官がそういう機能を持っていることを知っていますから、太政官の意図を無視して詔勅を作るということは、めったになかったのではないかと考えられています。

太政官は、そういうかたちで天皇の権力をチェックするだけではなくて、太政官から積極的に天皇のほうへ申し出ることもできました。それを論奏《ろんそう》といいますが、大宝令には論奏式といって論奏をやるばあいの手続きが決められています。どういうことを申し出ることができるかというと、予算とか官吏の増減とか、兵馬一〇〇匹以上の差発とか、かなり大きなことが論奏式で出すことができるようになっていました。

そうした事項のなかに大祭祀がありますが、大祭祀の中には大嘗祭《だいじょうさい》が含まれています。つまり、即位儀礼に関することも、太政官が論奏というかたちで天皇に申し出ることができるのです。ですから、ある意味では太政官は皇位継承に関与する力を持っていました。太政官はこういうような大きな権限を持っております。

太政官の構成メンバー

それでは、太政官はどういう人たちによって構成されているかというと、伝統的に畿内有力豪族の代表者が、一つの氏について一人ずつ出ていました。たとえば藤原氏からは不比等、石上氏からは麻呂、大伴氏からは安麻呂、安麻呂の没後は旅人というかたちです。そのほか、平群《へぐり》はこの時期はあまり権力を持っておりませんが、巨勢《こせ》とか、紀《き》とか、五つないし一〇ぐらいの有力豪族から代表者が出ております。

上毛野《かみつけの》なども一時期権力を持っていたことがありますが、主として畿内有力豪族の代表者が一人ずつ出ていって、氏上《うじのかみ》的な人物である代表者が死ぬと、次の人が一人選任されるというかたちで、五人ないし一〇人ぐらいで太政官首脳部が構成されていました。

重要な問題は天皇のところへ持っていき、天皇から下がってきたものについて、こういう人たちが審査し、署名して、効力を持つという体制ですが、これは先ほどから繰り返して申しているように、日本にはあるけれども、唐にはない一つの組織です。これが律令官制の中心になっていたわけです。

日本独自の朝堂の意味

近年都城制の研究が盛んになって、実地にもいろいろ研究が進められていますが、日本の都城制は、北に内裏があって、その南に大極殿があって、さらにその南に非常に大きい朝堂部分があるというのが特徴です。天皇の日常の住まいの内裏があり、大極殿があり、朝堂があり、一二のお堂がこの中に建っているというのが、日本の宮城というか宮都、大内裏のいちばん中核になる部分ですが、朝堂に対応するものが中国にはありません。

もちろん、ぜんぜんないわけではなくて、朝堂と呼ばれるものもあることはありますが、これほど大きくありません。唐の玄宗皇帝が主として政治をとっていたのは大明宮《たいめい》という御殿ですが、大極殿に相当するところがそのなかの含元殿で、含元殿の前に小さい朝堂は付いていました。

この点はもう少し詳しく検討してみる必要がありますが、日本には太政官という組織があって、太政官の人たちとそれに所属する役所の人たちの儀式あるいは会議の場所として、朝堂が使われていたわけです。

これは奈良時代の中期以降はかなり儀式化してしまいますが、大宝律令ができたのは藤原宮の段階です。藤原宮のばあいは朝堂で実際に会議がおこなわれて、議事が進行したと思われます。天皇は大極殿まで出てきますが、こういう大きな朝堂を持っているということが太政官の制度と対応しています。

そういうことで、実質上天皇を頭に戴きながら、天皇の実権をだんだん骨抜きにしていくというのが、おそらく不比等の考えた大宝律令の中心ではないかと私は想像してみたいわけです。

そういうことになってきますと、不比等一人が藤原氏から太政官に出ていたのでは、いくら藤原不比等が辣腕であったとしても、太政官を自分の思うとおりに引っ張り回すわけにはいきません。太政官はあるていど合議制で運営されていたと思われます。もちろん、実力がものを言いますから、完全な合議制ということはありえませんが、七、八人もいる中で、不比等一人ではかならずしも思うとおりにいきません。

なぜ息子たちに家を立てさせたか おそらくそれと関連していると思いますが、不比等は自分の息子たちに、それぞれの家を立てさせています。藤原氏だけがこういうことをやっていますが、そういうことが認められたということ自体、不比等の手腕であろうと思います。系図に書いておきましたように、長男武智麻呂《むちまろ》は南家、次男房前《ふささき》は北家、三男宇合《うまかい》は式家、四男麻呂《まろ》は京家を立てました。

　このうちで、次男房前がまず参議となって太政官の中にはいってきますが、これが養老元年（七一七）です。房前は武智麻呂と一つぐらいしか年がちがっておりませんが、長男をさしおいて房前が参議になってはいってきたのは、房前が非常に天皇の信任が厚かったからではないか、という解釈も可能です。

　しかし、私は次のように考えております。不比等が生きている間は、武智麻呂は一つの氏から一人という原則により、嫡子であっても太政官にはいれません。ところが、房前は別家を立てたのですから、北家を一つの氏と認めて房前があるていどの地位に達すると、太政官に入れることができるわけです。ただ、官吏は定員が決まっているので、大納言や令外官としてできた中納言などの定員ではさばききれません。そこで、定数不定の参議という役をつくって、房前を入れたわけです。不比等の死後になりますが、宇合や麻呂も参議として太政官にはいっています。ですから、七、八人で構成されている太政官会議の半数近くを、藤原氏が占めるということが可能になってきたわけです。

象徴天皇制への道　天皇との関係で申しますと、不比等系図に出ているようなかたちで、藤原氏が外戚になって、娘の産んだ親王、あるいは娘婿を皇位につけるというかたちで、つねに天皇家と密接な関係を結んでいます。そうしておいて、実権は太政官を通じて藤原氏が握っていくのです。

　私はこの講演の予告の文章のなかで、象徴天皇制をつくったのが不比等の最大の功績であろうと言ったのは、そういう意味なのです。いちおう、律令体制のいちばん上にそびえたつのは天皇だけれども、太政官制というかたちにおいて、天皇の実権を骨抜きにし、一方では、婚姻形態を通じて天皇家のなかにはいりこんで、その権威を巧みに利用していくという体制です。

蘇我氏なども、推古朝前後にそういうかたちをとろうとしますが、それは婚姻関係だけであって、制度的な保障がなかったので、蘇我氏はやがて滅んでいくわけです。藤原氏は婚姻関係で天皇の身内になって実権を吸い上げていくとともに、こういう律令体制をつくり上げて、それを持続させました。それはとくに平安時代にいっそう大規模におこなわれていって、藤原道長の全盛期を現出しています。

このように、藤原氏は平安時代を通じて院政にいたるまでの間、実権を握って天皇を象徴的存在に押し上げるというか、押し下げるというか、そういう地位に置いてしまいますが、それが連綿として今日まで続いています。ただし鎌倉時代以後は、婚姻関係は問題にならなくなります。

もちろん、やり方はいろいろちがいます。鎌倉時代では、天皇をよりいっそう神聖な地位に置いて、政権のいちばん重要な部分は武士が握りました。天皇の側には宗教的・儀礼的な面での部分が保留され、武家と公家とが相互補完の関係にあったともいわれますが、鎌倉幕府、室町幕府、さらに江戸幕府と、同じようなかたちが続いていきます。いちばん最初にそういう方向をつくりあげたのが不比等ではないかと思うわけです。

疑わしい『古事記』編纂説　そういう不比等ですから、自分の地位を固めるために、鎌足の事績を誇大に『日本書紀』のうえに描き出すとともに、『古事記』や『日本書紀』の編纂全体にも手を伸ばしたのではないかというのが、上山春平さんや梅原猛さんのお考えなのです。歴史編纂はやはりその時代、時代の影響を受けざるをえませんから、たしかに『古事記』や『日本書紀』には、不比等の時代の影響がはいっていることはまちがいないと思います。

しかし、不比等がみずから『古事記』を編纂したというような考えは、ちょっと成り立ちにくいのではないでしょうか。もし不比等が『古事記』を編纂していれば、もっと藤原氏に関係することが『古事記』の中に出てきてもいいのではないか、という感がするわけです。ただし、『古事記』の中には中臣氏の先祖の天児屋命《あめのこやねのみこと》のことが、天孫降臨のところと、その前の天照大神の天石屋戸《あめのいわやと》ごもりのところに出てまいります。それを次にみておきます。

天石屋戸ごもりのところでは、藤原氏の先祖の天児屋命が布刀《ふと》詔戸《のりと》言《ごと》を石屋戸のそばで述べたということが出てきますが、天孫降臨のときは天児屋命が五伴緒《いつとものお》の一人として、布刀玉命《ふとだまのみこと》や天宇売命《あめのうずめのみこと》などとともに邇邇《にに》芸命《ぎのみこと》に従って、日向の高千穂の峰に天下ったという話がちょっと出てくるだけです。それ以上、とくに天児屋命が大きな活動をしたということは出てまいりません。

『日本書紀』のほうはもう少し色が着けてあって、中臣連の遠祖天児屋命は、忌部首《いんべのおびと》の遠祖天太玉《あめのふとだまの》命《みこと》とともに、天香山《あまのかぐやま》の五《い》百《ほ》箇《つ》の真《ま》坂樹《さかき》を根こじに掘り取ったという話が出てまいりますが、これも天石《あまのいわ》窟《や》ごもりの話のところに出てくることで、たったそれぐらいなのです。

そのほか中臣氏といくらか関係のある話としては、出雲神話の中の国譲りのところで、建御雷神《たけみかづち》がおおいに活躍して、大国主命に国譲りをさせる立役者となっております。建御雷神はその後、藤原氏の氏神の春日神社に祀られているので、建御雷神を活躍させているのは、やはり藤原氏が関与した証拠だと言われますが、『古事記』の中では建御雷神と中臣氏との関係はまったく書かれておりません。また天児屋命との関係も出てきておりません。

建御雷神の系譜は、伊邪那岐《いざなぎ》・伊邪那美命《いざなみのみこと》の国生みのときに、伊邪那美命が島や神様をたくさん産んでいって、最後の火の神迦具土神《かぐつちのかみ》を産んで、大火傷を負って死んでしまったので、伊邪那岐命が怒って迦具土神を斬り殺すと、その血がほとばしって、樋速日神《ひはやひのかみ》ができたという話がありますが、樋速日神の子どもが建御雷神だということになっています。こういうことは出てくるのですが、建御雷神が中臣氏の先祖だというような話は出てこないわけです。

ですから、『古事記』や『日本書紀』で活躍する建御雷神を、藤原氏が自分の権力を広めていく過程において、つまり『古事記』『日本書紀』ができて以後に、自分の氏神の中に取り入れたというふうに、史料上は考えざるをえないと思います。

もし、建御雷神を早くから中臣氏が自分の先祖にしようと思っていて、まして不比等が『古事記』を作ったのなら、『古事記』の中にそれを書き込んでおけばいいわけです。建御雷神は天児屋命の父であるということを付け加えておけば話が済みますが、どうもそういう話にはなっておりません。

春日神社のことを申しましたが、中臣氏の先祖だと言われる枚岡《ひらおか》神社の祭神の中にも、建御雷神ははいっていません。しかし、枚岡神社の祭神についての記録が現われてくるのも平安時代以降の話です。したがって、奈良時代から、あるいは奈良時代以前から神話に出てくる建御雷神まで中臣氏関係の神社で祀っていたかどうかは疑わしいと言っていいのではないかと思います。

なお、上山春平さんは、摂津国の嶋上郡に児屋郷という土地があるので、児屋郷が天児屋命のがんらい祀られていた場所ではないかと言われています。もし、それが中臣氏の祖先神になったのであれば、枚岡神社に祀られている建御雷神との関係は、ますます出てこないことになるのではないでしょうか。

また摂津国武庫郡にも同名の郷がある。ここでも天児屋命が祭られていたのでしょうか。

太安万侶はたしかに、藤原不比等の治政下で民部省の卿というかなりの地位についたりしておりますので、不比等とは無関係ではなかったと思います。おそらく不比等の意向を察して、いくらか有利なかたちに古伝を太安万侶が書き改めたということは考えられるでしょうが、藤原氏のために『古事記』ができたのであれば、繰り返して申しますように、もう少し藤原氏にとって有利な物語が追加されてもいいはずです。

また、梅原さんは稗田阿礼《ひえだのあれ》は仮名《かめい》であって、じつは不比等のことだとも言っておられますが、なぜそういう仮名を使わなければならなかったのでしょうか。不比等が自分で作ったのなら、堂々と不比等著作というふうにすれば、それで話が済んだのではないかという感もいたします。

歴史というものは、やはりその時代、時代の特色を表わしますから、たとえば天孫降臨で天照大神の孫の邇邇芸命が天下ったというのは、持統天皇の孫の文武天皇が即位したことを神話化したものだというお話などは、あるていどそういうことはあろうかと思います。

しかし、こういうことは別に梅原さんが初めて考えだしたことではなくて、多くの歴史家がいろいろなかたちで述べています。私もそういうような歴史の潤色ということは考えてよかろうかと思います。

申し足りない点がいくらもあったかと思いますが、考えていたところはだいたい申しあげましたので、以上で話を終わらせていただきます。長時間にわたって、ご清聴ありがとうございました。

二　親王と呼ばれた栄光と悲劇
――長屋王邸跡出土木簡の意味するもの――

発掘による古代の遺跡・遺物の出土は、近年ことにいちじるしいが、平城京の長屋王邸跡からの大量の木簡の出現は、なかでも貴重な大発見である。奈良時代史の研究は、この木簡群の調査の進展とともに、面目を一新するであろう。

二万点とも三万点ともいわれる木簡のうち、奈良国立文化財研究所の公表したものはまだわずかだが、そのなかにも多くの論議を呼ぶ重要な史料が含まれている。その一つは、新聞・テレビでも大きく取り上げられた「長屋親王」の語のあるつぎの木簡である。

長屋親王宮鮑大贄十編

以下「長屋親王」について所見を略述する。

系図（一二八ページ）にみるように、長屋王は天武天皇の皇子高市《たけち》を父とし、天智天皇の皇女御名部《みなべ》を母とする。父かたも母かたも、祖父は天皇という、恵まれた血すじである。大宝令では、天皇の兄弟と男子を親王、姉妹と女子を内親王と称する定めで、孫から以下五代目までを、王・女王という（継嗣令）。それゆえ、長屋は長屋王であって、長屋親王ではない。ところが木簡には「長屋親王」とあるので問題となるのである。

なお大宝令の発布された大宝元年（七〇一）まで施行された浄御原令では、天皇の男子を皇子、女子を皇女といった。草壁や高市を親王といわず、皇子というのはそのためである。

さて「長屋親王」であるが、この称がいままで他になかったわけではない。平安時代初期に著された仏教説話集の『日本霊異記』の中巻第一話に「太政大臣正二位長屋親王」の語がみえる。しかし『日本霊異記』は、長屋王が天平元年（七二九）に非業の死をとげてから一〇〇年近くのちに成立した書物であるから、「親王」の称は長屋王生存のときから用いられていたかどうかは不明である。また長屋王は左大臣で死んでいるから、「太政大臣」というのは、明らかに誤りである。親王の称は長屋王の死後、長屋王に同情する人々によっていいだされたとも考えられる。

ところが今回の木簡によって、長屋王は生きているときから親王と称されていたことが判明した。そうなると、長屋王願経と呼ばれる和銅年間の写経のうち、和銅五年（七一二）の年紀をもつ大般若波羅蜜多経の奥書に、「長屋殿下（中略）乃為天皇（文武天皇）、敬写大般若経六百巻」とあるのが注目される。この点は東野治之氏の指摘に負うのだが、養老令の儀制令をみると、一般の者が「三后・皇太子に上啓せんには、殿下と称せよ」という規定がある。三后は皇后・皇太后・太皇太后のことで、「殿下」

図1　「長屋親王宮鮑大贄十編」と記された木簡（奈良文化財研究所）

図2　長屋王系図

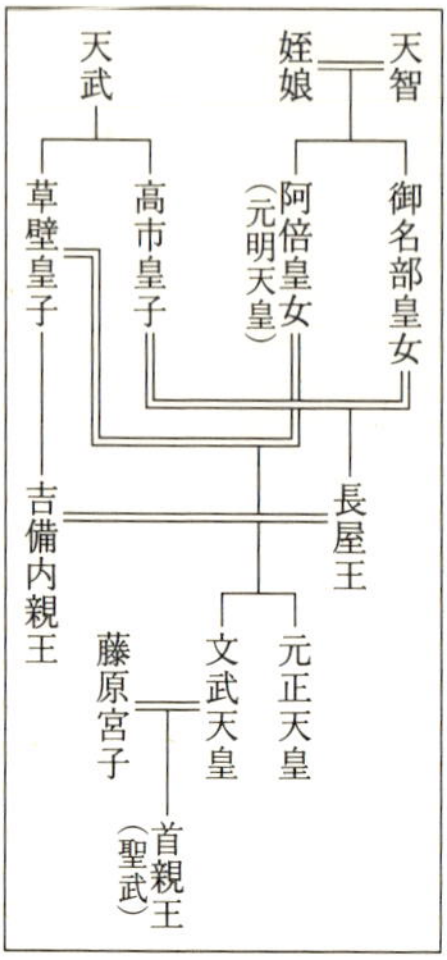

は三后と皇太子に文書を奉るときの敬称なのである。公式令にも、殿下が皇太子の敬称と解される規定がある。奥書の筆者が儀制令や公式令を意識して書いたとは断ぜられないが、長屋王は一般の王とはちがうと考えていたとみてよいのではあるまいか。

そのことは長屋王の叙位にもあらわれている。王は『続日本紀』には慶雲元年（七〇四）正月に無位から一躍正四位上の叙位にあずかっている。皇・貴族を優遇するための蔭位《おんい》の制によるのだが、その制では親王（皇子）の子はまず従四位下に叙すと定められている。現に長屋王の弟鈴鹿王は和銅三年に無位から従四位下へ、長親王の子栗栖王は養老七年に従四位下へ進むなど、その例は多い。これにくらべて長屋王が三階も上の正四位上であるのは、彼が他の親王の子より高い身分にあるとみなされていたことを物語る。しかしもちろん、親王と同じように待遇されたわけではない。親王なら一品から四品までの品位を貰《もら》うはずで、妻の吉備内親王（母は元明か）は霊亀元年（七一五）までに三品に叙されている。

これは長屋王の特殊な地位を語るものであろう。実際には親王でないのに親王に近い処遇をうけ、これがために王の身辺の人々は王を親王あつかいして、あるいは親王と呼び、殿下と称したのであろう。はじめは内々のことであろうが、木簡に書き、写経に記すようになると、しだいに公然化する。長屋王は二世王なのに親王気どりでいると思われてもしかたがない。王にとって、それは実に危険なことであった。

もう一度系図をみていただきたい。長屋王が天武の皇子を父、天智の皇女を母とするのは、文武天皇と同じである。それだけでなく、文武の父、草壁が皇太子であったのに対し、長屋の父、高市は太政大臣で、ほぼ匹敵し、文武の母の阿倍と長屋の母の御名部の両皇女は同母の姉妹である。年は長屋が一歳若いだけで、ほぼ等しい。文武にとって、長屋は手強いライバルであった。

まして文武の男子の首《おびと》親王（のちの聖武天皇）にとっては、まことに不気味な存在であったろう。長屋は両親ともに皇族であるのに、首は母が非皇族の藤原宮子という弱味もある。文武の没した慶雲四年（七〇七）の時点では、首はやっと七歳、長屋は二四歳。その長屋が親王気どりでいるとしたら、つぎに望むのは皇位ではないか。殿下と呼ばせているのは、皇太子になったつもりか。

疑心は暗鬼を呼んで、首親王＝藤原側は長屋への疑惑をますます深めるであろう。その行きつく先は、聖武即位後の天平元年（七二九）における長屋王事件である。長屋王は謀反を企てているとして自殺させられた。事件が藤原氏の陰謀によることはほとんど疑いないが、悲劇の源の一つは長屋王の身分の高さにあった。「長屋親王」木簡は、その悲劇の前兆のように私には思えてならない。

三　聖武天皇の後宮について

――平城京出土木簡を手がかりに――

はじめに

日本古代の後宮については、角田文衛氏の『日本の後宮』（学燈社、一九七三年）や野村忠夫氏の『後宮と女官』（教育社、一九七八年）など、また女官については、磯貝正義氏『郡司及び采女制度の研究』（吉川弘文館、一九七八年）、門脇禎二氏『采女』（中央公論社、一九六五年）や玉井力氏「天平期における女官の動向について」（『名古屋大学文学部二十周年記念論集』、一九六八年）、吉川真司「律令国家の女官」（女性史総合研究会編『日本女性生活史』第一巻、東京大学出版会、一九九〇年。同氏著『律令官僚制の研究』塙書房、一九九八年に収録）など、それぞれの分野で注目すべき労作がある。私もそれらの研究に関心を持ちながらも、自分では直接研究の対象とすることなく、今日に至った。そんな次第であるから、以下、主として奈良時代の後宮について私見を述べるが、思わざる過誤を冒すかもしれない。その場合には叱正・示教を賜わることを、あらかじめお願いして筆を進めることとしたい。

1　木簡にみえる油の用途

私が浅学をも顧みず後宮について述べることを思いたったのは、一九八六年から八九年に至る調査で、平城京の左京二条の大路に掘られた溝状土壙から、左記の木簡が検出されたことによる。出土地点は長屋王邸と考えられる左京三条二坊の貴族の邸宅跡の北側である。木簡が出土した二条大路の北の二条二坊の地にも貴族の邸宅があったと推定される。

問題の木簡の文面はつぎの通りである(1)。右側の文を表、左側の文を裏と呼ぶこととする。それぞれの文の○印は孔が穿たれていることを示す。

油二升一合　大殿常燈料　日別三合 七日料　　油八合　膳所料　三日料
・○油七合　文基息所燈料　日一合　　油六合　内坐所物備給燈料
油一升四合　天子大坐所燈料　　油四合　召女豎息所燈料
合六升

・○七月内

木簡の法量は、長さ三六・〇センチ、幅八・〇センチ、厚さ一・五センチと報告されているが、一般の木簡とはちがい、文字は木製の箱の蓋の表と裏に記入されている。したがってこれは、付札とか物品（この場合は油）を請求する伝票とかではなく、備忘や整理のためのメモ類と思われる。なお、この木簡（蓋）の裏（内側）には「七月内」の文字の他天地逆に異筆で「此物能量者患道者吾成明公莫憑必退西山陽道」と記されているが、前記の油に関する記載とは無関係の文字（習書か）と思われるので、本論の考察からは除外する。

さて、この木簡が油、とくに灯火用の油に関するものであることは、一見すれば自明のことと思われるが、表一行目上段の文は、「大殿常燈料」が「日別三合七日料」で「油二升一合」を要することを示したと解される。二行目の「油七合」は、「文基息所燈料」として「日（別）一合」の七日分、三行目の「油一升四合」は「天子大坐所燈料」で、一日二合の七日分に相当する。一行目の「大殿常燈料」だけ油の必要量のうちわけ（あるいは計算の基準）を詳しく記し、あとの二件についてはその細目記載を簡略化したのであろう。

下段の三件のうち、一行目の「膳所料」は、「三日料」とあるから別途考える。二行目の「内坐所物備給燈料」の「油六合」と三行目の「召女豎息所燈料」の「油四合」は七で割り切れないが、上段の記載から考えて七日分の油と考えたい。六合は一日一合弱、四合は一日に五勺強に当たる。もし下段を全部三日の料とすると、下級女官と思われる召女豎《にょじゅ》（後述）のための灯料が一日一合三勺強となり、文基の灯料の一日一合を上廻るという不合理が生じる。灯料の油は全部七日分を記したのであろう。

膳所用だけ「三日料」であるのは、膳所用に限って「燈料」と書いていないことが示唆するように、食用としての油であるからであろう（当時は煮たきは昼間に行なわれ、夜間の照明は必要としなかったと思われる）。また「膳所用　三日料」というのは、さしあたり三日分の料理用（食用）油を用意し、あとの四日分は次に用意するというのではなくて、七日のうち三日、油を用いた料理を作るというのであろう。ほぼ二日に一度、油を用いた料理が食膳に供され、それに合計八合（今量三合二勺）を使うことになる。そうすると、一日に今量一合強である。それで何人分の料理を作ったのかは明らかではないが、少人数であれば（この木簡では「天子」と「文基」の二人が主な対象となろう）、簡単な揚げ物くらいは作れたのではないか。

話が横にそれたが、表の最終行に「合六升」とあるのは、以上の七日間の使用油の合計であることはいうまでもない。左のように数量もそれを証明する。

2.1＋0.7＋1.4＋0.8＋0.6＋0.4＝6.0升

このように灯光用と食用とを区別せずに「合六升」と記すのは、灯火用の油(2)――たとえば胡麻油――がそのまま食用にもなったからであろう。

2　「天子大坐所」の所在地

油の用途はこれでほぼ理解できたと思う。つぎにもう少し内容に踏みこんでみよう。その場合まず目につくのは、表三行目上段の「天子大坐所燈料」である。「天子の大坐《おおま》し所の燈の料」と読み、天皇の御座所の灯火料の意であろう。前述のようにそれが一日二合、七日で一升四合を要するのである。

そこで問題は天皇の御座所の場所である。天皇の日常の生活の場はいうまでもなく宮城内の内裏である。内裏は宮城の中でも大極殿・朝堂院の北側にある。その内裏にあるはずの天子大坐所（御座所）の灯火用油に関する木簡が、宮城外、しかも宮城の南側にある二条大路から出土したのである。なぜであろうか。

その問題を解く手がかりは、同じ二条大路から出土した木簡の中に、

a・謹解　請幸行御食備「□」味物幷御杯□「物」事
　・陶

b・請器　壺三口　一口四升受
　　　　　　　　二口各五升受
　　　　瓶一口　一升受
　　　　　　　　右物幸行御菓備納料
　・　　　　　　天平八年七月二日六人部諸人

c・芳野幸行用貫簀
　・　天平八年七月十五日

など、行幸に関係する木簡のみえることである(3)。

aは行幸に用いる味のよい食物と、それを盛る杯を請求したもの、裏の「陶」は杯が木製や土師器ではなく須恵器であることを言ったものか。bは行幸のさいの嗜好品としての果物を盛る壺と瓶を請求したもの。cは芳野行幸に用いた貫簀《ぬきす》(竹製の簀)につけた付札であろう。aには日付はないが、b・cには天平八年(七三六)七月二日および同年七月十五日の日付があり、cからbも芳野行幸のさいのものと考えられる。aも同じときのものとみてよかろう。

一方『続日本紀』をみると、聖武天皇は天平八年六月二十七日から芳野離宮へ行幸し、半月余り後の七月十三日に平城宮に帰還している。右の「行幸」の文字がある木簡は、この行幸に関係するものであろう。aには年月の記載がないから、他の行幸に関係したものである可能性はすてきれない。しかし二条大路出土木簡にみえる年紀は天平三年から十一年にわたるが、天平七、八年のものがもっとも多く、それ以外は少数であり[4]、かつ天皇の京外への行幸は『続日本紀』による限り、天平七年・九年・十年にはない。

このことから考えると、aも天平八年六〜七月の行幸関係のものと思われるのである。aとbはおそらく芳野から京へ天皇に必要な物品を請求したもの、cは天皇が七月十一日ごろに芳野を出発して平城京へ向ったあと、行幸に使った品を整理して京へ返送するときにつけた付札であろう。

このようにみてくると、問題の「天子大坐所」木簡の裏に「七月内」と書かれているのが注意される。この七月が天平八年のそれであるとすると『続日本紀』の天平八年七月条には「庚寅（十三日）、車駕《きょうが》、宮に還る」とあるが、聖武は平城京に帰ってもすぐには内裏にはいらずに、しばらく別の場所に滞在したのではないかと考えられる。こう考えてよければ、天皇の生活に関係する油の木簡が、内裏から遠い二条大路から出土した疑問はいちおう解決する。

それでは天皇はどこに滞在したか。常識からいって木簡の出土した二条大路に近い所とみるのが妥当であろう。そうすると、木簡群を出土した二条大路の北側にある邸宅が有力候補となる。この邸宅の遺跡はまだ十分な調査が行なわれていないが、左京二条二坊のうちの少なくとも五、六坪を占め、二条大路に門を開いている。「天子大坐所」木簡はこの門を出た東側の溝（ＳＤ五三〇〇）より出土しているのである。

この邸宅の主については従来から問題とされ、一九八九年十二月の木簡学会年度大会でも議論されたが[5]、現在のところ奈良国立文化財研究所編『平城京長屋王邸宅と木簡』（註(1)参照）で考証されたように、天平八年当時従三位兵部卿で参議・左京大夫を兼ねていた藤原麻呂とするのが妥当であろう。

その根拠は同じSD五三〇〇の溝から出た木簡に、「中宮職移兵部省卿宅政所」の語からはじまり、「天平八年八月二日付舎人刑部望麻呂」で終わるものがあったことである。(6) いうまでもなく中宮職から兵部卿の宅にあてた木簡で、天平八年八月の日付から当時兵部卿の藤原麻呂宅にあてたことは明白である。しかしこの木簡だけでは、木簡が宛先の兵部卿宅で廃棄されたのか、差出人の中宮職にもどって来て廃棄されたのか、どちらとも決められない。木簡学会大会でもその点が争われた。ところがその他の出土木簡を精査すると、兵部卿宅で勤務していた舎人たちの宿直や食料に関する木簡が同じ溝から出土していることがわかり、さらに同じ地域から「兵部卿宅」と書いた墨書土器が出土した。このようなところから、二条大路北側の住宅は兵部卿藤原麻呂の邸と判断されるのである。

そして循環論法になるが、二条大路の溝から出土した木簡は麻呂邸から廃棄されたものと考えられる。「天子大坐所」木簡も同じ場所に捨てられていたのだから、天子大坐所は麻呂邸の中にあった、つまり聖武は芳野行幸の帰途、少なくとも一週間、麻呂邸に滞在した、またはその予定であったと考えられる。

3　天子に仕える人々

前節の推定が当たっていたとすると、芳野から帰って来た聖武がなぜ内裏にはいらずに麻呂邸に一週間も滞在したかが問題となる。的確に解答することはできないが、帰京の翌日の七月十四日に、聖武は「太上天皇（元正）、寝膳《しんぜん》安からず。朕甚だ惻隠《そくいん》す」（『続日本紀』）と言って、都下四大寺でも七日間の行道、病者・高齢者などへの施物・賑恤の詔を発している。元正太上天皇の病気のため、芳野行幸の予定を繰り上げて、急遽帰京したのではないかと思われる。そのために内裏の御在所が整備されておらず——たとえば行幸の留守を利用しての模様がえや修理がまだ終わっておらず——、麻呂邸での滞在になったのかもしれない。

それはともあれ、この木簡で私がもっとも興味をもつのは、天子（聖武）を中心とする側近の人々の組合せが判明することである。それは天子と文基《ぶんき》と召女豎とから成っており、その人々の生活または休息する場は、

天子—大坐所

文基—息所　召女豎—息所

である。その他に生活空間＝部屋として、大殿と膳所と内坐所とがある。膳所が厨（台所）であることはいうまでもあるまい。内坐所は大坐所が平常の坐所であるのに対し、夜だけの坐所すなわち寝室ではあるまいか。そこには寝具や衣装箱などいろいろの品物がある。それを処理するための燈りが、「内坐所物備給燈」であろう。

以上の坐所（二ヵ所）を含む御殿が大殿である。息所（二ヵ所）も同所であろう。「大殿常燈」は、大殿の廊下などの要所要所にともされる常夜燈であろう。「日別三合」ともっとも消費量が大きいのはそのためと解される。膳所は煮炊きをする所だから、おそらく別棟であったろう。この坐所・息所・膳所で、天子とそれに仕える一組の人々の日常生活がいちおう可能である。

つぎに天子に仕える人々のことを見てみよう。まず文基であるが、これが天子に直接仕える人物であろう。文基息所の息所の原義は休息所、すなわち「やすみどころ」であろうが、平安文学にしばしばあ

らわれる「御息所《みやすどころ》」が想起される。この語の意味は平安時代では「天皇の御寝所に侍する宮女の敬称」(『日本国語大辞典』)であって、たとえば『源氏物語』賢木の巻に「女御、御息所たち、みな院(桐壺院)に集ひ給へり」とある。夕顔の巻に登場する六条御息所はとくに有名である。

文基息所の息所は敬称ではなく、もとの休息所を意味する語であろうが、息所から御息所への語義の転化を考えると、文基は天皇の寝所へ侍る女性ではないかと思われる。一週間も天皇の側近に侍していることからしても、その可能性が強いといえよう。

しかし文基は女性の名にはふさわしくないとする意見もある。また息所も平安時代には御息所となるが、奈良時代にこれを適用するのは早きに失するかもしれない。この考え方に立てば、文基は男でもよい。奈良時代の有名な高僧に行基があり、『万葉集』と『懐風藻』に歌と詩を残している弁基という僧もある(ただし大宝元年に還俗して春日倉首老となる)。これからすると、文基は僧であるかもしれない。だが聖武天皇が一人の僧と女豎につきそわれながら、一週間同じ屋根の下で暮すのは不自然な気もする。それならいっそ文基を尼と考えてはどうだろうか。尼にも名に基の字をもつものがいる。その一人は「明基」で、神護景雲三年(七六九)九月二十五日の称徳天皇の宣命につぎのように見える(『続日本紀』)。

復明基ハ広虫ト身ハ二ニ在ドモ、心ハ一ニ在ト所知テナモ、其ガ名モ取給テ、同ク退給ト詔フ

尼とは明記してないが、出家して法均という法名をもつ広虫(和気清麻呂の姉)の無二の友であったことが知られるから、明基も尼であったに違いない。称徳も仏門にはいって法基といったことが『本朝皇胤紹運録』にみえる。明基・法基と同じく文基も尼であってよいのである。また藤原教基という名の

女官もいた。『続日本紀』宝亀七年正月条に無位から従五位下に叙せられ、以後『続日本紀』に四回見え、延暦八年正四位上で没する。多くは教基ではなく「教貴」と書くが、延暦二年二月壬子条では「教基」とする。そして天応元年六月壬寅条に「命婦従四位下藤原朝臣教貴」とある。基を名の語尾にもつ俗人の女性もいたのである。

文基の性別はいちおう保留して、つぎに木簡の表の下段三行目にみえる「召女豎」について述べる。養老令の『義解』後宮職員令には、内侍司以下の後宮十二司の職員の任務と定員について述べたあとに休暇や考叙の法（勤務評定をへて位階を授けること）を述べ、それにつづけて、

東宮の宮人、及び嬪《ひん》以上の女豎は此に准ぜよ。

とある。皇太子（東宮）に仕える女官の宮人と、嬪以上、すなわち嬪・夫人・妃・皇后に仕える女豎にも休暇や考叙の法を適用すると言っているのである。豎は子供を意味する語だが、女豎は貴人に仕えて身のまわりの雑用をつかさどる下級女官のことと思われる。宮人は後宮の女官全体の意味にも用いられるが、ここでは東宮に仕える下級女官のことであろう。

女豎のことは後宮職員令の親王及子乳母条にもみえる。この条では親王とその子（二世王）に与えられる乳母の考叙は宮人に准ずるとし、そのつぎに、

自外の女豎は考叙の限りに在らず。

とある。嬪以上の貴人（天皇のきさき）に仕える女豎のほかに皇族に仕える下級女官としての女豎がいたことがわかる。考叙の限りにあらずというのだから、嬪以上に仕える女豎より低い身分で、いつまでたっても無位である。厳密には女官のなかにはいらない女性である(7)。

文基の身分は、僧にせよ尼にせよそれ以外にせよ、嬪以上とは思われない。木簡にみえる「召女豎」の女豎は考叙に与らない無位の下級女豎であり、それを召して文基の侍女としたのであろう。人数は正確にはわからないが数名と思われる。召女豎の息所灯料が一週間で四合であるから、息所はそんなに広い部屋ではあるまい（文基息所燈料は七合）。むろん一部屋である。女豎の人数は多くて五人程度であろう。

以上により、聖武天皇は文基と女豎数人を伴い、藤原麻呂邸のなかの、少なくとも坐所二部屋、息所二部屋、計四部屋以上ある大殿に一週間滞在した、あるいは滞在しようとしたと思われる。これはもちろん聖武の後宮の一部が移動したものにすぎない。しかし「大殿」に別棟かと思われる膳所を加えると、生活空間として差し当たり不便はない。これで完結したワンセットと考えられる。「源氏物語」など平安文学では、天皇に侍する高貴の女性の私室を「つぼね」とよぶが、文基が女性であるならその息所はおそらくはその前身であり、江戸時代では大奥にある将軍の側室の住む「つぼね」にも相当するものであろう。聖武はそうしたワンセットの人々を率いて、藤原麻呂の邸にはいったのである。

4　聖武天皇の後宮の女性たち

さきに保留した文基の性別について考えてみよう。決めてになる確証はないが、天平八年（七三六）、三六歳になる壮齢の聖武が、多少病弱であるとはいえ、僧侶その他の男を相手として一週間をすごすのは不自然の感が強い。これが仏道修行のために師の高僧とともに寺院や山林にこもるというのなら話は別であるが、宿泊先は兵部卿兼左京大夫藤原麻呂の京内の邸である。また仏道修行のためなら女豎を伴う必要はあるまい。やはり文基はさきにも述べたように女性の可能性が強いと思われる。

文基が女性とした場合、尼かどうかはなお確定しがたいが、本節では聖武の後宮に仕える女性について述べておく。

まず第一に、のちに孝謙（称徳）天皇となる阿倍内親王を生んだ皇后光明子（藤原安宿媛）、つぎに天平十六年に一七歳で死去した安積親王を生んだ夫人県犬養宿禰広刀自がいる。この二人の有名な女性についてはこれ以上の解説はいるまい。これ以外に何人もの女性がいたこともよく知られている。

その一は橘諸兄《たちばなのもろえ》の弟、佐為《さい》の娘古那可智《こなかち》である。天平九年二月に無位より従三位に叙せられ、天平勝宝元年四月に正三位より従二位に昇った橘夫人が、この古那可智と考えられる。のち広岡朝臣の姓を賜わり、天平宝字三年七月五日に没する。『続日本紀』の同日条に「正四位上橘宿禰佐為の女なり」とある。

その二は藤原武智麻呂の娘である。名は明らかではないが、『続日本紀』天平二十年六月四日条に、「正三位藤原夫人薨ず。贈太政大臣武智麻呂の女なり」とある。

その三は藤原房前の娘である。やはり名は不明であるが、『続日本紀』天平宝字四年正月二十九日条に、「従二位藤原夫人薨ず。贈正一位太政大臣房前の女なり」とある。夫人として聖武に仕えた女性の一人である。

これらの女性の年齢は大宝元年生れの光明子以外は不明であるが、広刀自は神亀五年（七二八）に安積親王を生んでいるから、この年二〇歳前後かと思われる。二〇歳とすると天平八年では二八歳である。

他の三人は手がかりがないが、仮に聖武が即位した神亀元年（七二四）を取ってみると、このとき武智麻呂は四五歳（天平九年に五八歳であることから逆算）、房前は四四歳（天平九年に五七歳）であるから、このころ二〇歳前後の娘があって不思議はなく、聖武即位前後の入内と考えてよかろう。そうすれば天平八年には三二歳前後となる。[8][9]

武智麻呂・房前にくらべて佐為は一〇歳以上若かったようである。正確な年齢はわからないが、彼は和銅七年（七一四）正月に無位から従五位下に昇叙されている（『続日本紀』）。この叙位は、佐為がまだ臣籍にならず、諸王の地位にあったことによる。諸王は二十一、二歳での叙位が多いようであるから、和銅七年二一歳とすると、神亀元年にはまだ三一歳にしかなっていない。多分娘の古那可智は一〇歳前後であったろう。入内の時期は天平四、五年のころではあるまいか。仮に天平五年一七歳で仕えたとすると、天平八年には二〇歳、天平九年二一歳となって、無位から一躍従三位となるという経過が考えられる。

おそらく古那可智は天平八年に三六歳の光明皇后をはじめ、上述の五人の女性のうちではだれよりも若く、聖武の寵愛を集めていたかと思われる。彼女を文基にあてたい気もするが、彼女が文基という別名をもっていた証拠は何もない。のみならず、ほかにも聖武に仕えていた女性が史上にみえるのである。その一人は『続日本紀』天平宝字二年十二月八日条にみえる矢代女王である。そこには、

従四位下矢代女王の位記を毀《やぶ》る。先帝に幸せられ、而して志を改むるを以てなり。

とある。先帝は聖武以外には考えられない。矢代女王は天平九年二月、古那可智の昇叙と同日の八日に無位から正五位下に叙されているから、このとき正式に聖武の嬪の位地を得たのであろう。右の『続[10]

紀』の文中に「志を改む」というのは、聖武の死後他の男性と通じたことを指すと思われる。「先帝に幸せられ」とあるところからすると、聖武の寵愛の深かった女性のように思われる。

また「天皇（聖武）思二酒人女王一御製歌一首女王者穂積皇子之孫女也」という題詞を持つつぎの歌（『万葉集』巻四、六二四）もある。

道に逢ひて笑まししからに降る雪の消なば消ぬがに恋ふと云ふ吾妹

（道で逢ってちょっとほほえんだばっかりに降る雪のように消え入らんばかりに恋しいというそなたよ。

――『萬葉集全注釈』による）

この歌から、穂積親王の孫という酒人女王を聖武天皇の側近に仕える女性とみる説もあるが、聖武と酒人女王がそのような関係にあったかどうか、この歌から推測するのは困難である。なお穂積親王は天武天皇の子であるから、酒人女王は天武の曾孫、聖武も天武の曾孫であるので、二人はまたいとこ（又従兄妹）である。

さらにもう一人問題になる女性がいる。『続日本紀』天平神護二年四月二十九日条にみえる石上朝臣志斐弖《しひて》であって、つぎのように記されている。

一男子あり。自ら聖武皇帝の皇子にして、石上朝臣志斐弖の生む所と称す。勘問するに果して是れ誣罔《ぶもう》なり。詔りして遠流に配す。

これによると、聖武の皇子と称する男があらわれて、自分は聖武と石上志斐弖との間に生れた、すなわち聖武の皇子だと主張したのである。石上氏はもとの物部氏で、藤原氏や大伴氏にまさるとも劣らぬ名族である。そのうえ、時の天皇称徳は皇太子を立てておらず、ここで聖武の男子が出現すれば、皇位継承上の大問題となる。朝廷も捨てておけず、勘問したところ、誣罔――いつわり――であることがわかったので遠流に処した、という。一男子の名は伝わっていないが、奈良時代の天一坊ともいうべき怪事件である(11)。聖武の皇子であるという一男子の申し立ては疑問かもしれないが、石上志斐弖という女性が聖武に仕えていたことは事実であろう。

以上文献によれば、少なくとも七人の女性が聖武の側近に侍していた。文基が女性の場合、そのどれが文基に当たるかというよりは、文基はそれ以外、つまり第八の女性とみるのが妥当かもしれない。

わかっている七人の女性の出自をみると、藤原氏三人（光明子と藤原夫人二人）・橘氏一人（古那可智）・石上氏一人（志斐弖）・県犬養氏一人（広刀自）・皇族一人（矢代女王）である(12)。藤原氏三人の父親は不比等・武智麻呂・房前、橘氏一人の父親は佐為であるが、その兄は諸兄、いずれも当代の政界を代表する権力者である。彼らは娘を後宮に入れたときは、不比等のほかはまだそれほどの権勢を握ってはいなかったが、入内した娘が聖武の胤をもうけることによって政界にのしあがろうという野心を、もっていたと思われる。広刀自の父県犬養大唐《もろこし》は、神亀三年正月に従六位上より従五位下に昇り、その位のまま讃岐守で終わったという経歴からみて、それほどの野心ないし才幹の持ち主とは思えないが、県犬養氏全体として広刀自に寄せる期待は大きかったであろう。その点は志斐弖を後宮に送りこんだ石上氏も同様であろう。

聖武の後宮では、これら権力者や貴族の野望が聖武をとりかこんでひしめきあい、火花を散らして暗闘をくりかえしていたと思われる。にもかかわらず、光明子と広刀自以外は、だれも聖武の子を生むことができなかったらしいのは（志斐弖は生んだかもしれないが）、皮肉である。後宮の争いが聖武を疲れさせたのかもしれない。

このようにみてくると、私は想像のなかにつぎのような聖武の姿が思い浮かぶのである。彼はわずらわしい後宮をはなれ、気に入りの女性をつれて静かな数日を別の場所ですごそうとしたのではないか。その聖武の行動あるいは意図を、「天子大坐所」木簡が語っているように思われる。

5　後宮の息所の基本形

やや想像に走ったところもあるが、第4節で述べたように聖武の後宮の状況の一部が木簡に具体的にあらわれていることはまず確実で、はなはだ興味が深い。

しかし、部屋数が四つか五つ、おつきの女の人数も多くて五、六人というのでは、いかに後宮の一部の臨時の移動とはいえ、簡素にすぎる感がある。時は古代国家の最盛期とされる奈良時代の中心の天平時代、栄華を誇る聖武の「御代」である。もちろん木簡の語るところは直接聖武に従う人々に関するものだけで、実際にはもっと多数の内舎人・大舎人や使部・直丁が仕え、中衛府の舎人や兵衛府の兵衛なども警備に当たっていたであろう。食事も木簡にみえる膳所で作るもののほかに、宮内省内膳司や後宮の膳司で調理されたものも、届けられたと思われる。またこの天子と文基のグループは、私の推定の通りであるとすると、後宮から直接移動したのではなく、芳野行幸の帰途であるために供奉の人数も少ない、ということも考慮しなければなるまい。

それにしても、直接天子に仕えるものが女官数名というのは、やはり簡素であり貧弱である感を拭えない。油の消費量が灯火用と料理用を加えて一週間で六升（今量二升四合）というのも同様である。

ちょうど同じころ、唐では玄宗皇帝の朝が栄えていた。玄宗は七一二年に二八歳で即位し、翌年年号を開元と改めて政治に励み、開元の治と謳われる盛世を現出した。わが天平八年にあたる七三六年（開元二十四年）は、四二歳となった玄宗はようやく政治に倦み、賢相張九齢を退けて名門出身の李林甫を宰相とした年であるが、政治の乱れはまだ表面にはあらわれていなかった。楊貴妃が玄宗の後宮に召されるのはその八年後の七四四年（わが天平十六年。貴妃の号を賜わるのはその翌年）である。のち、白楽天は「長恨歌」のなかで、玄宗が楊貴妃を寵愛するさまを、つぎのように描いている。

歓を承け、宴に侍して、閑暇無く、
春は春遊に従い、夜は夜を専らにす。
後宮の佳麗、三千人、
三千の寵愛、一身に在り。
金屋粧い成って、嬌として夜に侍し、
玉楼宴罷んで、酔うて春に和す。

この詩は元和元年（八〇六）に成ったものであり、詩人の空想と誇張があるのであろうが、木簡から想像される聖武の場合との格差はあまりにも甚だしい。しかしこの落差は、唐と日本の社会および帝王の実力の差を示すものであろう。特別の儀式・節会やそれに伴う宴会、あるいは斎会などを除き、日常の生活は、唐の朝廷とくらべものにならない質素なものであったのではなかろうか。

つぎに考えておきたいのは、「天子大坐所」木簡から推定される後宮のワンセットが文基の場合の特例で、他の夫人などの場合はちがう構成であったかどうかである。これはまったく想像するほかない問題であるが、わたしはつぎのように考える。夫人や嬪たちに侍する女豎の数はそれぞれの夫人や嬪の勢力によって増減があり、文基の場合はおそらく最少の人数であろうが、それが基本的なタイプであって、構造としてはあまり差がなかったと考える(13)。夫人や嬪も女豎にかしずかれながら、息所にいて天子の来訪を待つという形は、文基と同様であろう。

『万葉集』巻四にみえるつぎの歌は、そうした息所の女主人が天皇の来訪をまちうける情景を歌ったようにみえる。

　額田王、近江天皇を思《しの》びて作る歌一首

君待つと我が恋ひ居れば我が宿の簾動かし秋の風吹く（四八八）

　鏡王女が作る歌一首

風をだに恋ふるは羨《とも》し風をだに来むとし待たば何か嘆かむ（四八九）

詞書によると、いうまでもなく天智朝の歌で、奈良時代の後宮のようすをこの歌からうかがうのは無理である。しかし伊藤博氏はつぎのように述べて(14)、この歌の作者は額田王や鏡王女ではなく、奈良時代人であろうとされる。奈良人の仮託とみるのである。

按ずるに、額田の秋風の歌とそれに対する鏡王女の和歌とは、本来、古歌巻巻一・二（『万葉集』各巻のうち最初に編纂された巻一・二をさす—直木）が享受される過程で、巻一・二の額田王関係歌の放つイメージによって創り出された奈良人の「歌語り」だったのではないか。

私は伊藤氏の額田王論のすべてに賛成するのではないが、この考察は卓見であると思う。奈良の宮廷人は、現実に知っている夫人や嬪などの息所＝つぼねのようすを天智朝に移して、前掲の歌を作ったのであろう。その息所のワンセットの基本形が、「天子大坐所」木簡によって推定できると思うのである。最後に文基は尼か尼以外の女性かという問題が残った。どちらとも論断する証拠はないが、尼であっても聖武の寵愛を受けた可能性は十分にある。

聖武が仏教を信ずる心篤く、邪淫の禁を固く守る人ならば、尼としての文基との性的関係は問題にならないが、奈良時代の現実はそんなに簡単ではない。現に聖武の娘の孝謙（称徳）天皇は、仏門に帰依しながら、僧道鏡を寵愛した。そうした関係を許すぐらいに、現実の七、八世紀の仏教の戒律は、ゆるやかであったようである。

たとえば『万葉集』巻二には、「久米禅師、石川郎女を娉《よば》ふ時の歌五首」（九六〜一〇〇）と、「三方沙弥、園臣生羽の女に娶《あ》ひて、未だ幾《いくばく》の時も経ず、病に臥して作れる歌三首」（一二三〜一二五）が載せられている。後者の三方沙弥の沙弥は、俗人が修行して受戒したものをいい、沙弥がさらに修行を重ねて受戒すれば比丘（または僧）となる。沙弥は僧侶としては初心者だが、僧侶には違いない。前者の禅師が僧の身分であることはいうまでもない。それらが実際に妻をもち、またはもとうとしているのである。ただし三方沙弥の三方は氏、沙弥は名であるとして、この人物は僧侶ではないとする説もあり、この説が正しければ、三方沙弥の例は省かなければならない。

そのほかに、名は不明だが、「沙弥の霍公鳥《ほととぎす》の歌一首」として、

あしひきの山ほととぎす汝が鳴けば家なる妹し常に偲《しの》はゆ（巻八、一四六九）

という歌、また僧侶の作かどうかはわからないが、

橘の寺の長屋に我が率寝《いね》し童女《うなゐ》はなりは髪上げつらむか（巻一六、三八二二）

という歌もある。後者の場合は、「寺の僧房に婦女を停め、尼房に男夫を停む」ることを禁じた僧尼令停婦女条の違犯である。

聖武は武智麻呂・房前・諸兄あるいは石上氏の某(15)（乙麻呂か）などの思惑をよそに、気に入りの尼をつれてしばしの休日を楽しんでいたのかも知れない。

注

（1）『平城宮発掘調査出土木簡概報二十四—二条大路木簡二—』（奈良国立文化財研究所、一九九一年五月）による。以下、『平城宮発掘調査出土木簡概報』を『城』と略称する。この木簡の釈文と写真は奈良国立文化財研究所編『平城京長屋王邸宅と木簡』（吉川弘文館、一九九一年一月）にも載せられている。木簡番号四〇九。なお、この木簡は『平城京木簡』三—二条大路木簡一—（奈良文化財研究所、二〇〇六年）に、番号五〇〇五として収められている。

（2）関根真隆『奈良朝食生活の研究』（吉川弘文館、一九六九年）によると、文献から知られる奈良時代の食用油には、胡麻油・荏油・槾油・麻子油・海石榴油がある。いずれも灯火用にも用いられたであろう。菜種油らしいものは文献にはみえないという。

（3）a・bの木簡は注(1)の『城』二四、cの木簡は『城』二二（一九九〇年五月）にみえる。またcとほとんど同文の木簡が一点『城』二二と奈良国立文化財研究所『平城京左京二条二坊・三条二坊発掘調査報告〈本文編〉』（一九九五年三月）とにみえる。後者では木簡番号二二七。

（4）注(1)(3)の『城』二二・二四の解説による。

（5）拙稿「古代史学界に木簡新時代」（『神戸新聞』一九八九年十二月四日号）参照。

（6）『城』三〇—四四ページ上段、『平城京長屋王邸宅と木簡』木簡番号三八八、『平城京左京二条二坊・三条二坊発掘調査報告』木簡番号二九三。

(7) 下級の女官にはこのほかに女孺と采女とがいる。『令義解』では後宮十二司のうち、内侍・蔵・書・薬・兵・闈・殿・掃の八司に仕える下級女官を女孺とし、水・膳の二司に仕える下級女官を采女とする。酒・縫の二司には女孺も采女も配属されない。こうした宮司に仕えない下級女官を女豎と称したのであろう。

(8) 『家伝』下（武智麻呂伝）による。

(9) 『懐風藻』による。

(10) 天平宝字二年十二月の時点では孝謙天皇も先帝であるが、女帝であるから矢代女王を幸したというのに適しない。

(11) 拙稿「古代における皇胤伝説と天皇」（『奈良時代史の諸問題』塙書房、一九六八年）のなかで、この問題にふれた。

(12) もし諸兄に適当な年齢の娘がいたら、入内させていただろう。そのような娘がいなかったので、弟の娘を入れたと思われる。

(13) ただしそれら女性が皇后や妃（四品以上）・夫人（三位以上）になると、令の規定に従って皇后には中宮職（皇后宮職ともいう）が、妃・夫人には家令職員が与えられる。そのとき皇后はともかくとして、妃や夫人が内裏のなかで家令職員とともに暮していたとは考えにくい。一定の年齢に達するまでは家令職員とは別に、女性にかしずかれて内裏で暮し、そののち内裏の外へ出て家令らとともに暮したか、あるいは一定の年齢に達するまでは三位以上の位に叙せられることはなかったかのどちらかであろうと思う。識者の教示をえたい。

(14) 伊藤博「遊宴の花」（『万葉集の歌人と作品』上、塙書房、一九七五年）一九二ページ。

(15) 石上氏は石上朝臣麻呂が養老元年（七一七）に正二位左大臣で没してからは、かつての勢威を維持することができなかったが、麻呂の第三子の乙麻呂が神亀元年（七二四）従五位下になり、その後事に坐して土佐国に配流されるという事件をへて、従三位中納言に至り、天平勝宝二年（七五〇）に没した。志斐弖は麻呂・乙麻呂の近親者であろう。

〔附記〕　拙稿発表後、玉井力氏は私信で、天平十九年正月二十日に藤原殿刀自が、天平勝宝元年四月十四日に橘通何能が、いずれも無位より正四位上に昇進している記事が『続日本紀』にみえることを指摘し、彼女らも聖武の後宮の女性ではないかと教示して下さった。また薗田香融氏も私信で、文基は聖武の滞在またはその予定であった邸の主人、藤原麻呂の娘ではないかとの案を示された。その可能性は十分にあり、もしそうなら上記の藤原殿刀自との関係の検討が必要となるとともに、天平の政治史に一つの問題を投ずることになろう。もし文基が藤原麻呂の娘で藤原殿刀自と同一人物であるとすると、聖武の夫人となった武智麻呂・房前の娘とちがい、死亡記事が『続日本紀』にみえないことが問題となるが、それは彼女が嬪どまりで夫人でなかったとすると理解できよう。武智麻呂は生前従二位（死去の日に正一位）、房前は正三位（死後正一位）に昇ったのに対し、麻呂は従三位で死後の贈位はなかったことも考慮されよう。なお藤原殿刀自・橘通何能の二人の記事は『続日本紀』では玉井氏の指摘されたもののみである。玉井・薗田両氏のご厚意に感謝する。

なお本論は『甲子園短期大学紀要』一〇に発表後、若干補訂して拙著『飛鳥奈良時代の考察』（高科書店、一九九六年）に収め、今回舘野和己氏の教示をえて、さらに若干補訂した。

〔後記〕　額田王と鏡王女との贈答とされる歌（四八八番と四八九番）が後代の仮託の作とする説については、拙著『額田王』（吉川弘文館、二〇〇七年）において私見を詳説した。

四　難波使社下月足とその交易

1　難波の繁栄と流通経済

古代から難波の地は、交通の中心地の一つであり、経済上の要地であった。事あたらしく述べるまでもないことだが、便宜上若干ふれておくこととしたい。

すでに六世紀末、物部氏が難波に宅をもっていたことが『書紀』にみえる。用明二年（五八七）七月、物部氏が蘇我氏と争って敗れた記事に引きつづいて、

物部守屋大連資人捕鳥部万、将二一百人一、守二難波宅一。

と崇峻前紀にあるのがそれである。また皇極紀三年（六四四）三月条によれば、豊浦大臣（蘇我蝦夷）は大津に宅をもち、そこに倉のあったことがわかる。大津は和泉国の大津とする説もあるが、難波の津とするのが妥当であろう。そしてこれらの宅は、難波が交通・経済上の要地であるところから設けられ、その倉には難波に集散する物資が収納・蓄積されていたと思われる。

七世紀後半のことであるが、『書紀』朱鳥元年（六八六）正月乙卯条に、

難波大蔵省失火、宮室悉焚。

とある。「大蔵省」の省は紀編者の修文追記で、このとき難波に大蔵省があったとは思えないが、難波に朝廷の大きな倉庫があったことは事実であろう。ここにみえる「大蔵」は、持統六年（六九二）四月丙辰条に、

　賜㆘有位親王以下、至㆓進広肆㆒、難波大蔵鍬㆖。

とある「難波大蔵」と同じものではなかろうか。ここにいう「進広肆」はいうまでもなく飛鳥浄御原令制の冠位制の最下位で、大宝令制の少初位下に相当する。したがってこのとき、有位の皇族・官人のすべてに与えうるだけの鍬が難波の大蔵におさめられていたことになる。進広肆以上の皇族・官人の総数はわからないが、この年より九年後の大宝元年（七〇一）三月には、「諸王十四人、諸臣百五人」の位号を改め爵を進めたことが『続日本紀』にみえる。「諸臣百五人」は五位以上の官人のことと推定されるから、この時点での初位以上の有位官人の総数は一〇〇〇人に近いであろう。持統六年でも、飛鳥浄御原令施行後であるから少なくとも四〇〇〜五〇〇人はいたと思われる。

　こう考えてよければ、一人一口ずつ与えたとしても、持統六年の難波の大蔵には四〜五〇〇〇口以上、おそらく一〇〇〇〇をかなり上まわる鍬が収蔵されていたにちがいない。官人の多くは大和にいるのに、難波大蔵の鍬を賜わったというのも、難波大蔵の保有量が大きいことを示している。

　このようにみてくると、六世紀前半の安閑元年に設置されたと伝えられる難波の屯倉も、かつて説いたように[1]農地の経営のみをこととする屯倉ではなく、難波を発着点とする海上交通の管理を行い、経済活動にも関係した機関であったと推測される。難波屯倉は、吉備の児嶋屯倉、筑紫の那の屯倉と呼応して交通、経済上の機能を発揮したのであろう。難波の屯倉のこうした性格上から設けられた倉が、上記

の難波大蔵の前身となったと考えても、大きな誤りではあるまい。

難波が交通、経済上の要地であることは、物資の集散地であることを意味する。そのために朝廷や有力氏族は難波に倉や宅を置いたのであるが、難波のこの特色は奈良時代においても増すことはあっても、減じたとは思われない。それは大宝令制に定められた摂津職の職掌のなかに、

市廛、度量軽重、倉廩、

が含まれていることによっても知られる。これを他の地域行政官の職掌と比較すると、左右京職は「市廛、度量、倉廩」を職掌のなかに含むが、大宰府はこの三項に限っていえば「倉廩」のみ、国司も同様である。難波には、平城京の東西市のような官営の市はなかったが、摂津職の管理のもとに市が栄え、多様の物資が蓄積・売買されたことが想像される。摂津職はもとの難波屯倉の機能を吸収・整備したものといえよう。

「正倉院文書」その他によると、平城京に壮麗な伽藍を擁し、多数の僧侶をかかえる大寺で、難波に庄や倉を持つもののあることが知られる。いまその詳細を述べることは省略するが、天平宝字四年（七六〇）の文書(2)によると、東大寺は双甲倉一宇のある家地三町六段余の庄を、摂津国西成郡美努郷に持っていた。この庄は、天平勝宝四年に安宿王より買得し、天平宝字四年に新薬師寺に売却されるのであるが、北は堀江川に接していたというから、水運に便利な地と思われる。東大寺はこのほかにも西成郡に新羅江庄とよぶ庄を持つ。これは南辺が堀江川に接するのである。

東大寺より歴史の古い大安寺は、西成郡長溝郷に二町の庄を持つ（天平十九年「大安寺伽藍縁起幷流記資材帳」による）。四至の記載に「西、海即船津」とあるから、淀川川尻の港に面した庄であることがわ

かる。香山薬師寺も、摂津国東生郡酒人郷に三町二段余の庄を持っていたが、神護景雲三年九月に勅旨省に売却したことを示す史料もある（同寺鎮三綱牒による）[3]。香山薬師寺は前記の新薬師寺と同寺である可能性が高い。また法隆寺も西成郡に庄一所を所有した（天平十九年「法隆寺伽藍縁起幷流記資財帳」）。その四至は不明であるが、以上の例から推せば、やはり堀江か津に近接して所在したのであろう。史料から確認される例はかならずしも多くはないが、平城京の大寺の庄・倉が、堀江や船津に近い便利な場所に地を占め、貴族や朝廷関係の庄・倉もそれらに立ちまじっていたと想像される。

貴族の宅についての記録もそれほど多くはないが、左大臣橘諸兄の邸宅が堀江に近く存したことが『万葉集』巻一八にみえ、右大臣藤原豊成と左大臣藤原魚名の別業が、それぞれ難波にあったことが、『続日本紀』天平宝字元年是歳条と、延暦二年七月庚子条にみえる。これらの邸宅・別業には倉庫がおかれ、経済上の機能をも持っていたであろう。これ以外にも多くの貴族の別業が難波に置かれていたことは想像にかたくない。

さて、このような難波の繁栄が平城京の賑わいと表裏一体をなすものであることも、いうまでもあるまい。二〇万人前後かと推定される京の人口（一〇万人程度とする説が近年では有力であるが、確かではない）を養い、さらに都のさかんな造営の事業に応ずるのに必要な莫大な物資の大半は、難波の津をへて、奈良へ運ばれたであろう。しかし残念ながら、平城と難波のあいだの物資の流通の実態を示す史料はきわめて少ない。本章では、そのわずかな史料のうちから造東大寺司より交易のために難波に派遣された社下月足という下級官人に関する文書をとりあげて、若干の考察を加えたいと思う。

2　造東大寺司写経所と社下月足

社下月足は、下を略して「社月足」と書くことも多く（『大日本古文書』五―三一二ページその他。以下『大日本古文書』と「ページ」を省略し、五―三一一のように書く）、「杜下月足」（一六―九二その他）と書くこともある。社下という姓は、『日本古代人名辞典』や太田亮『姓氏家系大辞典』にもほかに所見がないが、これをモリシタと読まずにモリモトと読むと、河内国安宿郡に鎮座する『延喜式』の名神大社杜本神社が想起される。『万葉集』では、「楢山之小松下爾」（五九三番）、「長谷弓槻下」（二三五三番）などの例があり、「下」をモトと読むことは可能である。社下氏は、河内安宿郡を本貫とする渡来人系氏族、またはそれとかかわりの深い氏族であったかもしれない。

さて社下月足の地位については、「造東寺司公文案帳」にのせられた天平宝字六年（七六二）十二月三十日付の「経所解案」（一六―一〇八）で知ることができる。そこには、

(A)経所解　申上日事
　合陸人
　領上馬養上日廿六 夕廿二　下道主上日廿五 夕十八　阿刀乙万呂上日廿六 夕十五
　弓削伯万呂上日卅 夕廿一　「社月足上日廿 夕十一」
　経師建部広足上日廿 夕十九　装潢能登忍人上日卅 夕廿九
　右人等、今月上日申送如件、以解

天平宝字六年十二月卅日領下
主典安都宿禰

とある。『大日本古文書』の註記によると、カギ括弧を付した社（下）月足の項は異筆であるという。あとから記入したのであろう。「経所」は造東大寺司に属する写経所であるが、先学によって明らかにされているように、このころ宝字六年十二月十六日の少僧都慈訓の宣によって開始された大般若経二部一二〇〇巻の書写に従事していた。十二月十六日以前はそれ以外の写経に従事していたのであろう。

社下月足はここでは経所の領の一人であるが、宝字七年に校生として仁王経疏や七百巻経の写経に従事し、布施の布を賜わっている（六―三二一・三八八）。しかし、『日本古代人名辞典』に記すように、宝字七年六月から翌八年正月にかけて「経所」の領、同年八月には雑使、天平神護三年四月には花会唐楽所の領・散位として署名していることなどからすれば、写経生としてよりは、実務処理にすぐれた能力をもつ下級官人ではなかったか、と思われる。

彼が天平宝字六年十二月に、米および雑物購入のため難波に遣わされたことは、周知のように宝字六年十二月二十一日から記載のはじまる「奉写二部大般若経銭用帳」の十二月二十三日の項（一六―九二）に、

(B)廿三日下銭柒拾参貫伍伯柒拾伍文
　五十貫買米幷雑物価料附社下月足難波遣
　（下略）

とあることでわかる。これとは別に「写経料雑物収納幷下用帳」という名で『大日本古文書』（一六―

八八〜九〇）に収められている文書があるが、そのなかの「銭用札[5]」の項に、

(C)（十二月）廿三日下銭七十三貫五百七十五文
　五十貫買米幷雑物料附杜下月足
　（下略）

とある。難波に遣わすことはみえないが、前掲「奉写二部大般若経銭用帳」の記載と同じことをいったものであろう。それに加えてこの文書の「用札」の項をみると、

(D)（十二月）廿三日下調綿二千四百卌屯　祖布十五段
　六百屯祖布三段付史生土師名道　一千屯祖布五段付社下月足凡万呂
　四百屯附下道主「直納了」　二百屯巨勢若子所「即納了」
　祖布二段已上
　二百屯付上馬甘　廿屯附杜下月足「了」
　廿屯附調呰万呂　祖布五段付典（主脱カ）所

とある。

これでみると、社下月足は凡万呂とともに調綿一〇〇〇屯と祖布五段を下附されたほか、べつに調綿二〇屯を下附されている。前者の綿一〇〇〇屯と布五段とが難波に運ばれ、その一部が売却されたことは、「奉写二部大般若経料雑物納帳」にみえるつぎの史料で明らかである（一六―七二〜七三）（＊印は朱書を示す）。

(E) 銭捌伯肆拾玖＊「伍肆柒」貫陸伯参拾文

（中略）

十六貫四百卌五文売綿二百五十三屯直屯別六十五文

右、十二月廿三日、附社月足買難波遣綿一千屯内

（中略）

五百六十文売祖布四段直段別百卌文

右十二月廿三日売料、附社月足、遣難波布五段内

これでみると、難波で売却できたのは下附された綿の約四分の一、布の八割であって、難波での交易は成功とはいえないようである。

なおこれについては「売料綿下帳」という文書につぎの記述がある（一六―七五）。原文書には細字の註が多いので、分りやすいように整理して記す。

(F)廿三日下調綿二千四百卌屯　祖布十五段

（中略）

一千屯売二百五十三屯直十六貫四百卌五貫（ママ）文屯別六十五文　返上七百卌七屯

祖布五段已上附杜月足弓削伯万呂　売四段直五百六十文別百卌文　返上一段

（中略）

廿屯附杜月足直一貫二百文屯六十文　直上了

(D)、(E)、(F)の史料はたがいに連関し、ほぼ同一の事がらを記したものである。ちがうのは、月足とともに綿と布を下附された者を(D)が凡万呂とするのに、(F)は弓削伯万呂とする点（(E)には記載なし）と、

これとは別に月足に調綿二〇屯を下附したことが(E)にみえない点とである。このうち前者は、他の史料（一六―一〇九、後述）を参照すると、弓削伯万呂が正しく、凡万呂の凡は伯の誤写と思われる。後者の相違点は、(E)を含む「奉写二部大般若経料雑物納帳」の記載の方式が(D)や(F)の文書の方式とちがうことによると思われる。すなわち(E)の文書には、二行目の中略部分に、

七百廿二貫三百五十五文売綿一万一千卌五屯直（以下、売却した綿の単価が分注の形で記されている。煩瑣につき省略）

右、潤十二月六日以往、附人々売綿直如件

とあり、難波で売却したような特別のものを除き、平城京で売却した綿の代金をまとめて合計のみを記しているのである。月足が別くちで下附された二〇屯はこのなかにはいっているのであろう。

それでは月足は、この調綿二〇屯をいつどこで売却したのであろうか。想像するほかないが、(F)の「廿屯附杜月足」の註に「直上了」とあるのが参考になる。これはおそらく「直ちに上《たてまつ》り了《おわ》りぬ」と読むのであろう。そうとすれば、月足は、米と雑物を買う銭五〇貫文と売却用の綿一〇〇〇屯、布五段を携えて難波へ行くあわただしいときに、綿二〇屯を買手をみつけて売却するか、自分が買い取るかして、代金一貫二〇〇文を二部大般若経写経所に届けておいて、難波へ出発したと考えられる。「直《あたい》は上り了りぬ」と読んでも同様に解釈できる。

月足は一方で一〇〇〇屯という大量の綿を下附されて売却を托されながら、なぜ二〇屯という端数の綿を下附されたかも疑問といえば疑問だが、そもそもこの調綿は大般若経二部の書写の費用にあてるために、宝字六年十二月十八日以降に節部省（大蔵省）から支給されたもので、「奉写二部大般若経料雑

物帳」（史料(E)を含む文書）によると、綿の総額は一万六〇四〇屯であって、四〇屯という端数がついている（一六—七二）。この端数を処理するために月足に二〇屯を割りあて、のこりの二〇屯は(D)に見えるように、調呰万呂に下付されたのである。呰万呂はその代金一貫二〇〇文を閏十二月一日に納入しているが（一六—七五）、同じ「売料綿下帳」（(F)を含む）には十二月二十日の項に、

(G)一百屯附調呰万呂直六貫屯別六十文、直上了

とあり（一六—七四）、綿の売買に関係していた東大寺写経所の下級官人[6]であった。

3　社下月足の財政手腕

右にみたように社下月足は、写経所から物品の購入、販売を委託され、その用件で難波へ出発する直前に綿二〇屯を銭にかえて写経所に納めている。財政について手腕のある官人であったことがこれからも察せられるが、これよりさき、同じ年の十二月二十日に調綿二〇〇〇屯を同じく写経所より下附され、二十一日にその代金一三七貫三〇〇文を納めていることが、左記の文書でわかる。

(H)「売料綿下帳」（一六—七四）

売料綿下帳　　　天平宝字六年

十二月廿日下調綿六千七百屯　祖布七段

直百卅七貫三百文千百屯別七十文
九百屯別六十七文

二千屯杜（ママ）附月足直上了　（下略）

(I)「写経料雑物収納幷下用帳」（一六—八九）

用札

十二月廿日下調綿六千七佰屯　祖布七段

二千屯附杜下月足「且了」（下略）

(J)「二部般若雑物納帳」（五—三〇六・三〇七）

（十二月）廿一日収納銭弐伯陸拾伍貫玖文二百五十九貫二百文綿四千卌屯直、七百文祖布五段直

（中略）

一百卌七貫三百文売調綿二千屯直一千百屯別七十文九百屯別六十七文社下月足

（下略）

十二月二十日に写経所より売りに出された調綿六七〇〇屯の内訳をみると、月足と上馬甘が各二〇〇〇屯、そのほかは史生土師名道と領下道主とが各八〇〇屯下附されているのが多いほうで、他は四〇〇屯下附が一人、二〇〇屯が一人、一〇〇屯が五人の計六七〇〇屯である（それは前記の(I)「写経料雑物収納幷下用帳」一六—八九・九〇にみえる。煩雑になるので史料の掲出は省略）。十二月二十三日に売りに出された調綿二四四〇屯の内訳は、難波で売却するために社下月足に下附された一〇〇〇屯を筆頭に、土師名道に六〇〇屯、そのほか四〇〇屯一人、二〇〇屯二人（うち一人は上馬甘）、二〇屯二人（うち一人は月足）の計二四四〇屯である（そのことも、前記「写経料雑物収納幷下用帳」一六—九〇にみえる）。

この二回の綿の売却において、月足は上馬甘とならんでもっとも多くの綿を下附されているのである。しかも帳簿(J)の示すところでは、月足は二十日に下附された綿二〇〇〇屯を翌日には銭に換えている。

どのような手段によったのかはわからないが、写経所の領にすぎない最下級の官人としては、かなりの実力の持ちぬしといわねばならぬ。

なお十二月二十日に月足とならんで二〇〇〇屯の調綿を下附された上馬甘（一六—七四・八九）についてひとことふれておく。「二部般若雑物納帳」の十二月二十一日の項に、

卌七貫九百文売調綿五百卌屯価（二百七十屯別七十二文　二百六十屯別七十一文）上馬養

二十三日の項に、

九十四貫九百文売調綿一千四百六十屯（屯別六十五文）上馬甘社月足

とある（五—三〇一・三〇二）ことからすると、上馬甘は二〇〇〇屯のうち五三〇屯の価直を十二月二十一日に納め、のこりの一四七〇屯のうち一四六〇屯の価直を二十三日に納めたと考えられる（上馬甘と社月足の連名になっているのは、一四六〇屯の売却に社下月足も関係したからであろう）。最後にのこった一〇屯（一四七〇屯と一四六〇屯の差額）はどうなったのか不明であるが、「売料綿下帳」の十二月二十日の項に、

表1　写経所から売りに出された調綿内訳表

2,000屯×2人＝	4,000屯
800屯×2人＝	1,600屯
400屯×1人＝	400屯
200屯×1人＝	200屯
100屯×5人＝	500屯
合　計	6,700屯
1,000屯×1人＝	1,000屯
600屯×1人＝	600屯
400屯×1人＝	400屯
200屯×2人＝	400屯
20屯×2人＝	40屯
合　計	2,440屯

二千屯附上馬甘（直上了欠十）

とある（一六—七四）から、一〇屯は行方不明として処理されたのであろう。

ところで右に述べたように、上馬甘は二〇〇〇屯（実は一九九〇屯）の綿の代価を二度に分けて納めているのに、月足は同じ二〇〇〇屯の代価を、綿を受け取

った翌日にまとめて納入しているようである。二部大般若経書写に関係した領・経師らのなかでは、もっとも経済界にくわしい人物であったにちがいない。彼が難波まで行って、米・雑物を購入し、調綿・租布を売却することを委託されたのも、写経所の上層の人々がそうした面での彼の能力を知っていたからであろう。

それではつぎに難波使としての月足の行動をみてみよう。

4　難波使月足の出発

まず難波への出発であるが、月足が難波で売却するための調綿と租布を下附されたのが十二月二十三日であるから（史料(E)、(F)）、実際に難波へむかったのが二十三日以後であることはいうまでもない。どのような経路をとって行ったかも確かな史料はないが、この写経事業の総決算書ともいうべき天平宝字七年四月二十三日の「東大寺奉写大般若経所解案」のなかに、

(K)二貫一百四文自難波米等買運川船一隻賃

とある（一六―三八一）。先学が指摘しているように、これは月足の雇った船であろう。二貫一〇四文が片道の雇料か往復のそれかは不明だが、月足は往復とも船便を利用したと解するのが妥当である。おそらく月足は奈良からいまの木津、当時の泉津へ出て、木津川―淀川の水路をへ、難波へ至ったと思われる。つぎの史料がそれを傍証する。

(L)「奉写大般若所符案」（造東寺司公文案帳所掲一六―一一二～一一三）

奉写大般若所符泉木屋領山辺公所
可買進上杉榑卌六村四車負丹波榑又波多板十四枚
右、為葺紙打殿於、件板切要須、宜承知状、彼下充米買料銭割取、早速負進上、但残所銭者、便
附社下月足等、令入京、今具状、故符
六年閏十二月十九日
主典安都宿禰

これによれば、写経所は泉木屋の領に、紙打殿を葺くのに必要な材木の購入を命じ、余った銭は社下月足に持たせて返却せよ、といっている。月足が泉津を通って奈良へ帰ってくる手はずになっていたことがわかる。文書の日付が閏十二月十九日で、十二月二十三日から日が経ちすぎる感があるが、後述するように難波からの帰り道と解してよかろう。木津川経由が当時奈良と難波をむすぶふつうの水路になっていたのである。

それでは実際に泉津を出発したのはいつか。推測の手がかりは、「奉写灌頂経所食口案帳」の記載である。この帳簿の記録は天平宝字六年十二月八日からはじまり、後欠のため七年正月二日におわる間の食口（食事を摂った人員の口数）を記したものだが、その十二月二十四日の項（一六―三二〇）に、

雇夫十人別一升六合二人難波使七人板屋作　一人干

同月二十五日の項（一六―三二〇）にも、

雇夫十一人別一升六合即散一人干七人板屋作　一人紙打　二人難波使

とみえる。この雇夫のうち二人は、調綿一〇〇〇屯・租布五段を奈良の写経所から泉津へ運搬するなど、(7)

月足が難波へ出発するための準備に使役されたものとみることはできないであろうか。

この解釈に対して障害となるのは、食口が文書名からして奉写灌頂経所のもので、二部大般若経所関係ではないという点であるが、この「食口帳案」の毎日の責任者として記されているのは、上馬養(甘)か下道主のどちらかで、二人はともに二部大般若経書写の事業にきわめて関係がふかい(たとえば史料(D)、また「売料綿下帳」一六—七四〜七五など)。また「食口帳案」をみていくと、閏十二月七日の項に、

　雇女二人一人一升二合一人八合　並般若夫浄衣縫
　散八人五人般若経師息所作一人灌頂紙打　二人干

とあり(一六—三四)、十二日の項に、

　経師卌四人六人灌頂廿八人般若

とある(一六—三六)のをはじめとして、経師以下装潢・雑使・夷(優婆夷)・雇夫・雇女にいたるまで、般若経書写に関係する仕事に従事したと思われる例が多数存する。これからすると、この「食口案帳」は名こそ「奉写灌頂経所」を冠してはいるが、内容には二部般若経書写関係の食口を含んでいたと考えてよいのである。

そうすると前述したように、十二月二十四日および二十五日の難波使と註記された雇夫は、月日からいって、難波へ交易にゆく月足のために働いたとするのが穏当な解釈であろう。

念のために付説すると、この雇夫二人は「難波使」というのだから、実際に月足の船に乗って難波へ出かけたということが考えられる。「食口案帳」では十二月二十六日以後には閏十二月十八日の項まで

「難波使」と註記された雇夫はみえないが、それは泉津出発以後は写経所が直接には関係しない船中または難波での食事となるからであると解せられよう。他に反証のない限り、私はこの解釈をとりたいと思う。

すなわち十二月二十三日に綿一〇〇〇屯・布五段と米・雑物を購入する費用五〇貫を受け取った社下月足は、史料(F)にみえる同僚の弓削伯万呂と協力して、二十四・二十五の両日雇夫二人を使役し、泉津からの船出の準備をととのえ、伯万呂と雇夫二人をともない、十二月二十六日に難波へ向けて出発したのである。

5　難波使月足の活動

難波における月足の動静を伝える史料はきわめて乏しい。すでに先学によってたびたび論及されているつぎの文書が唯一のものではあるまいか（傍線・記号は直木）。

(M)「造寺司符案」（造東寺司公文案帳所引、一六―一〇九）

符　難波使社下月（足脱）弓削伯万呂等

一米黒十五石　白随価得　海藻三百連　塩二百果大小豆麦等先如員、自余海菜随買得、

直二貫以下限、

折薦随得耳、又細縄廿了若在

右、A得進上状、具知事趣、B但綿者、上件物彼銭限買取、即返船乗、月十日以前入京、以不得延廻、

又雖直六十三四文充買之、非五文已上者、不得売却、今具状、附廻使阿刀万呂、以符、

主典安都宿禰

天平宝字六年潤十二月一日

さきにもふれたが、弓削伯万呂が社下月足と行動をともにしているのは、この文書でわかるのである。符の意味するところは難解な部分があるが、大体の意味は横田拓実氏(8)がいわれるように、「五十貫文で米および雑物を購入すること、また、綿を売却するについては、その値が六十五文以上でなければ売却してはならないこと、の二つ」を告げたものであろう（「五十貫」の金額は、前記の史料(B)(C)にみえる）。文意を難解にしている理由の一つは、傍線Bの「但綿者」が前後の文とつながらないことにある。しかしこれは原文書を「造東寺司公文案帳」に引き写すときに生じた錯簡であろう。原文ではこの三字は、傍線Cの上にあり、「又、但綿者、雖㆔直六十三四文充㆓買之㆒」とつづいたものと思われる。そしてその意味は、「又、但し綿は、直が一屯六三～六四文なら買い入れることも可能であるが、六五文以上でなければ売却してはいけない」となる。

では造寺司は難波へ出張した月足らに六三～六四文の綿を買い、六五文で売却して利鞘を稼ぐように指示したのか(9)。そうとも解せられるが、そんなきわどい商売でもうけようとしたのではあるまい。傍線Cの部分は、六三～六四文なら買ってもよい値だ、そんな安値で売ることはまかりならぬ、というぐらいの意味であろう。

つぎに問題となるのは、傍線Aの部分である。これは「進上の状を得て、具さに事の趣きを知れり」で、難波へ下った月足らが難波のようす、とくに商況を造寺司の安都宿禰（雄足）のところへ知らせた

ことを言ったものと思われる。とすると、十二月二十六日に泉津を出発した月足らは、途中おそらく一泊[10]して二十七日に難波に着き、情況を視察したうえ二十九日に造寺司あての報告を進上し、三十日[11]にそれを受け取った造寺司主典の安都雄足が、閏十二月一日にこの符(M)を阿刀乙万呂に託して難波使に下した、という順序であろう。

つぎに月足に支給された五〇貫文で、符に記された物品が買えるかを、ざっと試算してみよう。[12]まず黒米だが、「正倉院文書」によると、宝字六年で五石＝四貫四六〇文（五―三二〇）、二石＝一貫八〇〇文（五―三一八）という例があるから、一石約九〇〇文、一五石で約一三貫五〇〇文となる。海藻は宝字六年に二三連＝三四五文（五―三二二）、宝字八年に四連＝七二文（一六―四九〇）、二連＝六〇文（一六―四七九）の例があり、一連は一五文ないし三〇文である。高値の三〇文をとると、三〇〇連で九貫文である。塩は宝字六年で七果＝一〇七文（一六―一三六）、五果＝八〇文（五―三一九）の例があり、一果は一五文ないし一六文である。一六文としても二〇〇果で三貫二〇〇文である。細縄は価格が不明だが、宝字六年に俵縄が了別三文または二文、針縄が了別二文または一文（いずれも一六―三〇五）の例からすると、細縄は高くても了別三文とみてよいであろう。そうすると、二〇了で六〇文である。

表2　物品の試算表

品目	数量	価　格
黒米	15石	13貫500文
海藻	300連	9貫
塩	200果	3貫200文
細縄	20了	60文
合　計		25貫760文

以上、品目と数量の明示されているものの価格を合計すると、やや高く見積って概算上の表のごとくで、約二五貫七六〇文となる。これに「自余海菜随二買得一、直二貫以下」とある二貫を加えても、二七貫七六〇文で、五〇貫にはまだだいぶ余裕がある。その余裕で、月足らは白米・大小豆麦・折薦を「銭の限

り買い取」れと指示されたのである。五〇貫文はこの交易に妥当な金額といえよう。

月足らはそれでは、物品の購入と綿・布の売却をおえて、命ぜられた通り「月十日以前入京」、すなわち閏十二月十日までに奈良へもどったであろうか。「以不レ得二延廻一」といっているのだから、かなりきびしい命令である。

しかし、この指令はどうやら守られず、月足らが帰京したのは、閏十二月十九日ごろであったと思われる。そう推定する理由は、第一に、さきに少しふれたが、「奉写灌頂経所食口案帳」に「難波使」と註記される雇夫が、閏十二月十八日・十九日の両日にみえる（一六―四一・四二）ことである。史料を掲げると、十八日の項に食口六七人の内訳のなかに、

雇夫十二人四人紙打　一人畳刺　四人干　一人難波使　二人雑使　並般若

十九日の項の食口六五人の内訳のなかに、

雇夫十二人四人紙打　一人難破《（ママ）》使　四人干　一人温沸　二人堂雑使　一《（ママ）》　並般若

とある。前節で私は十二月二十四・二十五の両日、同じ「食口案帳」に「難波使」と註記された雇夫二人が月足の難波への出発の用意に使役され、そのまま月足に従って難波使の員となったことを推論したが、同じ論理により、閏十二月十八・十九両日の雇夫一人は、月足とともに難波から帰ってきて、泉津から奈良の写経所までの荷物運搬その他の雑用に従ったものと解される。往きに二人であった雇夫が、復に一人であるのは、もう一人の雇夫は状を造東大寺司へ進上する使となって、さきに難波から帰ったからであろう。

以上により月足は少なくとも木津へは十八日には帰着していたと考えられる。しかし、入京したのは

十九日か二十日と思われる。なぜなら既述の史料(L)によると、主典安都雄足は閏十二月の十九日付の文書（符）で、材木購入の残金を社下月足に持たせて入京させるよう、泉木屋の領に命じているからである。十九日には月足はまだ木津にとどまっていたことがこれでわかる。しかし奈良・木津間は徒歩三〜四時間で往復できる距離だから、十九日中に月足が入京することは十分に可能である。これが月足の帰京を閏十二月十九日ごろとした第二の理由である。十日までという期限を大幅に破った帰京であった。

6　月足の商業活動の実態

以上、社下月足の難波での交易について述べたところをまとめると、つぎのようである。月足は十二月二十三日に、難波で「米幷雑物」を買うための銭五〇貫文と、難波で売って換金するための調綿一〇〇〇屯・租布五段を受け取り、弓削伯万呂と協力して、二十四・二十五の両日雇夫二人を使って泉津から船出する用意をし、おそらく二十六日に右の三人とともに乗船、難波へむけて木津川を下った。たぶん二十七日に難波に到着した月足は、二十八日か二十九日に難波の商況その他の報告書を作り、雇夫の一人に持たせて、奈良の造東大寺司へ進上した。三十日ごろ報告書（「進上の状」）を受け取った造東大寺司主典安都雄足は、米・雑物の購入と調綿の売却および帰京の期限について必要な事項を記した符をつくり、閏十二月一日に領の阿刀乙麻呂に授け、月足のもとに届けさせた。閏十二月二日ないし三日に符を受け取った月足は、指示に従って売買を行ったが、帰京の日時は十日までという指令を大幅に破って、閏十二月十七日か十八日に泉津に着いた。往路と同様船にのり、淀川・木津川の水路を取ったのである。そして十八・十九両日は、難波への行をともにした雇夫一人を使って、荷物の陸上げや奈良への輸送を行った。月足が泉津に着いたことを知った安都雄足は、泉津にある泉木屋の領山辺公（武羽か）に符を送り、材木の購入を命ずるとともに、その残金を月足に持たせて入京させるように指示した。指示により月足は、十九日または二十日に入京したと思われるが、正確な日付は不明である。彼が難波へ運んだ調綿一〇〇〇屯は屯別六五文で二五三屯が売却（価格一六貫四四五文）され、租布五段は段別一四〇文で四段が売却（価格五六〇文）された。

なお、これにつけ加えると、天平宝字七年四月二十三日に作製された費用の総決算報告である前述「東大寺奉写大般若経所解案」（一六―三七六～三八二）によれば、節部省から支給された調綿一万六〇四〇屯と租布八〇段は、すべて売却換金されているから、難波で売れ残った調綿七四七屯と租布一端は奈良へ持ち帰られ、改めて売却されたと考えられる。

さて、このような経過をたどった難波使の成果であるが、要した日数は準備期間もふくめると、十二月二十四日から閏十二月十九日の入京まで二十六日を数える。実際に購入した物品の詳細は不明なので論ずることはできないが、売却のほうは中心となる調綿がさきにも述べたように四分の一しか売れなかったのであるから、横田拓実氏が論ぜられたように成功とはいいがたい。(13)

なぜこのように売れゆきが悪かったのであろうか。松平年一氏が推測されるように、難波の物価が平城に比して低廉であったため、予定がくるったからであろうか。それもあるだろうが、閏十二月一日の符では安都雄足が綿の売却価格を指示したことが、月足の商業活動を制約したことにもよるのではあるまいか。二部般若経書写の費用を得るために多数の調綿が造東大寺司の関係者二一人によって売却されているが、そのなかで社下月足の売却した二〇二〇屯（難波での売却は含まない）は、上馬養の二二〇〇屯についで多い[14]。また「借用銭幷所売雑注文」と名づけられた年月不明の文書断簡（一六―一〇～一一）には、

　六百三文社下月足「難波交易残依員納了四月廿四日」

とあり[15]、3節に述べたように月足が交易に熟練していたことを想像させる。そのような実績をもつ月足であったが、一屯六五文以下では売ってはならぬ、という安都雄足の符のために、手腕をふるうことができなかったのであろう。

　そのうえ月足は、雄足が入京の期限とした閏十二月十日より八日もおくれて、泉津へもどっている。これは月足にとっては無理と思える売却価格をおしつけられたことに対するサボタージュではなかろうか。思えば月足は、寒い冬のさなかに、綿一〇〇〇屯その他を積んだ交易船の長となり、川風をついて難波へ出張したのである。売却の値段ぐらいは自分に任せてもらってよいではないか、こんな考えがあったとしても不思議ではない。実際には一屯六五文に売っても六三文と報告すれば、差額は月足らの懐にはいる道理である。もしかすると、それは当然の役得ないし苦労代だというぐらいの気持ちを、月足は持っていたかもしれない。しかし雄足は――おそらく月足のその気持ちを見すかして――「非二（六十）五文已上一、不レ得二売却一」と命じてきた。これでは商売にならない、と月足は不貞腐れて、お義理に四分の一の二五三屯だけは売ったが、大部分は売り残したうえに、日限も大きく破って戻ってきたのではないか、と私は想像するのである。

　以上は情況証拠にもとづいてえがいた推定であって、確証はなにもない。私の臆測とはうらはらに、

月足は謹直いっぽうの下級官人であったかもしれない。いかに努力しても思うように売れず、心ならずも帰京の期限がおくれたのかもしれない。しかし私は、上述のように考えたとき、かえって月足に親しみを感ずる。少なくとも、巨大な造東大寺司の機構のもとに働く下級の官人のなかには、判官や主典のきびしい監督の目をくぐって商業活動をいとなみ、わずかながらも利潤をつみたてていたものが存したのではあるまいか。そしてまた難波の地が、そうした官人たちの活動の舞台であったことを思うのである。

注

(1)　拙稿「難波の屯倉」(大阪歴史学会『古代国家の形成と展開』吉川弘文館、一九七六年)。本シリーズ第十巻「古代難波とその周辺」所収。

(2)　「摂津国西生郡美怒郷庄地売買券」(四―四四八～四四九)、「摂津国安宿王家家地倉売買券」(四―四五一～四五二)。四―四四八は『大日本古文書』四巻四四八ページのこと、以下同様。本文も同じ。

(3)　「香山薬師寺鎮三綱牒」五―七〇一～七〇三。

(4)　横田拓実「天平宝字六年における造東大寺司写経所の財政」(『史学雑誌』七二―九)その他。なお以下に述べる二部般若経所における調綿・租布の売却に関しては、右の横田氏の論文のほか、松平年一「官写経所の用度綿売却に関する一考察」(『歴史地理』六二―六)、伊東彌之助「奈良時代の商業及び商人について」(『三田学会雑誌』四一―五)、吉田孝「律令時代の交易」(彌永貞三編『日本経済史大系』第一巻、東京大学出版会、一九六五年。のち同氏著『律令国家と古代の社会』岩波書店、一九八三年に収録)がある。

(5)　「銭用札」の札の字は、原文では「杙」であるが、角林文雄「木簡を意味する文字について」(『続日本紀研究』一九四)、東野治之『「杙」と「札」―角林文雄氏の所説を読んで―』(『続日本紀研究』一九五)によって、「札」の異体字と解する。

(6)「売料綿幷用度銭下帳」と題された文書（一六―七八～八二）によると、調呰麻呂は綿の払下げや雑物の購入にしばしば関与していることが知られる。

(7)横田氏は、租布で調綿を包んだと解しておられる（前掲論文）。合理的な解釈だが、この難波の交易で月足は綿は四分の一、布は八割を売って帰還したのだから（本文既述）、横田氏のように解すると、帰途は綿のほぼ半数は裸であったということになる。

(8)横田拓実、注(4)所掲論文。

(9)松平年一氏は注(4)所掲の論文において、「思ふに難波は平城に比し諸物価低廉にして、綿の如きも平城と同価格のものは、品質に於てより優良のものであるため、写経所は出来るだけこれを買取らしめ、他処にそれ以上の価格にて売却せんとする商略、所謂鞘取りの思惑に出でたのではなかつたらうか」と述べておられるが、この推測を証明する史料はない。横田氏も「鞘取り」商略を否定しておられる。

(10)『江家次第』にみえる斎王の帰京の日程では、斎王は大安寺辺から奈良坂を越えて木津川の南にある山城国相楽頓宮（泉津の付近か）に泊り、翌日船に乗って川を下り、河内国茨田の真手御宿所に泊り、その翌日に難波の三津浜に着いている。奈良時代でも途中一泊したと考えられる。

(11)十二月が大の月で三十日まであったことは、『続日本紀』でわかるが、「奉写灌頂経所食口案帳」によっても判明する（一六―三一）。

(12)竹内理三「上代物価表」（同著『日本上代寺院経済史の研究』大岡山書店、一九三四年）による。

(13)「東大寺奉写大般若経所解案」には、三貫五九文で「折薦」九五枚を買い、二貫一一九文で「雑海菜等」を買ったことがみえる（一六―三七九・三八〇）が、難波で買った折薦・海菜であったかどうかはわからない。

(14)吉田孝「律令時代の交易」（注(4)所掲）三六九ページ所載の表による。

(15)年月不明ながら、この史料には「難波交易残」とあるので、宝字六年閏十二月十九日ごろ難波から帰着した社下月足が、交易した銭の残額を、翌宝字七年四月二十四日に至って造東大寺司に返却したときのものではないかと、一応考えられる。しかしこの文書にみえる人名を検すると、嶋浄浜・小橋豊嶋・丸部足人・坂田池主・額田部竹志・山辺武羽・高橋少録・山口少録・阿刀主典・勝屋主・漆部枚人・五百井少録・村田大録・秦足人の一四人が知られるが、二部般若経書写の事業にかかわりのあるのは、阿刀主典と漆部枚人の二人ぐらいである。それゆえここにみえる月足の難波使の記載は、二部般若経書写のためのそれとは別の機会に、難波で交易に従事したときのものと推定される。

〔追記〕　本章は大阪市文化財協会編『難波宮址の研究』七　論考篇、一九八一年）に発表したが、同じ書物に所載の吉田晶「古代難波地域史の一考察」にも難波使社下月足の問題が取り上げられている。また『新修　大阪市史』第一巻第六章第五節（栄原永遠男執筆）にも同じ問題が論及されている。この論考は栄原氏著『奈良時代流通経済史の研究』（塙書房、一九九二年）に収められた。注(4)にあげた吉田孝氏の論文は同著『律令国家と古代の社会』（岩波書店、一九八三年）に収められた。

五　藤原清河の娘

――済恩院の由来について――

奈良の唐招提寺の北二〇〇～三〇〇メートルのところに、秋篠川の西の岸にのぞんで斎音寺という名の小さな集落がある。いまは奈良市尼ヶ辻町四丁目（その後町名は尼辻南町となる）に属するが、もとは生駒郡都跡村の一つの字であった。この地にもと斎音寺という寺があったのではないか、ということは誰でも考えるところだが、事実その通りで、かつて済恩寺とよばれる寺があったことは『大和志料』その他によって確かめられる。この済恩寺の起源がどこまでたどれるかというと、延暦十一年（七九二）十一月に藤原清河《きよかわ》の旧宅を捨てて寺とし、済恩院と号した、という記事が『類聚国史』にみえる。もちろん、唐招提寺に施入したのである。こうしたことについては、天沼俊一・福山敏男両氏(注)の研究に詳しく、いまさら私がつけ加えることはないのだが、どのような事情で唐招提寺に施入されるようになったか、私の考えを記しておきたい。

唐招提寺の開基はいうまでもなく鑑真であるが、鑑真を自分の乗った船に乗せて日本にともない帰った大伴古麻呂は、藤原清河が遣唐大使として渡唐したときの副使である。勝宝五年（七五三）十一月十六日、彼らは阿倍仲麻呂と僧鑑真らを便乗させ、遣唐四船同時に中国の黄泗浦を発し、同月二十一日に清河・仲麻呂の第一船と鑑真の第二船は阿児奈波（沖縄）嶋についた。ところがそののち、第二船は無事日本についたのに、第一船は安南に吹きながされ、清河らはいろいろの苦労をへて長安にもどったものの、日本に帰る機会を失い、そのまま唐で一生をおえたのであった。しかし日本では清河の死を確認できず、宝亀九年（七七八）十一月に、彼の娘、喜娘が遣唐使の船に便乗して帰ってきてはじめて、彼女の口からそれを確かめたようである。喜娘が帰った翌年（宝亀十年）二月に清河が従二位を追贈されているところからそう考えられる。

喜娘はおそらく清河がかの地で唐の婦人をめとって生んだ混血児であろうが、帰国の航海はずいぶん危険なものであった。『続日本紀』によると、彼女の乗った船は海中で舳艫に両断し、彼女をふくめて四十余人は方丈の舳に累居し、「衣装を脱却し、裸身にて懸坐、米水口にいらず」という状態で漂流すること六日、ようやく肥後国天草郡西仲嶋にうちあげられたのである。それ以後の喜娘についてはまったく史料がないが、九死に一生をえて父の故国にたどりついた喜娘は、都にはいって、まず父の旧宅に身をおちつけたのではなかろうか。

このとき、旧宅の状態がどのようであったかわからないが、『尊卑分脉』を検すると、清河には女子一人があっただけである。くだくだしい考証を省略して私の結論をいえば、この女子がすなわち喜娘のことであって、清河はおそらくほかに成人した子女を一人も持っていなかったと考えられる（追記　唐には清河の子で、喜娘の兄弟姉妹にあたる男女が残っていたかもしれない。正しくは日本での清河の子は喜娘一人というべきであろう）。喜娘のほかには、清河の遺産の正当な相続人はいなかったのである。父と同じく難船の苦労をなめながら、父とちがって日本に吹きよせられ、父がたえず懐旧の情をよせていたであろう都の邸宅に、その女あるじとして住まうことになった喜娘の心のうちはどんなであったろうか。

邸の地は、秋篠川から西へ、ゆるい傾斜をもって高まる台地の上にあり、春日山から高円山へかけての眺めもすばらしいが、それよりも彼女の心をうったのは、二十数年前、父とともに中国の港を船出した経験をもつ唐僧鑑真の寺が、邸の南に境を接してそびえていたことではなかろうか。鑑真はすでにないが、鑑真に従って来日した弟子の唐僧たちは、思託以下まだいく人も残っている。清河のことを記憶しているものが、そのなかにもあったであろう。まさしく、鑑真の一行は清河の決断がなければ渡日は不可能であったのである。

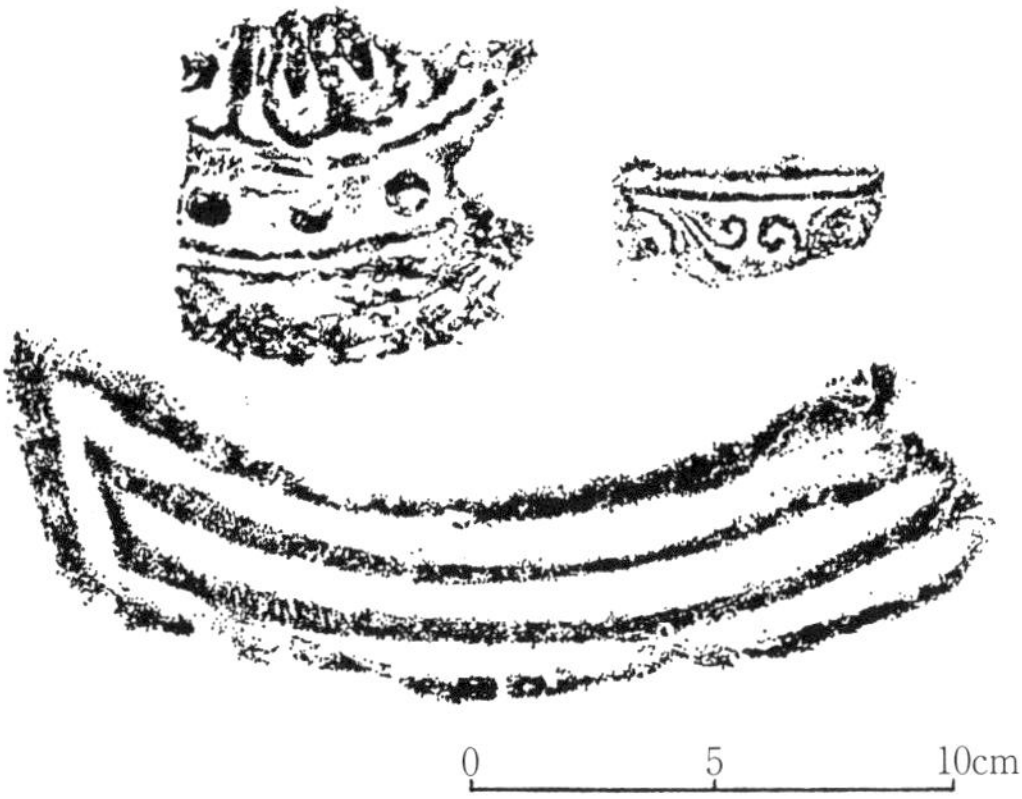

図　済恩院址出土瓦

喜娘は不思議な縁におどろきながら、唐招提寺の僧たちとまじわりを深め、帰依の念を高めていったのではあるまいか。唐に生まれ、唐に育ち、唐人を母としたと思われる彼女は、日本人とよりも唐人と話すほうが、言葉でも思想でも通じやすかったにちがいない。帰国後十数年ののち、彼女が父の旧宅を唐招提寺に寄進することを思いたったのは、まことに自然ななりゆきというべきであろう。

尼ケ辻四丁目、旧斎恩寺村内に住む私は、このようなことを思いながら、折にふれて寺址と思われるあたりを逍遥する。確かな礎石などは発見されてはいないが、古瓦片の散布する地はいまも存している。たまたま拾得した瓦の拓本をかかげて参考に供することとしよう。

注　天沼俊一「廃済恩寺址」(『奈良県史跡勝地調査会報告書』第四回、一九三一年)。福山敏男「済恩院」(同『奈良朝寺院の研究』高桐書院、一九四六年)。

〔追記〕『平安遺文』第一巻付録の月報一一（一九六四年）に掲載した。『尊卑分脈』にみえる清河の女子については、「房前室、魚名母」と傍注があるが、清河は房前の子であるから、このようなことはありえない。国史大系本の頭注にいうように誤りであろう。彼女は独身で世を終ったと考えられる。

六　安拝常麻呂解の鈄について

安拝常麻呂解は、『大日本古文書』「一の六三四」にのせる天平七年閏十一月五日付の文書である。「謹解申所盗物事」の句で始まり、奈良時代の盗難届として、近ごろ多くの書物に紹介されて、有名となった。盗難物件は「合壹拾参種」であるが、その十一番目にここで述べようと思う「鈄一面」がみえる。管見の限りでは、この鈄について説明を加えたものはないようである。それで、以下私の考えたところを略記する。

周知のように、本文書では鈄につぎのような分註があって、考察の手がかりとなる。

鈄一面枝継所管作、口左方均、右方於往疵、枝所継於中藁可挟入穴、

まず字書によって検すると、「鈄は鋀の俗字」とある（諸橋氏の『大漢和辞典』による。普通の字書には出ていない）。つぎに鋀を引くと、

鋀《トウ・ヅ》酒器の名。或は鋀、𧯷に作る。〔説文〕鋀、酒器也。従二金𧯷一、象二器形一、𧯷、鋀或省レ金。

〔集韻〕鋀、或从レ豆、亦省。

とある。つまり𧯷のような形をした金属製の酒をいれる壺、または壺形のコップあるいは高杯のことと思われる。しかしそれでは、常麻呂解に「鈄一面」といっている呼び方にふさわしくないし、枝云々の分註ともしっくりしない。鈄は鋀の俗字という解釈は、この場合、実際に適しないのである。

図　ひしゃく

このとき、私の勤務校（大阪市立大学）で中国思想史を専攻せられる本田済教授が適切な助言を与えて下さった。

「金属製の斗、すなわちかねのひしゃくのことではなかろうか」

なるほど、柄杓なら分註にいうように枝（柄）もあるし、口もあってよい。酒器としても用いられるだろう。大体においてひらべったい形だから、一面という呼び方も不自然ではない。そうすると分註はつぎのように解釈できる。

枝継所管作＝枝が接続する部分は、管になっている。

口左方均、右方於往疵＝注ぎ口は左右についていて、左の口は均（完全）だが、右の口は既往において疵がある。

枝所継於中藁可挟入穴＝柄の接続部には、中に藁がはいるぐらいの小さな穴があいている。

そして全体のかっこうは大体右上の図のようなものと想像される。つまり雛人形の三人官女の一人が持っている銚子である。中国古代では酒を燗する道具に鐎斗と称するものがあるそうだが、常麻呂の持っていた鈄は、この鐎斗の一種とみてよかろう。常麻呂は公退の余暇、時にこの鈄で酒をあたためて満をひくのをたのしみにしていたのではあるまいか。一方の口が欠け、柄をとりつけたところに小さな穴があり、決して立派な品とはいえないが、彼はこの使いなれた銚子に深い愛着をもっていたにちがいない。そうでなければ、こんなにこまごまと特徴を書きつけたりはしないだろう。彼がこれを都の市で購いもとめたか、上役の官吏からもらったのか、入手経路はわからないが、大初位下左大舎人寮大属という下級官の常麻呂にとっては、かけがえのない品であったのである。下級官人の煩忙な勤務にまつわる辛労のかずかずが、この一品によってどんなになぐさめられたことだろう。

空想をたくましくすればきりがないが、多くの家財道具にもまして、実用にはあまり役に立たない斜一面に哀惜の情をよせている酒好きの下級官人を、私は心にえがくのである。

なお畏友佐藤武敏氏の教示によると、殷周代の銅器では、斗と杓とは形の上で区別される場合があり、柄が液体を入れる容器の上縁に近い部分につくものを斗、下底に近い部分につくものを杓と称する、また水を盛るものを斗、酒を盛るものを杓といって区別することもある、しかしこれらの区別が八世紀にも厳格に守られたかどうかは疑問であろう、とのことであった。また鐎斗は足があるのが普通とのことである。参考書としては、容庚・張維持共著『殷周青銅器通論』（中国科学院考古研究所編）が好適との由である。本田・佐藤両氏のご厚意に謝意を表する。

Ⅲ　寺々と仏たち

唐招提寺金堂の柱列

一　咲き匂う奈良の都
——その実像と幻想——

古代の奈良　奈良に住んで三〇年になる。

ひとに住居《すまい》をきかれて奈良ですというと、古代史の研究をするにはなによりですね、といってくださるかたが多い。

たしかに都合のよいこともあるが、古代の奈良は、いまの奈良のようなしずかな地方の小都市ではなく、日本の首都として、活気にみちた、はなやかな都であった。当時の日本の先端をゆくハイカラな町であった。奈良というと、ともすればくずれた土塀や、雑草にうずもれた礎石のイメージとむすびつきやすいが、そんなものではない。ながく奈良に住んでいると、古代の奈良と現在の奈良とがまじりあい、むかしの姿もそんなかたちで想像しかねなくなる。たいへんな間違いである。古代の奈良を勉強するには、やはり東京や大阪のような、にぎやかな雑踏の町に住んでいたほうがよいのではないかと思う。すくなくとも奈良に住むものも、訪れるものも、そのことをつねに心得ているべきだろう。

それともうひとつ、現在の奈良にのこる古代の遺物は、すぐれた文化財ばかりであるということ。よいものものもほろんだが、みぐるしい雑多なものはすべて泥土に帰した。古代の奈良をおおらかとか、みやびやかとかいって理想化するのは、現代人の幻想である。才能ゆたかな歌人や、高徳の名僧もいたが、奸智にたけた政治家も多かった。なによりも古代の奈良の都に住んでいた人の大部分は、貧しい労働者であり、町のなかには貧民街があり、伝染病がはやり盗賊が出没していた。

盗難と市　よく知られたことだが、『続日本紀』につぎのようなことが記録されている。大伴家持が因幡の国府で、

新しき年のはじめの初春の今日降る雪のいや重け《し》吉事《よごと》

とよんだ天平宝字三年（七五九）のことである。

冬のあいだ、都の市《いち》の付近に餓えた人が多い。わけをきくと、諸国から調を運んできた者たちが故郷にかえる費用がなく、しかたなく都にとどまっているうちに病気になり、あるいは飢えこごえて、困っている、という返事であったというのである。彼らは市の商人のなさけにすがり、あまりものを分けてもらって、ようやく露命をつなごうとしているのである。家持がよいことの前兆としてうたった雪も、都の貧民のうえにはつらく降りつもったことだろう。

生活にゆきづまった彼らが、ときに非合法の行い――盗賊やかっぱらい――に走るのは、よいとはいえないが、やむをえない。奈良の都に盗難事件が少なくなかったことは、『続日本紀』の天平二年（七三〇）九月の条や、延暦三年（七八四）十月の条をみるとわかる。「京及び諸国、多く盗賊あり」とか、「このごろ、京中の盗賊、ようやく多し」などとある。

盗賊の横行した実例は、「正倉院文書」にみえる。東大寺の写経生の秦家主が、盗難品をさがすために三日間の休暇をねがい出た欠勤届が残っている。同じ写経生の葛木豊足は盗難のために五日間の休暇を申しでている。左大舎人寮《ひだりのおおとねり》の少属《しょうさかん》、安拝安麻呂《あへのやすまろ》は、天平八年八月二十八日の夜、麻の朝服一領ほか一

二種の品を盗まれて、左京職に盗難届を出した。受け取った左京職は、届を東市司《ひがしのいちのつかさ》に回送している。盗品が市に売りに出されることがあったからだ。さきの秦家主や葛木豊足も、市へ盗難品をさがしにでかけたことだろう。

『日本霊異記』には、奈良の東の市で盗難品をみつけた話がのっている。聖武天皇のころ、利苅《とがり》の優婆夷《うばい》(在家のまま仏道の修行をする人)という人がいた。むかし盗まれた写経三巻が東の市で売られているのをみつけ、一巻五〇〇文、計一五〇〇文で買いもどしたというのである。また「正倉院文書」には、竹田真弓という経師が、戒壇院で盗まれた畳二枚を「求め成して進上」したという報告書がある。市でみつけだしたのかもしれない。奈良の市は、だから泥棒市をもかねていたわけである。戦後の一時期にわたしたちの経験したヤミ市のように、雑踏し喧噪をきわめていたであろう。奈良には東の市のほかに西の市もあるが、それぞれに警察事務を担当する物部のつわものが、二〇人ずつ配置されていたのは、それだけの理由があったのである。

市のにぎわい　市のあったところは、東の市は左京の八条三坊、いまの奈良市東九条町、西の市は右京の八条二坊、いまの大和郡山市九条町の付近である。西の市は、東がわを秋篠川が流れているから、それを利用して物資をはこんだ。これに対し東の市の利用した流れは、佐保川ではないかと思われる。いま佐保川は、八条・九条のあたりでは西へ寄って朱雀路のあたりを流れているが、もとは東の市の西がわを流れていたらしい。市の場所は、これらの川による水運の便を考えてきめたのである。

しかし東の市には、昭和五十年の発掘調査の結果、もう一本水路のあることがわかった。幅約一〇メートル、深さ一・四メートルの南北に通ずる大きな溝が、市の東がわでみつかったのである。水は市の北を流れる岩井川から引いたものだろうが、これだけ大がかりな運河をつくるというのは、市に多量の物資を運びこむ必要があったからだろう。東の市だけのことではない。西の市の東を流れる秋篠川も、都のなかを流れる部分は自然の川ではなく運河である。「正倉院文書」や「薬師寺縁起」などでは、西堀川または堀川と称している。一〇万ないし二〇万人と推定される奈良の人口をやしなうためには、これぐらいの準備をしておかなければなるまい。

東の市の近くに相模国の「調邸」があった。邸には倉という意味がある。相模国から運んできた調や庸の品をひとまずここに収容し、点検しなおしてから所定の役所――調は大蔵省と宮内省、庸は民部省――におさめたらしい。そのとき、あまったものを売却したり、不足のものを買い入れたりする便宜のために、市の近くに、調邸を置いたのであろう。そうしておけば、運搬しやすいもので持ってきて、ここで規定の品と交換することもできる。

現在、調邸の所在地が史料で確認できるのは、相模のそれだけだが、おそらく他の国々、とくに都から遠い国は、同じように市の近くに調邸を設けていたと考えられる。江戸時代の大坂では、諸藩の倉屋敷が堂島川や土佐堀川のほとりに軒をならべていたが、それに似た風景であったかもしれない。そうした市のにぎわいに引きつけられるのは、商人や泥棒や貧民ばかりではない。都が平安京にうつってからのことだが、越前出身の生江臣家道女という女が、平安京の市で、「妄りに罪福を説き、百姓を眩惑」したため、故郷に送還されたと、『日本後紀』にみえる。辻説法を行なってとがめられたのである。奈良の市でもそうした宗教家や野心家が、取締りの目を盗み、市のほとりで群衆に説法していたことであろう。

図　左京三条二坊の庭園

一方、群衆のかげにかくれて恋の語らいに熱中する男女もあった。

ひむかしの市の植木の木足るまで逢はず久しみうべ恋ひにけり

という『万葉集』の歌は、市がデートの場に利用されたことを思わせる。

貴族の庭園　東の市の大溝が発掘された昭和五十年には、左京の三条二坊にあたる土地で、もうひとつ興味ふかい発掘が行なわれた。奈良郵便局の移転予定地の調査で、はじめに予想もしなかった奈良時代の大きな庭園の遺構が発見されたのである。

庭園の中心は、幅五〜六メートル、長さ約五〇メートルのS字形に屈曲した池である。水をたたえたときの深さは二〇センチ内外と推測されるが、庭まで全体を玉石でしきつめる。汀から上も数メートル礫をしき、随所に立石を配して小島や岬をつくり、変化の妙をこらしている。とくに感心させられたのは、池の中に長さ八〇センチ、幅・高さ三〇センチの木組みが、二か所に作られていることである。菖蒲《あやめ》か杜若《かきつばた》などの観賞用水生植物を栽培するための設備であろう。注水・排水には木樋の暗渠が埋設してある。至れり尽せりとはこのことである。第一級の貴族の庭園であることはたしかである。

奈良時代の貴族が、池のある庭園を愛したことは、『万葉集』の和歌や『懐風藻』の詩でよく知られている。大伴旅人は天平二年に大宰帥のつとめを終えて、都のわが家に帰ったとき、

妹として二人作りし我が山斎《しま》は木高く繁くなりにけるかも（三―四五二）

とうたい、天平宝字二年に中臣清麻呂の宅でもよおされた宴《うたげ》で、大伴家持は、

君が家の池の白浪磯に寄せしばしば見とも飽かむ君かも（二〇―四五〇三）

池水に影さへ見えて咲きにほふ馬酔木《あしび》の花を袖にこきれな（二〇―四五一二）

甘南備伊香《いかご》は、

梅の花咲き散る春の長き日を見れども飽かぬ磯にもあるか（二〇―四五〇二）

とよんだ。

『懐風藻』にも林泉を詠じた詩は多い。たとえば境部王は長屋王の宅で、「秋夜山池に宴す」と題した詩のなかに、

峰に対して菊酒を傾け、水に臨みて桐琴を拍つ。

の句をなし、藤原麻呂は「暮春、弟が園池に置酒す」と題して、

城市元より好無けれど、林園賞するに余り有り（奈良の都によいところはないが、林園はりっぱだ）。……天霽《は》れて雲衣落ち、池明らかにして桃錦舒《ひら》く。（下略）

と賦している。しかし、そうした貴族の愛した園池の実態は、いままで十分にはわからなかった。平城宮内で庭園が発掘されたことはあるが、このような完全なかたちで姿をあらわしたのは、これがはじめてである。この庭園遺跡を見学して、奈良時代の貴族の趣味の高さ、豊かさにあらためて驚嘆したのは、わたしひとりではあるまい（後記　その後、平城宮東院から、さらに立派な庭園が出土した）。

当然のことだが、奈良の都には、この庭にみるような優雅な貴族の生活と、さきに述べた市にうずまく喧噪にみちた民衆の生活とが共存していたのである。奈良の都を考えるには、その両方を視野にいれなければならない。

ところでこの庭園のあるじはだれであろうか。文献の記録はひとつもないが、遺跡の土中から奈良時代の木簡が六〇点ほど出土したなかに、その手がかりがあった。表に「鴨郡□」、裏に「北宮俵□」と記した木簡がそれだ。ある国の鴨郡から北宮へ送ってきた俵につけた荷札と思われるから、この庭園は北宮の一部と考えてよかろう。そこで「北宮」のあるじを探せばよいが、長屋王が和銅五年（七一二）十一月に、さきに逝去した文武天皇の追善のために書写した大般若波羅蜜多経巻二十三の奥書きの末尾に「北宮」の記載がある。木簡の北宮と写経の北宮とは、同じか、少なくともきわめて関係が深いと考えてよい。

そうすると、この庭園のあるじは長屋王ということになるが、発掘にあたった奈良国立文化財研究所は、いろいろの理由から、主人公は長屋王の室で、文武天皇の姉にあたる吉備内親王であろうと推定した（『研究所年報』一九七六年）。閑雅・優婉のおもむきのある庭のあるじにふさわしい。わたしもその意見に従いたいと思う。しかしその女主人のめぐまれた暮しは、そんなに長くはつづかなかった。和銅五年からかぞえて一七年めの天平元年、長屋王は謀叛の疑いをかけられ、佐保の邸を六衛府の兵にかこまれたなかで自決し、吉備内親王も後を追うて死んだ。

古代文化の咲き匂う奈良の都は、同時に血なまぐさい政争の都でもあった。ここには庶民のなげきとともに、貴族のうらみもうずもれているのである。

奈良の町もいまは大阪のベッドタウンとなり、かつての奈良のしずかさは実はもうあんまり残っていない。しかしこんなことがしみじみ思われるという点で、奈良に住んでいることは、やはり古代史をまなぶのに、それほど悪くはないかもしれない。

二　西の京

薬師寺　西大寺から近鉄橿原線の電車に乗ると、つぎの駅が尼が辻、右手にこんもりと森をしげらせ、水濠をめぐらした垂仁陵が見える。ここへ訪ねるのはあと廻しにして薬師寺へ急ごう。そのつぎの駅、つまり西大寺から二つ目の西の京で電車を下りて、プラットフォームを出口の方へ歩いてゆくと、薬師寺の塔の九輪が木々の梢の上に望まれる。このあたりは古の平城京右京六条二坊、かつては薬師寺の寺地であったのだから、塔が間近に見えるのも当然である。

改札を出て駅前の通りを左すなわち東へ五〇メートルばかりで四つ辻に出る。そこを右へ曲るとすぐ目の前に寺の建物が見える。もう私たちは薬師寺の境内に踏み込んでいるのである。最初の建物が講堂、その向うに金堂、それを廻ると、あの壮麗な東塔が水煙を日に輝かせて青空に聳え立っている——。

普通誰でもこの道を通って薬師寺へ参るのだが、これでは南を正面とする寺を北側から訪れることになるので、正しい参詣のしかたとはいえない。やはり一度は南に開く南大門の下に佇んで、正面から金堂を拝し塔を仰ぐのが作法であろう。しかし実は、ここに立ってみても、最早《もはや》往年輪奐《りんかん》の美を誇った薬師寺式伽藍配置の妙を、目のあたりにすることはできない。創建当初はすぐ目の前に中門があり、東塔に相対する位置に西塔が見られたはずであるが、いまは無く、わずかに西塔址に礎石を残すのみである。そして金堂と南大門とは旧位置にあるとはいえ、江戸時代の建物である。天平時代の建築遺構としては

図1　薬　師　寺（1966年ごろ）

東塔を存するにすぎない（現在は中門・西塔・金堂が再興され、状態はすっかり変わった。〔追記〕参照）。

けれども残された東塔のなんと美しいことか。三重塔であるが、各階につけられた裳階《もこし》が塔建築のおちいりやすい繰り返しの単調さを破って、変幻自在ともいうべき華麗さを構成し、しかも天を指す塔自身に本来備わる崇高性と微妙につりあって、秀抜無比の美を中空に組み上げている。建築の実年代は養老から天平へかけてと推定されるが、様式的には白鳳文化の精粋を伝えるとするのがまず定説である。このとらわれない自由さと豊かさは、律令制が完備して力と組織の整った天平期のものではなく、上昇期白鳳の特色とみるべきかもしれない。

だが何故に天平の建築なのに様式は白鳳か。それを理解するには、創建の事情について一通り回顧しておくことが必要である。もと薬師寺の建立は天武九年（六八〇）天武天皇の発願に始まる。工半ばにして天武は世を去り、遺志は鸕野《うの》皇后に引きつがれた。皇后はすなわち持統天皇である。持統十一年（六九七）に至り、造寺は一応の完成を見たもののようで、この年七月に開眼会が盛大にとり行なわれた。翌八月に持統が位を文武天皇に譲っていることから考えても、薬師寺の造営にいかに天皇が力を傾けたかが察せられる。七堂の荘厳《しょうごん》、目を奪うものがあったであろう。しかしもちろん、持統朝に成った薬師寺はこの平城の薬師寺ではなく、持統天皇が都を定めた藤原京にあった。今、橿原市木殿《きどの》の集落の南端に金堂址と東西両塔址とを残し、平城の薬師寺に対し、本《もと》薬師寺《やくしじ》と呼ばれている。

文武朝にもなおこの寺の増築は続けられていたが、和銅三年（七一〇）の平城遷都以来、元興寺・大安寺など飛鳥の大寺が新都に移されるのにともなって、薬師寺もまた現在の地に移されることとなった。その年代については正史には明文はないが、「薬師寺縁起」によると、元正天皇の養老二年（七一八）という。これより神亀・天平にかけて新造の工が進み、左京六条四坊にある大安寺と東西相呼応して、平城京の一角を飾ったのである。

ところで問題は養老の移転にある。もしこの移転が寺の建物全体の移転――すなわちもとの寺を解体・移築することを意味するのであるならば、現在の東塔は白鳳の建築そのものといってよい。寺籍だけを移して、寺の建物は平城京で新たに建造したのだとすれば、様式は本寺にならって白鳳様式を踏襲したとしても、天平様式も幾分かは加味されることが考えられる。薬師寺の場合は寺籍の移転で、建築は平城の寺地で新しく着工されたとする説が有力である。しからばその建築、したがって現在の東塔にはいくらかでも天平様式が見られるかというと、そう簡単には考えられない事情がある。平城薬師寺と木殿の本薬師寺の両者について、遺構遺跡からの建立当時の主要な堂塔の規模を調査復原してみると、両者の平面プランはぴたりと一致するのである。ただ建物の大きさが等しいというだけではなく、東西両塔間の間隔も塔と金堂の距離も、ほとんど同じなのである。してみると、奈良朝の新造とはいっても、新味を加えることは極度にさけて、忠実に本薬師寺の白鳳様式を再現したと考えてよい。

これに連関して面白い問題を提起するのは塔と心柱の礎石——心礎の形式である。東塔にむかいあって、今は基壇だけが残る西塔址に登ってみると、円形に三段の刳《く》りこみを持った石が基壇の中央にある。これが心礎で、一番深い刳りこみに舎利を蔵《おさ》め、石の蓋をし、その上に丸い心柱を立てる。こういうのを二重孔式と称するのであるが、東塔の方の心礎は、先年の調査で明らかになったところでは、刳りこみがあるどころか、逆に中心部がいわば出臍《でべそ》のように出っぱっているという。ところが不思議なことに、本薬師寺の塔の心礎は、西塔が出臍式（出枘《でほぞ》式）、東塔が二重孔式で、平城薬師寺と正反対なのである。しかも一般の例からすると、二重孔式は白鳳期の寺に多く、出枘式は奈良朝を主とするという時代の差がある。いろいろ解釈のしかたもあろうが、移転は寺籍を移すだけでなく、西塔は礎石もろとも本薬師寺のものを解体して平城薬師寺に移築し、東塔のみを新造、木殿では西塔を平城へ送り出した後、ふたたびこれを新造した、そのため両寺ともに白鳳と天平の両時代の礎石を有することになったと解するのがよいのではあるまいか。そうとすれば、現在の東塔は天平の建築であり、礎石は新様式であっても、片方に白鳳の西塔が目の前に立っているのだから、地上の部分はすっかりそのまま、西塔にならった白鳳様式で造られたに違いない。

東塔については、有名な天人の透かし彫りのある水煙や、擦《さつ》（九輪を受ける中心の軸）に寺の由緒を刻んだ銘文など、説かねばならぬことが少なくないが、移転問題で大分手間どったから、それらは省略して金堂に急ぐことにしよう。

堂内に入れば、内陣のうす暗い影の中に漆黒の光沢を放って、巨大な三尊仏が寂然とおわします。仏教美術最高の傑作とうたわれる金銅丈六《じょうろく》の薬師如来とその両脇侍、日光・月光の両菩薩である。それは見るからに堂々として偉大である。量的に大きいというだけでなく、相貌にも姿態にも力が満ちわたって、威風厳然あたりを払い、見るものをたやすくは寄せつけない緊張がある。しかし心を鎮めて静かに相対すると、三尊像はその迫力を持つ一方、豊かさと自由さとを含んでいることが感得されるであろう。盛り上がる肉付けの確かさ、流れるような衣紋の線、本尊の落ち着きはらった坐りよう、両脇侍の軽やかな身のこなし、力と美の美事な調和である。それはまた、東塔建築の精神とも共通するといってよかろう。この像も、本薬師寺から移したとする説があるが、平城京での新鋳説が有力である。

本尊の台座はすぐれた意匠によって有名である。上框《うわがまち》の葡萄唐草文《ぶどうからくさもん》＝西域、下框の四面にある朱雀《すざく》・青竜《せいりゅう》・白虎《びゃっこ》・玄武《げんぶ》の四神図＝中国、箱形軸部の裸形蕃人像＝南方系、と数えてくると、当時の文化の規模が世界的であったことが、台座だけによっても窺えるからである。台座を含めて三尊を載せる仏壇が白大理石であることをも見落してはならない。

金堂を出ると次は東院堂へ行く。その名の通り東塔のさらに東にある。弘安八年（一二八五）、鎌倉時代の建築で、地方にあれば相当に珍重されるはずの建物なのだが、ここではほとんど問題にもされない。それはこの堂の本尊があまりにもすぐれているからである。ほぼ等身の金銅聖観音《しょうかんのん》立像。堂の中央に据えられた厨子の中に、すらりとした伸びやかな立ち姿である。そのさわやかさ、若々しさは、金堂本尊のあの自信に満ちた力強さとともに、白鳳文化の特色というべきであろう。それはまた、上昇期律令貴族の精神でもあったろう。

だが民衆の立場からいえば、貴族社会の上昇期は律令的収奪の強化されて行った時代でもある。この明るく輝かしい白鳳の文化が、農民大衆の差し出すみつぎによって、いいかえれば彼らの血と汗によって築き上げられたことは疑いようがない。なぜに民衆の苦艱《くげん》の数々が、ほとんどまったくこれらの作品の上に影を落さないのであろうか。あるいは慈悲に溢れる仏眼に秘められた深い意味を、末世の徒には汲みとりえないのであろうか――。

いまさらこのようなことを思い浮べるのは、古美術鑑賞の邪道であろう。だが悲しいかな、近代の歴史学を幾分でも味わった者は、かつての『古寺巡礼』や『大和古寺』の著者たちの安住しておられた幸福な鑑賞の世界を失ってしまったのである。

ところで聖観音については、裳《も》が非常に薄く、脚部の線が裳を透して見えるように表現されてあるところなど、印度的な手法が採られていることに注意しよう。法隆寺によく残っている飛鳥様式が中国的であるのに対し、白鳳様式を伝える薬師寺には印度的色彩が濃いといえるだろう。もちろん基本的には白鳳様式は初唐文化の影響下にあるのだが、中国においても初唐には中国と印度の直接交渉が開け、『西遊記』で名高い玄奘《げんじよう》三蔵などによって、印度の文物が唐に流入しているのである。

堂を出て、西塔址の南にある仏足堂へ行く。ここには仏足石――釈迦の足型を彫んだ石――を安置する。初唐の人王玄策が印度で写して来たものを、白鳳時代のわが黄文連本実《きぶみのむらじもとみ》が転写し、それにもとづいて天平勝宝五年（七五三）に作られた、ということが仏足石の四面に刻まれている。仏足石を讃えた歌の碑が同じ堂内にある。歌数二一首。仏足石歌碑という。製作年代は仏足石の年代とそれほど違わないであろう。

講堂にも白鳳期の金銅薬師三尊がある。普通には公開しないが、機会があれば一度は拝観したい。作は金堂の本尊より劣るけれど、丈六の立派な仏である。天平絵画の代表作とされる麻布に画かれた吉祥天画像も、本寺の蔵である。春秋に日を定めて開扉される。終りにもう一つ挙げておきたいのは、佐佐木信綱の歌碑。

ゆく秋の大和の国の薬師寺の
　塔の上なるひとひらの雲

東塔の北の木陰にひっそりと立っている。

南大門をさらに南に出ると鎮守八幡の社がある。日本最古の神像に数えられる神功皇后像・僧形八幡像などを祀っていたが、いまこれらは薬師寺に保存されている。

唐招提寺　もと来た道をさきほどの四つ辻まで戻り、そのまままっすぐに北へ行く。薬師寺の塔頭《たっちゅう》の築地が切れると、のどかな田園風景が展開する。春ならば椿、菜の花、初夏の藤、あやめ、秋ともなれば旗すすきが白銀《しろがね》の穂を風になびかせ、そぞろに古都懐旧の思いをそそる。

四、五百メートル歩いて東へ折れると、唐招提寺の南大門である。門をくぐると金堂が正面に望まれる。もと南大門との間に中門があったのであろうが、今は廃絶して遺址さえも判らない。金堂はしかし一二〇〇年の風雪を凌ぎ、創建当初の雄偉な姿を今に伝え、自若としてここにある。鴟《し》尾《び》を上げた四注(寄棟《よせむね》)造りの大屋根は悠揚迫らぬ傾斜を画き、太い丸柱の列がそれをがっしりと支えて微塵もゆるがない。天平建築の力強さに満ちている。しかし、一点浮華を混えぬこの剛毅さは、単に奈良文化の特色

図2　唐招提寺金堂

とのみはいい切れない。そこに唐招提寺の開祖、鑑真和《がんじんわ》上《じょう》の精神を思わないわけには行かぬのである。

鑑真はもと唐、揚州の人、学識秀で徳望一世に高い名僧である。わが留学僧栄叡《えいえい》・普照《ふしょう》の請いを入れ、伝法のための渡日の決心をし、天宝二年（わが天平十五年〈七四三〉）より七年に至るまで五回渡航を企てたが、唐政府の妨害や暴風による難船のため志を達することができず、あまつさえ眼を病んで失明するの悲運に遭った。しかもあえて屈せず、ついに天宝十二年、わが天平勝宝五年（七五三）、素志を果して九州に来着、翌六年入京した。時に年六七。以来日本における戒律授与の任を委ねられ、まず前々年開眼供養が終ったばかりの東大寺盧舎《るしゃ》那《な》大仏の前に戒壇を設け、聖武上皇をはじめ、光明皇太后・孝謙天皇らに戒を授けた。戒壇において正式に授戒の行なわれた最初である。しばらく東大寺に住み、大仏殿の西に戒壇院を建立したが、天平宝字三年（七五九）に新田部親王の旧宅を下賜されて、そこに移り、寺を創めたのが、現在の唐招提寺である。東大寺を去ったのは、鑑真の戒律遵奉の厳正さや、仏典に対する清新な解釈などが、従来の日本の仏家の思想や風習と相容れなかったからであろうといわれる。

こうして鑑真は、奈良末期の仏教界の混濁を離れ、修行と求道の晩年をこの地に送り、天平宝字七年清らかな一生を終えた。この真摯な宗教家の行実と思想とは、死後もなお唐招提寺造営の指導精神であったに違いないし、今日もこの寺に伝わっているように思われる。

さて金堂の建立年代であるが、鑑真在世中に着工されたかどうかさえ明らかでない。示寂後一〇年以上たっている宝亀の末、またはさらに時代を下げて平安初年に、弟子の如宝によって完成したとする説がある。それにしても様式的に天平の代表的建築であることは諸家の間に異論はない。私たちもそれで一応満足して、堂の中へはいろう。

建物が大きいだけに、内部は広く天井も高い。しかし諸仏居ならぶ須弥壇《しゅみだん》の前に出ると、さしも広大な堂内も手狭な感がする。中央に像高一丈一尺の盧舎那仏坐像、右に一丈二尺の薬師如来立像、左に一丈八尺の千手観音立像。それぞれが創建当初の台座や光背を備えている。まさに壮観というべきであろう。ただ形が大きいだけではなく、いずれも森厳荘重、内に気魄が充実して身のひきしまる厳粛さを覚える。白鳳や天平盛期の彫刻に見られた官能的なものの表出を極度に抑え、精神主義的な方向へ作風の転換が行なわれたのではなかろうか。

もっともこういい切るのはかなり危い。本尊盧舎那仏は端麗な相貌の中に渋い影を含み、密教的な暗さへの傾きを持つとはいえ、作風全体は天平彫刻の正統をついでいるし、薬師や千手は逆に貞観的な肉体の誇張が膝や胸のあたりに見られるからである。にもかかわらず堂内諸仏を統一する空気には、天平の伝統に対する反省があり、異質なものが生まれていることは、やはり否定できない。鑑真の指導と遺志によるのであろうが、奈良から平安へ推移する時代の差の現われでもあろう。

須弥壇の上には、梵天《ぼんてん》・帝釈《たいしゃく》と四天王とがある。いずれも等身、木彫。上記の盧舎那仏は脱乾漆、薬師・千手は木心乾漆である。千手観音の美しさは定評がある。堂内の東端に木彫丈六の大日如来を安置する。貞観様式の先駆をなすものであるが、天平的明朗さを失わぬ見るからに力強い名作である。

金堂を出ると、正直なところ、ホッとする。一種の解放感であろう。金堂の北側に優美な入母屋《いりもや》造りの講堂がある。平城京の東朝集殿を移建したものと伝えるが、調査の結果わかったところでは、もとの建物は切妻《きりづま》であり、また鎌倉時代に大改修が加えられているので、いま見る外観には当初の風はほとんどないという。その代り金堂と比較してみると天平と鎌倉の差がよく判る。たとえば金堂の扉は雄健な板戸であるのに、講堂のは華奢な桟唐戸という風である。

建物だけでなく講堂は、本尊の木彫弥勒坐像も鎌倉時代の作。しかし本尊をめぐって配置されている数多くの木彫諸像は、奈良末から平安初期へかけての名品ぞろいで、仏教信仰に縁の遠い美術鑑賞者をも深い感動に引き入れてしまう。深い彫りに量感の充実した薬師如来や衆宝王菩薩、温雅に瞑想を凝らした多宝如来、あるいは頭部と手先足先を失った如来形立像にあらわれた清麗無比の流動美、仏頭・菩薩頭に表現されている寛潤な雄大さ、等々。金堂と同系統の作品なのに威圧を感じないのは、像の大きさが手ごろなのと、多年の風雨に荒らされて完全な彫刻が少ないためであろうか。

講堂を出ると、堂の東側上手の小高い所に小さな堂が見える。これが鑑真の肖像彫刻を奉安する開山堂で、像は六月六日の開山忌に開扉される。温和な作風の中に、人生の波濤を越えて悟りの境地に達した聖者のおもかげを、さながらに表わしている。彩色、脱乾漆。示寂後間もない作であろう。堂の下に、の句碑がある。

若葉して御目の雫《しずく》拭《ぬぐ》はばや　芭　蕉

堂の南の南北に長い建物は、もとの三面僧坊の中の東室《ひがしむろ》であったが、鎌倉時代に改造され、現在は北半分を東室または舎利殿、南半分を礼堂と呼ぶ。礼堂の西、金堂との間に鼓楼がある。ここにも舎利が安置されてあったので舎利殿ともいい、また経楼ともいう。現在の建築はやはり鎌倉。礼堂の東側に校倉《あぜくら》造りの経蔵と宝蔵とがある。鎌倉時代に補修されているが、天平の風を伝えている。これらの建築の醸し出す雰囲気には大和の古寺の中でも珍しく深い味わいがある。

開山堂の北側の道を東に行くと、松や杉の蔭の多い林を抜けて、寺の東門に出る。門の前を南北に流れているのが秋篠川で、天平の昔は堀川と呼ばれ、運輸の便に利用されていた。薬師寺・唐招提寺などの大寺院がこの川に沿うて地を占めているのは、一つには資材搬送の便宜を考えたからではなかろうか。今はこのあたりの堤に桜が多く、春は人知れぬ花の名所である。門の手前、北に入った所に鑑真を葬る塚がある。秋の紅葉が美しい。

元へ戻って金堂の西側の松林を通り抜けると、戒壇院の跡がある。弘安七年（一二八四）に再興と称して造られたのであるが、嘉永年間（一八四八～五四）に焼けて、今は土塀にかこまれた敷地の中に、白々と石の壇を残すだけである。塔も東塔が近世まであったが、惜しいことに享和二年（一八〇二）の雷火で焼けた。土壇の跡が南大門の東の林のはずれにある。西塔は造られずに終ったらしい。

垂仁陵・喜光寺　唐招提寺南大門の前を西へ行き、電車の踏切を越えた所で北へ曲る。荷車が通る程度の田舎道だが、そのかみの右京二坊大路のあとである。ゆるやかな登り道となり、やがて前方左手、

図3　喜光寺金堂柱列

田んぼの向うにこんもりと木の生い茂った小山が見えてくる。第十一代垂仁天皇を葬る菅原伏見東陵に比定されている前方後円墳である。見るからに大きな古墳で、墳丘の前後の径約一二〇間（二二〇メートル）、後円部の径六八間（一二〇メートル）、高さ六〇尺（一八メートル）、豊かに水を湛えた濠に森の緑を映して美しい。前方部を南に向け、遥拝所は濠の南の堤の上にある。

しかし、この古墳が垂仁天皇を葬った陵に間違いないかというと、確かなことは判らないと答えるのが正直なところであろう。垂仁天皇の実際に在位した年代は、これもはっきりしたことは判らぬが、三世紀の末か四世紀の前半と見るべきであり、この大古墳の築造年代（後記　現在では四世紀後半ごろとする説が有力）は若干それより下るのではないかという疑問もある。歴代天皇陵の研究が科学的に行なわれることは、日本の古代史の解明のために必要なのだが、むつかしい事情があるのであろう。濠の東南の水面に浮ぶ小島は、垂仁天皇のために常世《とこよ》の国へ行って、非時香菓《ときじくのかくのこのみ》を求めて来た田道間守《たじまもり》の墓であるというが、どうであろう。非時香菓はいまの橘のことである。

濠に沿って北へ進むと、まもなく東西に走る広い街道へ出る。昔の三条の大通りで、東へ行けばすぐ電車の尼が辻駅があるのだが、逆に西へ少し行ってふたたび北へ折れると、前方の村が菅原である。平城遷都以前に菅原の地に民家九十余戸があったことが『続日本紀』に見えているのは、多分この村を中心とする地域のことであろう。村としては随分古いわけである。

村の中に一きわ高く甍《いらか》の屋根が見えるのが、喜光寺一名菅原寺である。七二一年（養老五）に行基《ぎょうき》によって創められたことが、『行基菩薩伝』などに伝えられている。世に行基創建という寺は数限りなく多いが、この寺などは最も確実なものであろう。現在の建物としては金堂がぽつんとあるだけ。それも室町期の改築で、左右に比べて高さが不安定に高く、一流とはもちろんいえないが、さすがにどことなく天平の風格を残し、これはこれで好個の小品、といった趣きがある。基壇の上に立ち、正面一間通りは吹き放しで、壁から遊離した円柱がならんでいるところは、先ほど見た唐招提寺金堂を思い起す。喜光寺と道を隔てて東側に菅原神社がある。菅原道真の出生地という伝説があるが、もちろん保証の限りではない。

西大寺・秋篠寺　ここからさらに北へ一キロばかり、途中小さな村を一つ過ぎ、田なかの道を辿ってゆくと、西大寺の土塀が正面に見える。少し手前で東へ折れ、南門から寺の中へはいる。

創建当時の西大寺については奈良末期の宝亀十一年（七八〇）に成った「西大寺資財帳」に詳しい記述がある。それによるとこの寺は、称徳天皇の勅願にもとづき天平神護元年（七六五）創立、寺地は右京一条三坊・四坊にまたがって三一町を占め、薬師金堂・弥勒金堂を中心に、高さ一五丈の東西両塔・四天堂・十一面堂・廻廊・食堂・中門・中大門・東西楼門など、数十の堂塔舎屋を整然と配置し、鋪設《ほせつ》また豪華燦爛、まことに東大寺に相対し、西大寺の名に恥じぬ一大伽藍であった。

このような予備知識を持って寺内にはいると、その荒廃の予想以上に甚だしいのに驚かされる。とはいっても、もちろん荒れるに任せてあるわけではない。当初の建築こそ平安初期以来の度重なる火災にすべて破滅しているが、今日なお広い寺域の各所にいくつもの堂があり、香華《こうげ》の供えは欠かされず、箒目正しい掃除のあとも鮮やかである。にもかかわらず、一種荒涼たる気分があたりに満ちているのはどうしてであろう。老松・古塘《ことう》・礎石・基壇、そうしたものに刻みこまれた千余年の風霜のあとが、私たちをもの悲しい雰囲気に誘いこむのでもあろうか。かつて神護景雲元年（七六七）三月三日の春の節句に、称徳女帝自ら西大寺に幸し、曲水流觴《きょくすいりゅうしょう》の宴を張り文士に命じて詩を賦せしめたことが『続日本紀』に記録されているが、往事茫々夢のごとく、四天堂の前にあって白水蓮の花を咲かせる小さな池のみが、昔をしのぶよすがである。

現在の南門の正面に東塔の高い基壇が残っている。高さ約六尺、方五五尺、礎石一七個を現存する。西塔址は東塔址の西方約一〇〇メートルの所にある。一九五九年春の発掘調査によって、東西両塔とも、もと八角七重塔を造る計画で工事を進めていたことが明らかになった。途中で設計が変更されて四角五重塔となったのだが、もし始めの予定通りに進行して七重塔が建ったなら、その高さは三〇〇尺を超えたろうと推定される。

東塔址の北にあるのがいまの金堂である。江戸時代中期の建築、本尊は鎌倉時代の木彫釈迦如来立像、

図4　秋篠寺本堂

嵯峨清涼寺《せいりようじ》の釈迦の様式を伝える。東塔址と東門の中間北側に四王堂がある。ここに本寺創立の最初の本尊であった四天王像の踏まえていた銅造邪鬼を安置する。肝心の四天王の方は火災で破損し、現在のものは平安期以降の作である。奈良時代の彫刻では、ほかに西大寺四仏と呼ばれる阿弥陀・釈迦・宝生《ほうしよう》・阿閦《あしゆく》の木彫漆箔の四坐像がある。奈良時代といっても、沈痛重厚な作風で様式的には貞観への推移を示し、製作実年代はおそらく延暦以降であろう。博物館に出品されている。仏画には平安初期の有名な彩色の十二天像があるが、これも博物館で見る機会が多い。

東門を出ると西大寺駅はほど近い。ここからは大阪へ行くにも京都へ向うにも便利である。薬師寺を振り出しにここまでくると、永い春の日でも大概暮れ近くになってしまう。しかしもう一息、黄昏のむら雀の囀りに心せかれつつ、秋篠寺まで足を伸ばそう。

西大寺駅から北へ約一キロ、競輪場を目標にして行く。競輪場の入口の門の少し先に道標があるので、寺の場所はすぐ判る。南門をはいると境内にはいろいろの木が林のように茂って、すずしい木蔭を作っている。その林の中に東西両塔址があり、東塔址には出枘《でほぞ》式の心礎が残っている。金堂の址も林の中にある。

木蔭の道を踏んで奥へ進むと、秋篠の名にふさわしく、静かでやさしい感じの本堂の前に出る。単層、四注造りである。この寺は光仁天皇の勅願で、宝亀十一年（七八〇）、善珠僧正の開基と伝える。最盛期には封戸二〇〇、千有余の僧院を有する大寺であったが、平安時代の末に火災にあい、講堂のみが火をまぬがれ、それがいまの本堂であるという。いかにも奈良朝の基壇の上に立ってはいるが、現在の建築は鎌倉時代に大改修されて、創建当時の様式はほとんど残っていない。

堂の中にはいると、貞観風を帯びた本尊の木彫薬師三尊を中心に、多くの仏たちが居給うが、拝観者のたいていがまず第一に求めるのは、いうまでもなく技芸天《ぎげいてん》である。それは本尊の向って左側に安置されてある。長身の立ち姿のわずかに傾けた頭部のみが奈良時代の脱乾漆で、首から下は名匠運慶の手になると伝える鎌倉時代の木彫である。お顔は一寸見ると日にやけたように黒っぽくて、よさがわかりにくい場合もあるが、しばらく相対していると、ほのぼのとした温かさに惹きこまれてしまう。天平仏に傑作は少なくないが、これほどゆたかな慈愛にあふれた像はまれなのではあるまいか。梵天立像も同様に頭部が奈良朝の乾漆、他は鎌倉の木彫である。太元帥明王像は鎌倉時代の木彫立像、忿怒を表わした優作であるが、秘仏であって、平常は拝観できない。近ごろは六月六日に開帳される。

帰途は平城駅へ出てもよい。七、八百メートルはあるが、たそがれの野道をみちたりた気持ちで、のんびり歩くのは悪くない。

大和路は田圃をひろみ夕あかるし

いつまでも白き梨の花かも　（木下利玄）

〔追記〕　この一文は史跡見学の手びきとして一九五六年に執筆したものだが、以来五〇年余りをへた今日では、西の京の様相はすっかり変り、ガイドの役には立たなくなってしまった。たとえば、薬師寺では江戸時代建立の粗末な金堂にかわって、創建時の壮麗な金堂が復原されたし、礎石だけしか残っていなかった西塔も再建された。唐招提寺では、東門はとざされて、門を出て秋篠川をながめることはできなくなった。金堂の堂内にはいることもふつうは許されない（喜光寺もかつては無住であったが、現在はそうではなく、境内の整備がすすみ、堂内の拝観もできる）。この文章は、高度経済成長期以前の西の京についての歴史的記録として読んでいただきたい。

三　回想の広目天より

青春の奈良　今年（一九八〇年）の九月十一日、奈良国立博物館は東大寺展の招待日で混雑していた。その人ごみのなかで、ある新聞記者につかまって、東大寺についてもっとも印象の深いことは何ですか、と聞かれた。

東大寺の思い出は、小学生のとき大仏さんを見物して大仏殿の柱の穴をくぐって以来、たくさんある。しかし、よみがえってくるさまざまの記憶のなかで、ひときわあざやかに思いだすのは、戦争末期の一九四五年三月十三日、戒壇院の四天王像を拝観したことである。日までおぼえているのは、その日の夜に大阪の大空襲があったからである。

私はその一年半前の一九四三年九月に京都の大学を卒業し、かねて志願していた海軍予備学生に採用された。戦争中なので昇進が早く、一九四五年三月はじめには中尉に進級し、つづいて江田島の海軍兵学校の教官を命ぜられた。赴任してみると、四月から新しく開校する兵学校予科の要員にあてられており、当分時間に余裕があった。それで京都近郊の陸軍関係の傷病兵の療養所に医師として勤務している兄をたずね、一晩泊まって奈良へまわったのであった。

天平期は彫刻の黄金時代といわれ、奈良にはすぐれた仏像が多い。とくに法華堂（三月堂）の諸仏はその白眉といえよう。四天王像四体のみを安置する戒壇院とちがい、丈高三・六メートルの堂々たる不《ふ》

図１　東大寺戒壇院

空羂索《くうけんじゃく》観音を中心に、多くの仏像がひしめきあっている法華堂の内陣は、まさに壮観である。ことに、静寂・穏雅のおもむきの日光・月光の両菩薩像は、ほのぐらい堂の空気とマッチして、いつ拝観しても心のあらわれる思いがする。本尊不空羂索も、丈の高さと三目六臂《び》のかたちのため、ちょっとみには威圧的だが、ななめ横から見あげた相貌はキリリとひきしまり、秀麗さには比類がない。少しでも高い位置から拝むために、向かって右側の戸口の敷居にあがって、つまさき立ちをしたりしたものである。脇侍の梵天《ぼんてん》・帝釈天はいやに落ちつきはらっていて、若い時は――いまでもそうだが――そのよさがよくわからなかったが、人間の本性をみすえているような無気味さがあって、へんに忘れられない。たしかに法華堂には天平仏の精粋があつまっている。

だからこの三月十三日にも法華堂を参観したかと思うが、さだかでない。よくおぼえているのは前述のように戒壇院である。そのころは戒壇院の拝観者が少なかったから、希望者は南大門をはいって右側の東大寺本坊へ行って願いでる。そして大きな鍵をもった坊さんのあとについて、松の多い境内の道を小高い丘にのぼってゆくと、白い壁にかこまれた戒壇院がある。少しめんどうだが、このくらいの手間をかけたほうが仏をおがむ心の準備ができるので、結果的にはわるくない。このときもその手順をふんだ。

鍵をあけてもらって堂内にはいると、いつもと変りはない。一段高い方形の壇上の中央に多宝塔、四隅にほぼ等身大・塑像の四体の四天王が立っているだけである。四体いずれも天平彫刻を代表するに足る名作である。なかでも私は塔をささげる多聞天と、筆をもつ広目天とが好きだが、このときはことに広目天の眉を寄せて遠くを見る目つきに心を奪われた。粉雪のちらつきそうな早春の一日であった。

図２　東大寺戒壇院広目天像

私が大和の仏像を見るようになったのは、旧制高校のころからだが、はじめはやはり法隆寺や薬師寺の飛鳥仏・白鳳仏をこのんだ。戒壇院の四天王像にひかれるようになったのは、この堂が拝観しにくいという事情もあったが、大学生になっていくらか仏像を見る目の養われてからである。しかしそれは鑑賞力が高まったというようなことではなく、おさないながらに年を加え、人間的なものに興味をもつようになったからであると思う。だいたい四天王など天部《てんぶ》に属する仏は、如来はもちろん菩薩よりも人間に近い。如来像や菩薩像は人間の到達した理想の姿をあらわさなければならないが、天部の像はもっと人間くさくてよい。それゆえ天部は、写実的な技術の発達した天平彫刻に適した題材であり、鑑賞者も過度の畏敬の念をもたずに接することができるのである。

それに加えて私は大学で日本史を専攻したので、『続日本紀』や『万葉集』に親しむうちに、古代人はどんな人間だろうと、あれこれ思いえがくようになった。その場合、法隆寺の百済観音や、薬師寺の薬師三尊は、いくらすぐれているといっても、それから古代人のすがたを想像することはむずかしい。そうしたりっぱな仏像より、法隆寺五重塔の初層に安置された塑像の羅漢や侍者の像が私にはありがたかった。私は飛鳥園で、正坐した童顔の女人像の写真をもとめて、座右においていた。しかし何といってもこの塑像群の大部分は二、三十センチの小像であって、愛らしいが迫力にかける。写実的でありながら気品と力にみちたこの戒壇院の四天王こそが、古代人を考えるよりどころとなると思った。

もちろん、興福寺の乾漆の八部衆——なかんずく三面六臂の阿修羅や、胸から上だけになっている五部浄の像も、私のすきな仏像であった。そのややうわめづかいの思いつめたような表情は、青年のもつ純情のあやうさをあらわして、いいようもなく美しい。しかし戒壇院四天王の重厚さには及ばない。優劣の差ではなく、このみの問題だが、私は戒壇院の像がすきだった。この像を見ていると、頭のなかの奈良時代の人間に血がかよってくるように思われた。

こんな学生時代の体験があったので、あわただしい日程のなかから奈良へ寄り道をして戒壇院をたずねたのだが、これが奈良の仏たちの見おさめになるかもしれないという気持ちもあった。沖縄にはまだアメリカ軍は上陸していなかったが、硫黄島には二月十九日に上陸、日本の守備隊は全滅の寸前にあり、サイパン島や日本近海を行動するアメリカ機動部隊から発進する爆撃機で、日本の都市はかたはしから爆撃されつつあった。四日前の三月九日には東京に大空襲があり、死者七万をこえる惨状の詳細は伝えられていなかったが、予備学生出身で江田島にいた仲間の一人のところに、〝家族ミナ爆死ス〟という電報がとどいて、容易ならぬ事態であることは察せられた。

広目天像が心にしみたのは、そのような情勢のもとであったからでもあろう。四天王像四体のうち、持国・増長の二天はまなこをかっと見ひらいて忿怒の表情を示し、つぎの動作にうつる寸前の状態にある。これに対し多聞・広目の二天は、眼はやや細く、眉根をよせ、額に一条の皺をきざみ、口をとじて引きしめ、黒い石のひとみは水平遠くを望んでいる。全体として感じるのは、一種沈痛の表情である。右の点は多聞・広目の両方に共通しているが、多聞天は小鼻から頬へかけて、ななめの線が比較的はっきり表現されているのに対し、広目天にはそれがほとんどない。多聞天の表情にはその線によって一種の余裕が生じている。

しかしそれのないことは広目天の表情の乏しさや硬さを示すものではなく、何かに耐えている内面的な意志の強さをあらわす。張った顎とふとい頸は広目天だけのものではないが、そこにも耐え忍ぶ力がこめられている。

いまにして思えば、そうした広目天が私の心をはげましてくれたのであろう。広目天のように眉をひそめながらも遠くを見る目をもとう、はっきりそう意識したわけではないが、私は広目天にあって心のやすまる思いがした。

その晩大阪から夜行列車で江田島へ帰ったが、列車は神戸をすぎるころ臨時停車をした。しばらくして車掌が、いま大阪が空襲を受けていると伝えてきた。さいわい列車はまもなく動いたが、大阪はこの夜の空襲で罹災者五〇万をこえる大打撃を受けたのだった。

護国思想と四天王像　私は戒壇院の四天王像に自分の感情を移入して、勝手な鑑賞をしたが、本来四天王は護法の神である。仏教国では護法と護国とは一致するから、四天王は護国を使命とする。天智朝や天武・持統朝によく読まれた『金光明経』の四天王品は、四天王は「王及び国の人民」を「擁護」すると説いている。

厩戸皇子《うまやど》が蘇我馬子とともに物部守屋を攻めたとき、白膠木《ぬるで》で四天王の像を作り、勝利を祈ったという伝説は、四天王が護法神と信ぜられていたことを示すが、朝鮮や中国の船の入港する難波津に四天王寺が建てられたのは、四天王の法力で国を護るという考えからであろう。その意味でこの寺の四天王について興味があるのは、文明十九年（一四八七）に書かれた『上宮太子伝記』に、四天王寺では等身の四天王を金堂内の東部に西向きに立ててならべ、異国降伏の意をあらわす、とあることである。「四天王寺御手印縁起」にも、「護世四天王像を造って西方に向い置く」とあり、創建以来のことかと思われる（福山敏男「初期の四天王寺史」『仏教芸術』五六号）。四天王像は須弥壇の上に正面を向いて安置されるのが一般的なのに、南を正面とする難波の四天王寺で西方へ向けて置くというのは、たしかに異例で、西から攻めてくる外敵を調伏するためであろう。

天智二年（六六三）の白村江の敗戦ののち、大宰府防衛のため、大宰府のすぐ北に築かれた大野城という山城がある。奈良時代の末になってからだが、そこにも四天王を祭る四王寺という寺が建てられていた。

このような護国思想とむすびつくのは四天王だけではない。七世紀後半からさかんになる国家仏教の思想からすると、如来や菩薩も同様のねがいをこめて造り祭られたのであろう。戒壇院の属する東大寺自体が国家の安泰のために造営されたことはいうまでもない。僧侶は出家とよばれるが、この時代の高僧には、俗を脱するどころか、政治に関与するものが見られる。たとえば推古朝に学問僧として隋に行き、二四年ののちに帰国した僧旻《みん》は大化改新に際して国博士となっている。国家仏教のもとでは僧侶も護国の任にあたらねばならなかったのである。

仏教と国家との密接な関係は日本だけのことではない。詳述する余裕はないが、高句麗・百済・新羅三国の仏教は国家とともに栄え、国事につくした僧侶は少なくない。隋唐の仏教もまた政治とむすびついていた。隋の文帝は五八三年に京城および諸州に官寺を建てることを命じ、唐の則天武后は六九〇年に長安・洛陽の二京と諸州に大雲寺を設けたことなどは、著名な例である。

そうした滔々たる国家仏教の流れのなかで、戒壇院広目天のような個性的な像がつくられたのは、注目すべきことではあるまいか。それは単に特色が目立つというのではない。たとえば新薬師寺の十二神将のうちの迷企羅《めきら》大将（伐折羅《ばざら》大将ともいう）の、怒髪をさかだて大声疾呼して仏敵をにらむ厳しい相貌は――小川晴暘のモノクロームのみごとな写真をおぼえている人が多いと思う――、新薬師寺以外の十二神将像をふくめても、きわめて個性的である。しかしそれは、いかに躍動的・激情的であっても、薬師如来の眷属としての護法神の性格に適合した相である。広目天のユニークさはそれとはちがう。眉をひそめて遠方を見る、沈鬱といってもよい表情は、うちに緊張をおさえているにせよ、護法神・護国神である四天王の属性と齟齬《そご》するように思われる。彼は四天王に課された護法・護国の任に疑惑をもっているのではないか、とさえ思われるほどである。

戦時中、私は職務に忠実な平均的下級将校であった。戦争末期に反戦思想をいだいて広目天の表情に共感したのではないが、いま広目天の写真を見ていると、そうした感想がうかんでくる。奈良時代の彫刻の手本となった初唐から盛唐へかけての中国の仏像にくらいので、この広目天の様式が日本での創造とは断ぜられないが、こうした充実した造形がなされるのは唐の仏像の単なる模倣とは思われない。かりに手本が唐にあったとしても、日本の側にもそれを受け入れる主体的な条件があったにちがいない。

では主体的条件は何かというと、律令国家の体制の矛盾が七三〇〜四〇年代の天平のころにはやくも表面化し、仏教界にも一種の反省が生じはじめたことと関連するであろう。平城遷都の行なわれた和銅のころ、すでに農民の浮浪・逃亡が頻発するが、律令制社会の根幹をなす土地公有制度のゆきづまりは、天平十五年（七四三）に発布された、開墾した土地の私有を認める墾田永世私財法に、端的に示される。この年はまた聖武天皇が大仏造営の詔勅を発した年でもあるが、古代社会がまがり角に来たことを示すという意味で、偶然の一致とはいいがたい。

仏教界でも七二〇年前後（養老年間）から、新しい動きが表面化してくる。僧侶のなかに民衆の窮乏に気づいて社会に出、民衆済度の活動をはじめるものがあらわれた。そのうちもっとも目立つのが行基《ぎょうき》だが、宗教を国家のものとする政府は、僧侶が民間で自由に活動するのを許すわけにはいかない。政府は「小僧行基等」と名ざしで弾圧するが、行基の徒は根強くこれに抵抗する。天平三年、とうとう政府は譲歩して、行基に従い法のごとく修行する者で六一歳以上の男と、五五歳以上の女の出家を認めた。

制限つきとはいえ、これは民間仏教の勝利であり、仏教を国家が統制するという意味での国家仏教の後退である。天平十五年の大仏造営の詔でも、聖武天皇は「天下の富を有《も》つものは朕なり、天下の勢を有つものは朕なり」と誇りながら、人々が「一枝の草、一把の土を持ちて、造像を助け」ることを期待し、また現に民衆に絶大の信仰のある行基を起用して大僧正に任じた。

　こうした国家仏教のまがり角に顔を出したのが、戒壇院の四天王像とはいえないだろうか。だがこの時期にあらわれてくる仏像にはもう一つの別な特色をもつものがある。その特色は、感覚的な肉体表現の傾向である。

国家仏教の変質と官能美

あれは戦後まもない一九五〇年の早春のことであったと思う。南河内の観心寺へ秘仏の如意《によい》輪《りん》観音を拝観に行ったことがあった。いうまでもなく貞観彫刻の代表作の一つである。

図３　観心寺如意輪観音像

　大阪の阿倍野から近鉄に乗って終点の河内長野でおり、タクシーなどのない時代だから、三キロほどの川沿いの道を歩いて観心寺につく。そんな不便なところだが、年に一度のご開扉の日とあって、かなりの参観者があった。開扉の時間がきまっていて、参観者は寺僧にみちびかれて本堂のなかへすすむ。如意輪観音をおさめた厨子は本堂の内陣奥ふかくに安置してあって、そのあたりのくらさは闇といってよいくらいである。厨子の扉はおもむろにひらかれたが、もとより観音のお姿はそれと見定めがたい。

そのとき前のほうにいた一、二の人が持参の懐中電灯をともして高くかかげた。まるい光の輪に照らされて、くらやみのなかから観音のお顔があざやかに浮かびあがった。息をつめて見まもっていた参観者のなかから、ほおっと一様に讃嘆のためいきがもれた。花のひらいたような薄くれないの頬と、朱の色のこいくちびる、その頬をささえるなよやかな指と、白い胸もと。さながらこの世のものと思えないあでやかさである。暗黒の舞台でスポットライトに照らしだされたどんなプリマ・ドンナも、これには及ぶまい。吸いこまれる思いでひとみをこらしたのは、私だけではなかったはずだ。

いま美術全集などのカラー図版で見ると、如意輪観音は十分に豊満艶麗であるが、私の記憶にあるイメージとくらべると、顔や胸は黄色をおびてたくましく、かつて感動した匂いたつようなういういしさ、はなやかさは感じられない。私の見た美は、やみのなかから照らし出すという舞台装置の生みだしたものかもしれないが、あのとき私と同行した妻が、あんまり美しいのでびっくりしたとよく言うところからしても、私だけの錯覚でないことはたしかである。やはりあの美しさは、拝観したときの条件で誇張されているだろうが、如意輪観音に本来そなわったものとみるべきである。

さてその美であるが、戒壇院広目天の沈鬱な表情にこもる美とは、もちろんたいへんちがう。より感覚的・肉体的な美しさである。官能的といってもよいであろう。観心寺如意輪観音もその一例である密教芸術には官能的な美をあらわした仏像が多いといわれるが、すぐに連想されるのは奈良の法華寺の十一面観音立像である。この仏像のもつ、人をとらえてはなさぬ魅力にみちたまなざしと、胸から腰へかけての女体を思わせるゆたかな肉づけとのかもしだす雰囲気は、官能美と評するほかはあるまい。『興福寺濫觴記』という書物に、この像が光明皇后をモデルとして作られたという伝説が載っているが、それはこの十一面観世音像が肉体的な美しさをもつことを語っている。制作年代は貞観期とするのが定説であるが、肉体美・官能美の追求はさかのぼって奈良時代にはじまるとしてよかろう。私は唐招提寺の講堂におかれていた一群の木彫像にも、それがうかがえるように思う。

いまは新しくできた宝蔵にうつされたが、もとは唐招提寺の講堂の本尊弥勒像のまわりに、みごとな如来や菩薩の立像・坐像や、仏頭がならんでいた。私の好きな像が多かったが、薬師如来・衆宝王菩薩・獅子吼菩薩と伝えられるほぼ等身の三体の立像もそうである。いずれも堂々たる体格で、肩・胸はゆったりと大きく、腰・腿はもりあがって分厚く、みるからに安定して力強い。貞観彫刻の先駆をなすもの、というのが定評であるが、貞観仏に多い、一種無気味な神秘感はなく、力感にみちていながら親しみがあった。

私のいま住んでいる家は唐招提寺の近くにあり、もとは自由に出入りできた裏門まで四、五分で行けた。そのころは人の気配のまれであった境内を歩み、静寂な講堂のなかにはいってこれらの諸仏の前に立ったことは、何度あるか数えきれないが、そのたびに心がやすまり、元気づけられた。ある秋の日ぐれ、講堂の連子窓からさしている夕陽の赤みをおびた光のなかに、どっしりした重量感をもって立つ伝薬師如来像の姿などは、ことに忘れられない。

如来形立像とよばれる胴体だけの木彫仏も、右の如来や菩薩とはまた別のおもむきの、すぐれた肉体表現を示している。全体としては流れるような衣紋《えもん》の線が美しく、流麗という印象を受ける。しかしよく見れば、ふっくらともちあがった胸や、弾力さえも感じられる腹から腿への充実した肉づけに一分のゆるみもなく、肉体の表現としては完璧と思われる。

ところで肉体美の追求は官能美の追求とわかちがたい。そうした美の表現が唐招提寺の仏像に見てとれるのは、鑑真とともに渡来した唐の仏師のもたらした新作風によるものかもしれないが、そうとばかりはいえない。それについては美術史家のあいだにも意見の対立があるようだが、私は、吉祥天女に恋をした行者があったという説話が『日本霊異記』に見えるように、奈良朝中期以降には仏像に官能的な美を求める傾向が生まれていたのではないかと思う。

その話は『日本霊異記』の中巻第一三話にある。和泉国和泉郡の茅渟山寺《ちぬのさんじ》に吉祥天の像があった。聖武天皇の代、信濃国の優婆塞《うばそく》（在家のまま仏道の修行をする人）がこの山寺に住み、吉祥天女の像を見て愛欲の心を生じ、夜ついに天女と交合する夢を見た。おきてみると、天女の裙《も》の腰に不浄のものが染みついてけがれていた、というのである。

このような仏像に官能美を求める傾向が奈良朝中期に生じ、唐招提寺の講堂の諸像の制作にも影響が及んだと私は考えたいのである。新しい傾向は、奈良朝中期の国家仏教のまがり角にあらわれてくるのだが、吉祥天女に恋着したのが山寺の行者であるというのは示唆的である。

山寺での仏道の修行は、国家の統制から離脱した民間仏教の一形態であり、そこで願望されるのは国家の安泰などではなく、個人の救済や幸福であろう。この山林仏教が奈良時代の後期に流行することは、国家の保護によって盛んとなった奈良仏教の変質を意味する。この時期を代表する僧の一人に道鏡があるが、彼は山林での修行で呪力を得、孝謙（称徳）女帝の病気を治療して信任され、さらにおそらく称徳天皇との愛情関係を利用して、政界に活躍する。しかし彼に天下国家の政治を指導する大きな理想があったとは思えない。その点、政治に関与することは同じでも、大化期の国博士・僧旻《みん》とはたいへんちがったであろう。

多岐にわたって述べたが、要するに私の思うのは、国家仏教ないし律令政治の矛盾があきらかになったとき、その悩みをそのままあらわした仏像と、むしろ個人の幸福を前面におしだし、肉体美・官能美を表現した仏像とがあらわれる、それが奈良朝美術史の重要な流れの一つである、ということである。

その二つの方向は、別々に発達するのではない。唐招提寺講堂の仏像群には、堂々たる肉体美をあらわしながら、表情に沈痛ともいえるきびしさ・しぶさ・くらさを浮かべているものが少なくない。二つの方向は重なりあっているのである。そして大胆にしろうと考えを述べるならば、およそのところ、それが奈良朝後期の仏像の特徴であって——もちろん一方が他方を圧倒する場合も多いが——、平安初期の密教彫刻はその傾向を発展させてゆく、といえるのではあるまいか。

飛鳥美術の魅力　古代の仏像が個性をもち、人間味をましてくる奈良時代以降に焦点をあわせて私見を述べてきたが、仏教美術がこのような変化をおこす以前の仏像にも、心を引かれるものの多いことはいうまでもない。

旧制高校のとき、法隆寺の百済観音に深い感銘を受けたことは以前に書いたことがあるので（「わたしの法隆寺」、拙著『新編わたしの法隆寺』〈塙書房、一九九四年〉所収、本シリーズ第九巻Ⅱ—一「古寺巡礼と法隆寺」参照）、くりかえさないが、法隆寺にある六観音とよばれる木彫の推古仏なども、一級の優品ではないかもしれないが、素朴な美しさがあり、私の好きな仏像である。その六体の観音像は、法隆寺の大宝蔵の、百済観音が一体だけ安置してある部屋の手前の室に、立ちならんでいる。それは止利仏師の作品に代表される北魏風のきびしく硬い仏像とはちがい、のんびりした気分をただよわせている。誇張していえば、間のぬけたようなのどかさがある。約四〇年前の一九四一年に、京都大学で東伏見邦英先生（当時講師、のち慈洽と改名される）の講義をきいたとき、この六観音が、狩猟牧畜民の造った北魏の仏像や、その影響を受けた止利派の仏像とちがうのは、日本の農民の生活感情が反映しているからだ、といわれたように記憶しており、いまでも六観音を見るたびにそれを思いだす。現在の学界の研究水準でもその仮説が通用するかどうか知らないが、比喩としては適切であると思う。

しかし北魏様式は、国家仏教のなかから生まれた様式でもある。そのきびしさは、狩猟牧畜民のもつものというより、国家仏教の特性とみるべきではなかろうか。その直系の止利様式とともに、のどかな六観音像の様式があるということはたいへんありがたい。珍重すべきである。六観音の様式は、農業社会の感覚から生まれたと説明するより、南朝系の様式であるとして説明するのが正しいのかと思うが、どちらにしてもそれはまだ国家仏教の統制に服していない仏像様式である。飛鳥時代の仏教は、北朝や朝鮮三国の国家仏教の流れを汲むが、統一国家はまだ確立しておらず、種々の思想と文化とが混在し、併立していた。自覚的でないにせよ、知識人には精神の自由があった。飛鳥美術の魅力はそこにあるのである。

古代の農村の生活も決してのどかなものではなかろうが、農村共同体の安定した生活が崩壊するのは、「護国思想と四天王像」の項で述べたように、農民の浮浪・逃亡の激増する八世紀にはいってからである。律令国家の確立によって作りあげられた各種の統制も、それとともにゆるみ、律令体制は動揺する。

国家仏教も変質しはじめる。そこにまた仏像のあらたな美の生みだされる契機が生ずる。「青春の奈良」「国家仏教の変質と官能美」の項ではその新しい美のかたちについて述べたつもりである。

論じてここに至ると、美というものは国家と社会、国家と個人の対決のなかから生まれてくるという命題が、おぼろげながら浮かんでくる。その問題は私の手に負えそうにない難問だが、今後考えてゆきたいと思う。

四　仏像の美しく見えるとき

唐招提寺で　私の故郷は神戸であるが、奈良へは両親につれられて子供のころからたびたび来ていた。画家の叔父が奈良の高畑に住んでいたためだが、父親が美術に関心を持っていたためでもある。

私が小学校を卒業して中学の試験に合格した春休み、一九三一年の三月のこと、やはり家族づれで奈良へ出かけた。このときは奈良の町へはいる前に西の京で電車を下りて、唐招提寺へ行った。奈良公園にある東大寺や興福寺を除くと、これが私の最初の大和古寺の参詣であった。のどかな春の午後であったが、唐招提寺は深い木立ちに包まれて、森閑としていた。

小学校を出たばかりの私の印象はそれぐらいだが、父親が講堂に立ちならぶ諸仏像のうち、頭部と手足の先を欠いた木彫の如来形立像にしきりと感心していたことが記憶に残っている。現在は東室《ひがしむろ》の東にある新宝蔵に移されているが、以前は薬師如来や多宝如来や伝獅子吼菩薩など多くの木彫仏や仏頭が講堂にやや無造作に置かれていたのである。それにまじって西のかどあたりにあった如来形立像は、いまでは古代彫刻の傑作の一つとして有名であるが、昭和初年といってもよい一九三一年ごろでは、一般の案内書にはほとんど紹介されていなかったのではあるまいか。古美術めぐりの案内書自身があまりなかったし、多くの古美術ファンの手びきとなった和辻哲郎氏の『古寺巡礼』には「講堂のなかに並べてある諸像のうちでは特に唐軍法力作の仏頭と菩薩頭とが美しかった」とあるだけで、如来形立像にはまったく言及がない。

私たちが唐招提寺を訪れてから一〇年後の一九四一年（この年、私は大学にはいった）に関急鉄道（のち近鉄）が発行した案内書『西の京』でも、講堂の仏像については本尊弥勒如来の解説があるだけで、他の仏像は無視されている。著者は美術史家として著名な——私も学恩をこうむった——田中重久氏である。そのころ学生の間で広く読まれた井上政次氏の『大和古寺』（一九四一年九月が初版で、翌年一月までに一二版を重ねている）の唐招提寺の項では、金堂の拝観をすませた氏は、

講堂をも案内するといふ僧を断って、私はあっけにとられて見送ってゐる僧の眼を背ろに感じながら、さっさと開山堂の方へ歩み去った。

図　如来形立像（唐招提寺）

とある。いまこの文章を写し取りながら、私も井上氏の勇断にいささかあっけに取られる思いがする。

いつから講堂諸仏とくに如来形立像の評価が高まったのか詳しくは知らないが、私が大学生のとき仏像の見かたを教えていただいた源豊宗氏の著書で、『西の京』と同じ関急から一九四一年五月に出版された『大和を中心とする日本彫刻史』には、つぎのような叙述がある。

此の像（講堂地蔵菩薩像）と共に、唐招提寺の仏像の中にあって、最も美しき像は、今頭部及び両手先を缺いてゐるが、此の講堂に置かれた一つの如来像である。

もう一つ例をあげると、時代は下るが一九八二年刊の『古寺巡歴』（保育社）のなかで、著者町田甲一氏は、講堂の仏像のなかには、「破損の姿にも拘らず、その美的芸術的品質において本尊や脇侍の像よりも遥かに高いものをもっている像がある」として、その第一にこの「如来形の像」を挙げている。

私の父はこのような美術史家の評価を全然知らず、直観的に如来形立像を美しいと感じたのであろう。私も長じて美術史をいくらかかじるようになってから、わが父ながらその勘のよさに感心したが、ものの静かな講堂に射しこむ春の午後のやわらかい日差しが、如来立像を鑑賞するのにちょうど好かったのかもしれない。

そういう体験は私にも何度かある。唐招提寺の講堂では、戦後この寺に近い尼が辻に住むようになってからのことだが、ある秋の夕ぐれ、講堂の連子窓から射しこむ夕陽の赤みを帯びた光に照らされた伝薬師如来像の姿は忘れられない。いつもは見られない光と影のコントラストは如来像に生気と重量感を与え、思いがけない迫力がうまれるのである。

新宝蔵ではそうした自然とのつながりは断たれる。仏像を盗難や火災から守るためには止むをえないことだが、残念である。町田氏も前述の著書のなかで、別の観点から新宝蔵の問題点を指摘しておられる。新宝蔵のなかでは、かつて講堂に置かれていたときほど、それらの像は「魅力を感じさせない」として、つぎのように言われる。

博物館の陳列室めいた新宝蔵では、講堂内におけるような雰囲気はまったく感じられず、見る人と諸像との間に交流する感情というものが、冷たく動かないのである。それが講堂にあった時には、われわれは長い時間の観照に疲れると、正面の外陣におかれた畳をのせた椽台に腰を下ろして、また長い時間をじっと黙ったままそこですごし、諸仏と長い無言の対話を楽しんだものである。

このような問題は唐招提寺だけのことではなく、大和・山城の古寺に共通の問題である。わが法隆寺でも同様である。

法隆寺で　私が法隆寺の百済観音の美しさに大きな感銘を受けたことは、拙著『新編わたしの法隆寺』に書いたが、それは一九四〇年三月の末のことだった。大宝蔵が完成して公開される前の年で、百済観音は金堂の須弥壇の北側に、玉虫厨子などとならんで立っていた。そのときの印象を、私はオーストリアのカール・ウイット氏の批評を借りて「夢のような情緒、柔らかな空想、温和な真摯さ」と書いている。このとき受けた印象が旧制高校生で二一歳の私にとくにピッタリだったのかもしれない。

いま百済観音は大宝蔵の一室で、ゆきとどいた照明のもとに立つ。拝観者は十分に鑑賞することができる。しかし町田氏が唐招提寺の新宝蔵について言われたような、一種のよそよそしさを感じないわけにはいかない。それは外界と遮断された大宝蔵の構造によることの他に、多くの人が同時に拝観できるようにという配慮からだろうが、いくらかの高さのある台の上に乗っているために、ただでさえ長身の像が見上げるような高さになることも関係するのではなかろうか。

もっとも仏像は拝むために造られたものだから、高い所にあるのが当然で、それを拝観者と同じ高さに置いてほしいというのは、無理な相談である。それはわかっているが、昔の百済観音を知っている者は、もう一度そういうお姿を拝みたいと思うのである。これをつきつめると、宝蔵は仏像を美的に鑑賞する場なのか、やはり仏像を礼拝する場なのかという問題になるだろう。

法隆寺で昔のよさを思い出すもう一つは、五重塔の初層の塑像の拝観である。いうまでもないが、初層の四面には粘土で四つの場面が造られ、各場面に高さ二、三十センチの塑像が配置されている。その総数は九〇体を超えるであろう。仏像のほかに僧侶・羅漢や男女の侍者の像があり、親しみが持てる。一九〇八年（明治四十一）に志賀直哉や里見弴などが参詣したときは、塑像群を置いた仏龕《ぶつがん》には何の防護施設もなく、直接塑像を取りあげて眺めることができたという（里見弴『若き日の旅』甲鳥書林、一九四〇年）。私たちの学生時代はそれほどの自由はなかったが、目のあらい金網が張ってある程度で、かなり詳しく鑑賞することができた。しかしいまでは、木の太い格子と目のこまかい金網とが二重に張ってあって、塑像はたいへんみにくいものになってしまった。汚損や盗難を防ぐためにはこれも止むをえない処置かと思うが、強化ガラスなどを利用して何とかならないものだろうか。これだけたくさんのすぐれた塑像がそろっている所は他にないのだから、今の状態ははなはだ惜しいと思う（追記　現在は改善されて、もう少し見やすくなっている）。

昔がよかったという老人の繰りごとはこのくらいで止めておこう。法隆寺当局も仏さまを拝観者によく見てもらうよう、いろいろと苦心されているのである。少し前になるが一九九〇年十二月には、金堂の釈迦三尊像と四天王像を寺内の聖徳会館に安置し、一週間を限ってではあるが、ゆき届いた照明のもとでの特別拝観が行なわれた。おかげで、いつもうすぐらい金堂内では味わうことのできない推古仏の荘厳さ、重厚さを知ることができた。

一九九三年十二月には、四日間を限って金堂と夢殿の堂内を照明して、拝観が行なわれた。私は所用に追われてせっかくの機会を失ったが、新聞の報道によれば、「ライトに照らされた仏たちが、まるで生き返ったような精気に包まれ（中略）、天蓋の華麗な蓮華《れんげ》文様もはっきり見え（中略）、仏教美術の豊饒《ほうじょう》さに酔うようだった」（『朝日新聞』十二月二十八日夕刊）という。

こうした試みが定例的に行なわれることを是非お願いしたい。唐招提寺では毎年中秋の名月の夜に、金堂内をライトアップしている。それらは仏像の新しい美を見いだすよすがとなるだけではなく、仏教への信仰を高める機縁ともなり得るだろう。

〔追記〕　金堂と夢殿の堂内照明は、一九九四年十二月も八日間行なわれ、おくればせながら私も拝観することができた。

Ⅳ　遺跡と遺跡保存

復元平城宮東院庭園

一　称徳天皇山陵の所在地

はじめに

古代の天皇の墓所として宮内庁が指定し管理しているいわゆる山陵に誤りの多いことは、戦後多くの考古学者・古代史家によって指摘された。奈良時代の後期の歴史に大きな足跡を残した称徳（孝謙）天皇の山陵もその一つである。

しかし疑問であることは確かであっても、それでは正しい山陵はどれかと反問されると、それに答えられる山陵は、継体天皇陵と推定される大阪府高槻市の今城塚古墳の場合のほかは、それほど多くない。称徳天皇の山陵はその場所がほぼ推定できると思うので、以下に所見を述べることとする。ただし、奈良時代の天皇陵は火葬墓の時代にはいっているので、称徳天皇の墓所も大きな墳丘は築かれなかったと思われ、墓そのものを確認することのできないことを、はじめに断っておく。

なおこの問題に関しては一九五四年に田村吉永氏が「称徳天皇高野陵考」（『史迹と美術』二四六）を発表して、称徳陵が西大寺の西部から西方にかけて存在することを論じた。私見は結論においてこの説に近く、改めて稿を起こすに及ばないと考えたこともあったが、田村説は地名に重きを置いて論証が不十分であったためか、一般の承認を得にくかったようで、水野正好氏ほか著の『「天皇陵」総覧』（新人物往来社、一九九四年）の「称徳（孝謙）天皇陵」の項（原田憲二郎氏筆）では参考文献の欄にも取り上げていない。舘野和己氏の「西大寺・西隆寺の造営をめぐって」[1]では、その第2節「西大寺の敷地と称徳天皇陵」で田村論文を取り上げているが、舘野氏は田村氏が西大寺の西方を重視するのに対して北方を重視し、結論では『延喜式』にみえる東西五町・南北三町の兆域がどこであるかは「不明とせざるをえない」とする。田村説を認めていないと言えよう。

そこで私は、田村説の不備を補いながら称徳天皇陵の兆域を推定してみようと思うのである。

1　称徳天皇山陵の史料

はじめに現在、宮内庁によって治定されている称徳天皇陵について簡単に述べる。宮内庁のいう称徳陵は、奈良市北部に東西に連なる佐紀丘陵に営まれた佐紀盾並古墳群のうち西群に属する前方後円墳である。所在の地名は奈良市山陵町字御陵前。丘陵の西面の傾斜地にあり、古墳は前方部を西に向け、墳長一二七メートル、前方部幅七〇メートル、後円部直径八四メートル、前方部高一五メートル、後円部高一二メートルをはかる（今尾文昭「天皇陵古墳解説」〈森浩一編『天皇陵古墳』大巧社、一九九六年〉による。古墳の数値は計測の基準により、書物によって若干の差異がある）。佐紀陵山古墳（現、日葉酢媛命陵）と佐紀石塚山古墳（現、成務天皇陵）に隣接し、現在、佐紀高塚古墳とよばれていることは周知の通りである。築造年代は詳しい調査が行われていないので確定しにくいが、古墳時代前期末ないし中期初頭の古墳であることは衆目の見るところであろう。いずれにしても七七〇年（宝亀元）に没した称徳天皇の山陵でないことはいうまでもない。

そこでそれでは称徳天皇陵の本当の所在地はどこかということになる。まずそれを考える上の基本的な史料をつぎに挙げる。

〔史料1〕『続日本紀』宝亀元年八月戊戌（九日）

授㆓正五位下豊野真人出雲従四位下、従五位上豊野真人奄智正五位下、従五位下豊野真人五十戸従五位上㆒、以㆓父故式部卿従二位鈴鹿王旧宅㆒為㆓山陵㆒故也。

八月九日は、称徳天皇の没した八月四日（癸巳）の五日後である（以下、干支は略す）。鈴鹿王(2)の旧宅を称徳の山陵の地としたので、その代償として臣籍に降って豊野真人の姓を賜った鈴鹿王の子の位を昇進させたのである。鈴鹿王の死は七四五年（天平十七）九月四日、七六〇年（天平宝字四）閏八月十八日に出雲王・奄智王が豊野真人の姓を賜った。豊野真人五〇戸はこの賜姓記事にみえないが、七六六年（天平神護二）十二月十二日に正六位上より従五位下に昇叙、豊野出雲と豊野奄智も同日に階一階を昇叙されている（以上『続日本紀』による）。

〔史料2〕『続日本紀』宝亀元年八月十七日

葬㆓高野天皇於大和国添下郡佐貴郷高野山陵㆒。

添下郡佐貴郷は『和名抄』では佐紀郷、西大寺蔵「大和国添下郡京北班田図」でも佐紀郷と記す。

〔史料3〕『延喜式』諸陵寮

高野陵 平城宮御宇天皇、在大和国添下郡兆域東西五町、南北三町守戸五烟平城宮御宇天皇は称徳天皇を指す。

〔史料4〕「西大寺資財流記帳」巻一、縁起坊地第一

夫西大寺者　平城宮御宇宝字称徳孝謙皇帝、去宝字八年九月十一日誓願将敬造七尺金銅四王像、兼建彼寺矣、乃以天平神護元年、創鋳件像、以開伽藍也、居地参拾壱町、在右京一条三四坊、東限佐貴路除東北角喪儀寮、南限一条南路、西限京極路除山陵八町、北限京極路

巻一の巻頭の目録によると、本「資財流記帳」は四巻から成るが、現存するのは巻一のみである。巻一の巻末の日付によれば、作成されたのは七八〇年（宝亀十一）十二月二十五日で、称徳天皇を高野陵に葬った宝亀元年の一〇年後である。西大寺の創建は七六四年（天平宝字八）九月、称徳天皇が藤原仲麻呂の謀反調伏のため金銅四天王像の造立と造寺を発願したのに始まり、二年後の七六六年（神護二）十二月に称徳は西大寺に行幸している（『続日本紀』）から、このころまでにこの寺の四天王とそれを安置する四王堂は落成したのであろう。「資財流記帳」官符図書第五によれば、天平神護二年に封戸や薗が施入されているから、「居地」すなわち寺地三一町もこのときに施入されたのであろう。「西限京極路」の分註に「除山陵八町」とあるのが注目される。

〔史料5〕『本朝皇胤紹運録』

称徳天皇の項に次の註記がある。

神護景雲四八四崩、五十三、葬二大和国高野陵一、西大寺北也

『紹運録』の成立は室町時代であるが、註記は古い伝承を伝えているかもしれない。

称徳天皇陵に直接関係する史料はこれくらいであろう。佐藤信編『西大寺古絵図の世界』（東京大学出版会、二〇〇五年）によれば、鎌倉時代の「西大寺往古敷地図」（東京大学文学部蔵）には、右京北辺坊の二坊の三坪と四坪のあいだに「本願御陵」との記入があり、一六九八年（元禄十一）の日付をもつ「西大寺伽藍絵図」（西大寺蔵）および「西大寺現存堂舎絵図」（東京大学文学部蔵）には、西大寺の東北方の位置に「本願称徳天皇御廟」と記した小山が画かれている。いずれも現称徳天皇陵の高塚古墳を指示するようで、高塚古墳を称徳陵に治定する根拠の一つになったかと思われるが、時代の下る史料なので、そのまま信ずることはできない。

2　西大寺の寺地

上掲の史料にもとづいて称徳陵の所在地を考えるのであるが、史料1・2・3・5にみえる山陵または陵が称徳のそれであることは文面から明白である。しかし史料4にみえる「山陵」がだれの陵であるかは文面からは厳密には明らかでない(3)。だが称徳天皇の発願による西大寺の寺地を兆域の一部とする山陵が、称徳天皇以外の天皇ないしこれに準ずる皇族の墓所であるとは考えられない。称徳の山陵と断定してよいであろう。以下この考えに従って論を進める。

上記五つの史料を検討すると、称徳陵についておよそつぎのことが知られる。(イ)鈴鹿王の旧宅の地を含むこと（史料1）、(ロ)添下郡佐貴郷に在ること（史料2）、(ハ)東西五町・南北三町の面積（兆域）を持つこと（史料3）、(ニ)兆域のうち八町は西大寺の寺地の西部にあること（史料4）、(ホ)西大寺の北に所在したという伝承のあること（史料5）。

以上の五か条のうち、㈭は史料の年代が下るからあまり重視できない。山陵の場所を考える上でもっとも重視されるのは、一部にせよ具体的に山陵の所在地を語る㈡（史料4）である。史料4によれば、西大寺の寺地は、東は佐貴路、南は一条南路、西は京極路、北も京極路に囲まれた右京一条の三坊・四坊からなる長方形の土地で、三一町の面積であるという。一坊は一六坪＝一六町だから、三坊・四坊で三二町となるが、史料4の分註にあるように東北角の喪儀寮[4]の敷地が一町あり、それを差し引いて三一町が西大寺の寺地であったと考えられる（喪儀寮の敷地一町は推定）。そして「西限京極路除山陵八町」とあるのは、上に推定した長方形の寺地の西の堺をなす西京極路に接して称徳山陵の地八町があったことを示す。その八町は寺地の西北部である一条四坊の北半に相当すると解するのが自然であろう。これについては後文で再説する（図1参照）。

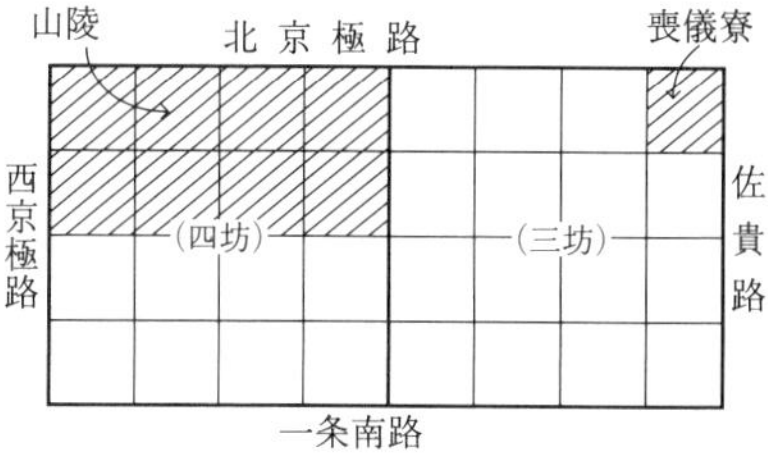

図1　創立時の西大寺寺地

しかし寺地（寺敷地）の範囲については異論が多い。本稿は西大寺の寺地について論ずるのが目的ではないし、紙面の制約もあるので、既往の研究史は簡略にするが、議論が錯綜するのは、⑴東限の「佐貴路」を二坊大路とする通説に対し、それより一町西の小路を指す、⑵北限の「京極路」は一条北大路ではなく、その北に設けられた北辺坊の北限の道をいう（この説も北辺坊を一町分とみるか二町分とみるかで、さらに説が分れる）、⑶山陵分として除かれた八町をどこに補充するか、補充しないか、というような問題があるからである。

ただし(3)の問題は、宝亀元年八月の称徳没後に起ることであるから、創建当初の寺地を考える場合は考慮に入れる必要はあるまい。以下(1)(2)について私見を述べる。

便宜上、先に(2)の北の京極路が一条北大路か、北辺坊の北限の道かという問題を取り上げる。北辺坊がいつ設けられたかは、一町分か二町分かという問題とともに種々の説があるが、西大寺の造営のはじまる七六四年（天平宝字八）にすでに成立していたかどうか、やや疑問であるが、最近の井上和人氏の研究[5]によれば北辺三坊までは二町分が設けられていたことは認めてよさそうである。しかしそれは地割として、あるいは近世以降の小字境界として認められるのであって、京極路といえるような道路の遺構は検出されていないようである。

一九七四年、岸俊男が中心になって調査・作製した「遺存地割・地名による平城京復原図[6]」をみても、京極路の痕跡といえるような地割を認めることはできない（図2参照）。これに対し、一条北大路の痕跡も、平城京一条の全域については認めることはできないが、右京の三坊・二坊および平城宮の北面については断続的に存在している。西大寺寺地の北を限る「京極路」は一条北大路と考えるのが妥当である。

ここですこし問題になるのは、「西限京極路」である。平城京の西京極の地域は、一条から九条までほとんどが丘陵地帯で、京極路（四坊大路）の痕跡は残っていない。西の京極路は存在しなかったと思われる。それなのに「西限京極路」とある。しかしそうだからといって、北の京極の場合は、一条北大路が造られているのだから、路の造られていない北四坊（四坊の北辺坊）北限を北の「京極路」と言ったとは考えられない。

図２　遺存の地割，地名による条坊復原図

〔備考〕図の中央を左上から右下へ斜めに走る線は近畿日本鉄道（近鉄）．その中ほどにある駅は大和西大寺駅．図右上に見える古墳のうち※を付した古墳が現称徳天皇陵．

次に(1)の東限の「佐貴路」であるが、西限が西の京極路、南限が一条南路であることは「資財流記帳」によって疑いがない所へ、北限が一条北大路と確定すれば、佐貴路は右京二坊大路と考えないわけにはいかない。一町東の小路とすると、一条三坊における西大寺の寺地は一二町となり、一条四坊の一六町とあわせて二八町、喪儀寮の一町を除くと二七町で、四町の不足が生じる。佐貴路を二坊大路の東一町の小路とする論者は、不足の四町を北辺坊に割りあて、北辺坊の北限に北の京極路があったとするのであるが、それが不可能であることは、さきに論じた通りである。

かくして西大寺の創建当初の寺地は、本節のはじめのほうに記したように、二坊大路（佐貴路）・一条南路・西京極路（道路は実在しない）・北京極路（一条北大路）に囲まれた右京一条の三坊・四坊の地（ただし東北角の

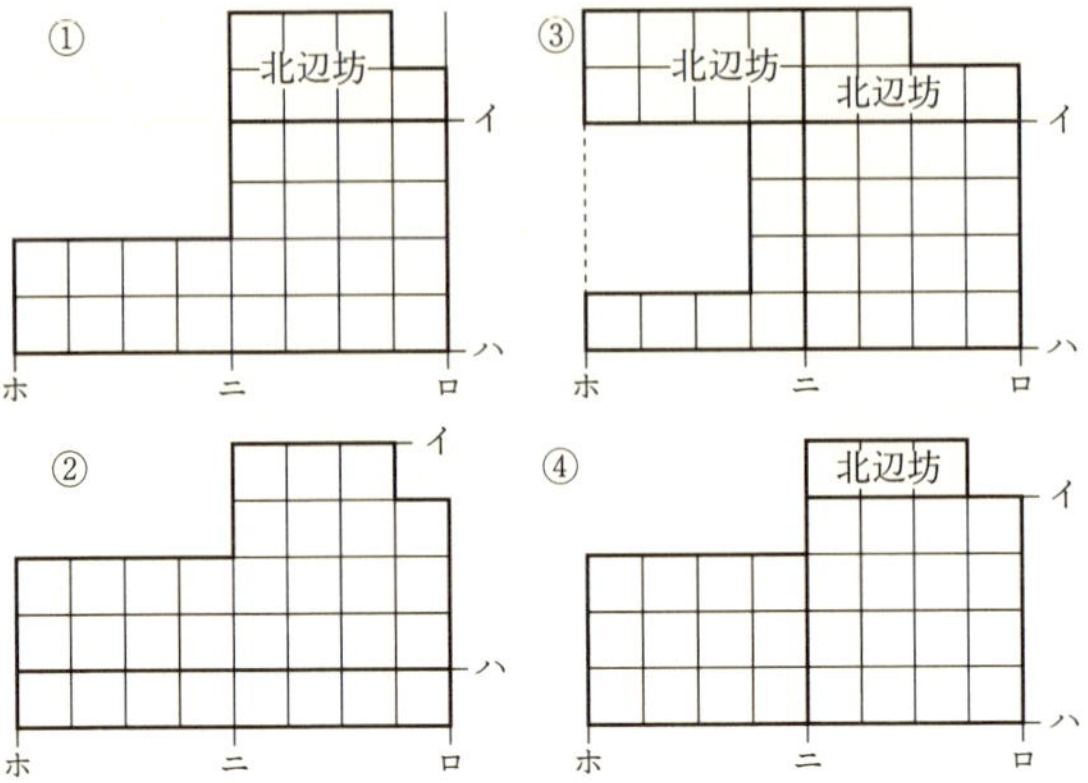

図3　西大寺寺地の諸説

〔凡例〕　イは北京極路（一条北路），ロは佐貴路（右京二坊大路），ハは一条南路，ニは右京三坊大路，ホは西京極路を示す．

〔解説〕　図3および「解説」は井上和人「平城京右京北辺坊考」（注(5)）による．ただし一部私見をもって改めたところがある．

図の①は大岡実「西大寺の寺地について」（『史跡名勝天然記念物』第8集4号，1966年），②は中郷敏夫「西大寺の占地」（『考古学雑誌』25巻12号，1925年），田村吉永「西大寺の居地」（『大和志』8巻10号，1941年），③はたなかしげひさ『奈良朝以前の寺院の研究』，初出は1941年，④は大岡実が「西大寺」（大岡著『南都七大寺の研究』中央公論美術出版，1966年）の付記に記した説に，それぞれ依っている．

なお，関野貞『平城京及大内裏考』（1907年），喜田貞吉「平城京の四至を論ず」（『歴史地理』8巻2・4・5・7〜9号，1906年），大井重二郎『平城京と条坊制度の研究』（1966年）の説は，図1に示した私見と同じである．

一町は喪儀寮）と考えられる。西大寺の寺地について多くの説がある（図3参照）が、それらは七七〇年（宝亀元）に称徳の山陵として割取された寺田八町の代替地や、その後の西大寺の勢力の消長にともなって獲得したり喪失したりした寺田に関する史料にもとづいて考えられたものであろう。それらの西大寺の敷地は複雑な形態をしたものが多いが、創建当初は「資財流記帳」の記すように、右京一条三坊・

四坊という単純な形態であったに違いない。

寺地の確定に紙数を費やしたが、そうしなければ称徳天皇山陵の地を推定する手がかりとなる「資財流記帳」の「山陵八町」の位置を確定できないからである。

3　称徳天皇山陵兆域の推定

さてそれでは西大寺の寺地の中に設定された山陵の地の位置はどこか。それは多くの研究者の認めるように、西京極に接する一条四坊のうちの北半八町（一、二、七、八、九、十、十五、十六坪）であろう。四坊の西半八町（九、十、十一、十二、十三、十四、十五、十六坪）でも、「資財流記帳」の限りでは条件にあうが、それでは南北が四町になり、兆域が「南北三町」とする史料3の条件に適合しない。また四坊の南半八町は理論的には山陵の地の可能性はあるが、元来、墓地は喪葬令9皇都不得葬埋条に「凡皇都及道路側近、並不レ得二葬理一」とあるように、都＝京の中には設けるべきものではないとされていた。今、問題としている地もこれを山陵の一部とすることは、厳密に言えば令条に背くことになるが、称徳天皇を本願とする寺の土地であり、かつ京の西北端の地であるために山陵の一部とすることができたのであろうが、令の規定からすれば、なるべくならば辺陬の地の方がよい。そういう意味で四坊の南半は陵地の条件には適さないと考えられる。

そこで次の問題は、右京一条四坊北半の南北二町・東西四町にわたる地と、史料3（『延喜式』諸陵寮）にみえる南北三町・東西五町の兆域をもつ称徳天皇山陵の地との関係である。両者がまったく関係なく、新しく設けられたのが史料3の称徳陵であるならば、その位置を考える手掛りがなくなるが、陵の被葬者である称徳の建立した寺の土地を捨てて、新しく陵の地を求めるとは考えられない。史料3にみえる南北三町・東西五町の称徳陵の兆域は、史料4から推定される南北二町・東西四町の地を含み、これを拡張したものであろう。

舘野和己氏は本稿「はじめに」に記した論文（注(1)参照）で称徳陵の兆域について次のように言う。

四坊の北に一般に考えられているように南北二町分の北辺坊を想定すると、それは八町の面積になるから、それを全部兆域に含み四坊の寺域内の八町を加えると十六町になり、『延喜式』に見える兆域十五町を越えてしまう。そこでは東西五町、南北三町とあるから、そのような想定はできない。したがって具体的にどこまでを兆域とするかは不明と言わざるをえない。

舘野氏は史料2（『続日本紀』）の称徳天皇を添下郡佐貴郷に葬るという記事から、佐貴郷の位置を検討して、それが西大寺の北方であることを明らかにした。称徳陵の兆域を考えるのにいちおう北辺坊八町に注目したのはその結果であろう。佐貴郷に関する検討の結果に誤りはないと思うが、陵域を寺内の八町と西大寺の北方にのみ限らなくてもよいのではないか。私は西大寺の西方へも眼をむけたい。

西大寺の西を重視するのは、これもさきに記した田村吉永氏である。田村氏は前掲の論文「称徳天皇高野陵考」で、西大寺の西方に旧地名で生駒郡伏見町大字西大寺小字高塚のあることを指摘し、この地をもって称徳天皇高野陵と推定した。いかにも橿原考古学研究所編『大和国条里復原図』（奈良県教育委員会、一九八〇年）の№13の図幅には、西大寺の西方に高塚という地名が見える。右京三坊大路の中軸線からの距離は概算五七五メートルの地で、一坊の大きさは一五〇〇大尺四方、メートルに換算して約五三二メートル四方であるから、京外の地とみてよかろう。

しかし「高塚」は「高野」でないから、(7)「小字高塚の地を以て高野陵と推定する」という田村氏の説には疑問を入れる余地がある。しかしそれよりも田村説で問題と思うのは、

①「高野陵推定地たる高塚に於いてみるに平城京西京極路と推定さるゝものは小字高塚の略中央部を南北に縦ち」

②「然かもそれより東方の高塚地域は一条四坊内に位置しその面積凡八町に亘っている」

③「高塚の区域は東西約五町、南北約三町に亘っている」

（補註　①・②・③は便宜上筆者の付したもので、田村氏の原文にはない。①と②の文は接続する）

の各条である。①では、さきに記したように私の計測では西京極路は小字高塚の東にあるが、それはさておいても、南北に通ずる西京極路が「高塚の略中央部を南北に縦ち」というのは道理にあわない。「東西に縦ち」の誤りであろう。②では、「それ（西京極路）より東方の高塚地域」が「一条四坊の凡八町」に亘るというのは証明が伴っていない。③の高塚の区域が「東西約五町、南北約三町に亘ってい る」というのも同様である。田村氏自身が「小字」というように「高塚」というのは狭小な地域――前記「大和国条里復原図」によって測ると南北約七五メートル、東西約三五メートル――である。それがどうして東西五町・南北三町の地区に亘ると言えるのか、信じ難い。高塚という小字名を発見し、陵域が一条四坊の一部とその西方に亘るという重要な提案をしながら、田村説を顧みる人が少ないのは、こうした史料の恣意的な扱いのためではあるまいか。

さきにもふれたように、私は高塚と高野とは区別したほうがよいと思うが、塚は墓所を意味する場合

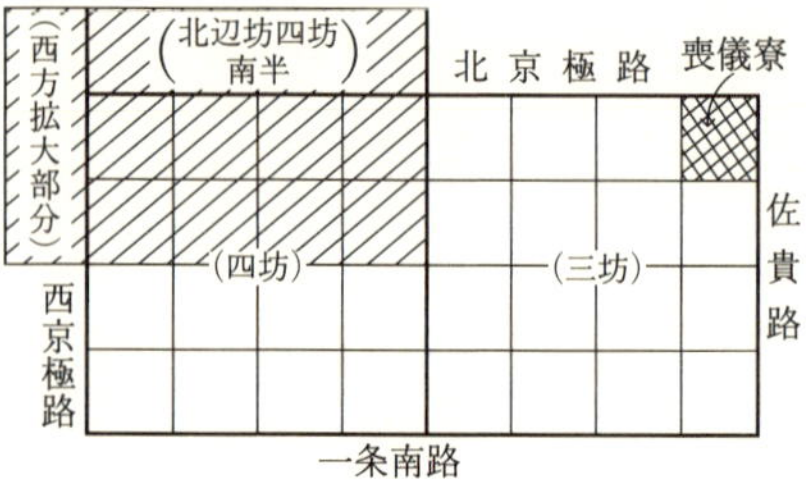

図4　称徳天皇山陵兆域（▨の地）

が多く、称徳の埋葬地がその付近にあった可能性は高いと考える。したがって称徳陵の兆域は一条四坊から西京極路（実際の道路は存しないが）を越えて西へひろがっていたと思われる。

しかし西方だけではあるまい。舘野氏が明らかにしたように称徳天皇の葬られた佐貴郷の主な領域が西大寺の北方にあるのだから、陵の兆域は北へもひろがっていたと考えられる。

つまり称徳陵の兆域は、右京一条四坊の北半八町を含み、その北および西にひろがって、南北三町・東西五町の広さを持つというのである。そういう土地を求めるのは、現実はともかく図上では容易である。まず北辺坊四坊八町のうち南の四町（二、三、六、七坪）を、一条四坊の八町に付加する。そうすれば南北三町・東西四町の土地が成立する。それを西方へ一町分拡大すれば、南北三町・東西五町の地となる。私の計測では、小字高塚は西への拡張部のなかにはいる。地割がどこまでできていたかは疑問だが、この範囲が称徳天皇の山陵と推定される（図4参照）。

むすび

称徳天皇山陵の位置と範囲（兆域）を私は以上のように考えるのであるが、この推定は、第2節で五つの史料から考えた条件のうち、(ロ)の添下郡佐貴郷に在ること、(ハ)の兆域が南北三町・東西五町であるること、(ニ)の兆域のうち八町は西大寺の寺地の西部にあること三つに適合する。(ホ)の西大寺の北に所在するという条件にも矛盾しない（北辺坊四坊は西大寺の北である）。

(イ)の鈴鹿王の旧宅の地を含むという条件に適合するかどうかは不明だが、鈴鹿王旧宅の所在地が分からないのだから、やむを得ない。しかし近年、西大寺の古図の研究[8]や発掘調査[9]によって称徳天皇の山荘が北辺坊四坊の三坪・六坪のあたりにあったとする説が有力になっているようである。それが認められるならば、鈴鹿王も別業を北辺坊四坊の二坪か七坪あたりに持ち、史料1にいう「旧宅」はそれである、ということも考えられるであろう。

最後にもうひとつ言っておきたいのは、一九三七年（昭和十二）十二月八日から同月二十二日の間に、奈良市西大寺町畑山から出土した開基勝宝三一枚についてである。この金銭が七六〇年（天平宝字四）三月に鋳造されたことは『続日本紀』にみえるが、上の発見に至るまで出土が知られるのは一七九四年（寛政六）四月、西大寺の西塔跡からの一枚だけであった。一九三七年の出土の場合は、十二月八日にまず二五枚が出土したのであるが、田村吉永氏の報文[10]によると、出土地点は、「西大寺十五社明神の社前方から西方あやめ池に通ずる道路が山地に入ると右折して大軌電車（現在の近鉄―直木）路を横断する。この踏切の東方約一町線路の南僅々田地を隔てゝ近接する丘陵で、元来野山であったものを地均し中偶然出土したものであった」という。この道路および踏切は今も存し、出土地点は小字高塚の東北およそ二五〇メートルぐらいであろう。近年の調査によって知られるようになった前述の称徳天皇山荘推定地にも近接する。

現在では三一枚の開基勝宝は称徳天皇の山荘に収蔵された品とみる意見が優勢のようである。それももっともであるが、称徳天皇山陵へ厭勝銭として納められたものの可能性はないだろうか。もしそうなら、称徳山陵の範囲を考える上に有力な手がかりとなるだろう。

以上、かなり大胆に仮説をまじえながら私見を開陳した。匡正を得ることができれば幸いである。本稿をなすについて前記『西大寺古絵図の世界』によるところが多い。記して謝意を表する。

注

(1) 舘野和己「西大寺・西隆寺の造営をめぐって」(佐藤信編『西大寺古絵図の世界』東京大学出版会、二〇〇五年)。
(2) 鈴鹿王の旧宅の位置は不明だが、舘野氏は注(1)の論文で次のように言う。本来、王族・官人の宅地は京内に在るが、この場合の鈴鹿王の旧宅というのは別業であって、京外に存したのであろう(要旨)と。従うべきであろう。
(3) 上野竹次郎氏はその著『山陵』上(一九二四年)の称徳天皇陵を解説したところで「資財流記帳」を引きながら、「所謂山陵八町ハ何陵ヲ指スカ、未ダ考ヘ得ズ」と言っている。
(4) 「資財流記帳」では「喪儀寮」とあるが『令義解』職員令では「治部省喪儀司」である。『続日本紀』には喪儀司が寮に昇格した記事はなく、八〇八年(大同三)鼓吹司に併合されたことが『令集解』にみえる。「西大寺資財流記帳」には近世以前の古写本がなく「喪儀寮」とするのは伝写の誤りではあるまいか。
(5) 井上和人「平城京右京北辺坊考」(佐藤信編『西大寺古絵図の世界』〈注(1)参照〉)。
(6) 「遺存地割・地名による平城京復原図」(奈良市『平城京朱雀大路発掘調査報告』付図、一九六四年)。
(7) 田村吉永氏は前掲「称徳天皇高野陵考」のなかで、「高塚は高ノ塚であって高野陵を現わす名残りである」と言うが、強弁であろう。
(8) 橋本義則「古代の文献史料と『称徳天皇御山荘』」(橋本著『平安京成立史の研究』塙書房、一九九五年)。ただし橋本氏は、山荘跡伝承地が北辺四坊三・六両坪にわたることを認めながら、多くの問題点があるとし、三・六両坪にあったと主張してはいない。

（9）　発掘の成果は町田章著『平城京』（ニュー・サイエンス社、一九八六年）に簡潔にまとめられている。それ以降の研究については、私はつまびらかでない。

（10）　田村吉永「開基勝宝の出土」（『大和志』五巻一号、一九三八年一月）による。高田十郎氏の「黄金銭三十一枚の出土」（高田著『奈良百題』青山出版社、一九四三年）には、「(出土の場所は) 西大寺の今の境内から四五町の西。土地の持主たる大阪の高味新七氏が、借屋を建てる目的か何かで地ならし中、人夫の鍬さきから（出土した）」とある。

補論1　小字高塚について

私は前掲の論文「称徳天皇陵の所在地」（以下、本論文という）の「はじめに」において、田村吉永氏に称徳天皇陵の所在を論じた「称徳天皇高野陵考」という論文のあることを述べ、本論文の3「称徳天皇山陵兆域の推定」の節で、田村氏が西大寺の西方に小字高塚の地名のあることを指摘し、「小字高塚の地を以て高野陵（称徳天皇陵を指す—直木）と推定する」と論じたことを述べた。しかし田村氏が西大寺の西に高塚という小字名を発見したことは重要であるが、小字というのであるから、それほど広い地域にわたるとは思われない。田村が「高塚の区域は東西約五町・南北約三町に亘っている」というのは事実であるのか。そう思って橿原考古学研究所編『大和国条里復原図』を検べて、高塚という小字が西大寺の西方にあることを確認したが、本論文に記したように、その小字高塚は南北約七五メートル、東西約三五メートルの狭小な地域であって、これをもって面積一五町歩におよぶ高野陵の地域の範囲を推定するわけにはいかない。

このように考えて、私は田村説を捨てて別に私見を組みたて、本論文を書いたのであるが、公刊後、東野治之氏から『『大和国条里復原図』をみると、高野という小字名はもう一つありますね」という指摘を受けた。おどろいて右の『復原図』を再検討すると、私の着目した小字高塚の南のそれほど隔たらないところに、もう一つ小字高塚があるのに気がついた。さきの「高塚」を「高塚A」、この高塚を「高塚B」とすれば、高塚Bは形が不整形であって、寸法を明示しがたいが、広い所をとると東西約三

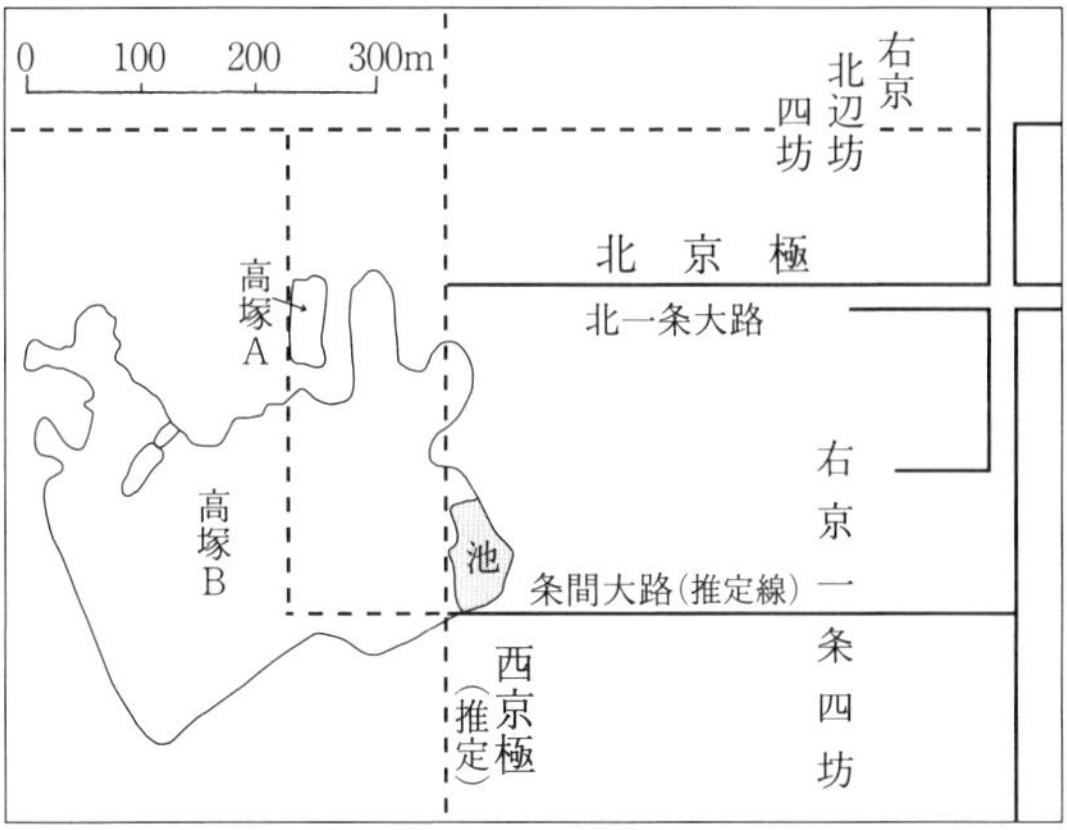

図　西大寺西方の小字「高塚」の位置と大きさ

○○メートル、南北約二五○メートルほどの大きさがある。とくに注目されるのは、高塚Bの輪廓が、北部の線は崩れているが、東・南・西の線からすると、かつて前方後円墳が存在したのではないかと思われることである。高塚という地名も、この考えを支持する。

ただ、輪廓線の示すところでは、現状で長径が約三○○メートルあり、大きすぎる感があるが、末永雅雄氏のいう周庭帯を含めての数値かもしれず、古墳の可能性はのこる。上に『復原図』にもとづいて、二つの小字高塚の形を示した地図を掲げて、識者の教示を待ちたいと思う。

いずれにしても、高塚という地名はかつて古墳のあったことを示唆はするが、高塚形式の古墳が消滅して半世紀以上のちに(称徳天皇の死は七七○年)造営されたと考えられる高野陵とは関係がないと考えるべきであろう。

補論2　北辺坊四坊について

本論文で述べたように、私は称徳天皇陵の兆域を右京一条四坊の北半八町と、右京北辺坊四坊の南半四町および京域外の西方の三町の計一五町から成ると考えるのであるが、北辺坊四坊の坪割・坪名について述べておく。北辺坊とは平城京の北の京極をなす一条北大路の北に存する京の張りだし部分をいうのであるが、左京にはその存在は認められず、右京の二・三・四坊の北に南北二町、東西は各坊四町ずつ、計一二町にわたる広さを占める。換言すれば二・三・四の各坊が半条分、京極の北へ拡張されているというのが、今日では定説となっていると言ってよかろう（井上和人「平城右京北辺坊考」本論文注(5)参照)。

ふつう京内の一坊の大きさは東西四町・南北四町で、一六町の面積があり、一町（一町四方）を坪と呼ぶので、一六の坪から成っているとも言える。各坪には番号をつけ、左上に図示するように右京の場合は東北の隅の坪を一ノ坪とし、順次番号をつけ西北の隅の坪を一六ノ坪と呼ぶ。北辺坊の場合はその半分の八坪なので、一ノ坪からはじまり、八ノ坪で終る（図1・図2参照)。称徳陵の兆域にはいるのは、坪の番号でいうと、右京北辺坊四坊の二・三・六・七の四つの坪である。

16	9	8	1
15	10	7	2
14	11	6	3
13	12	5	4

図1　平城京右京坊坪図

8	5	4	1
7	6	3	2

図2　平城京右京北辺坊坪図

以上、本論文で論じた称徳陵の兆域を理解してもらうため、平城京に関心の深い人には不要かと思うが、念のために補説した。

二　平城宮跡保存の歴史概略

はじめに――平城宮跡研究のはじまり

直木でございます。本日はいろいろご用のある中、たくさんの方にお越しいただきまして、本当にありがとうございます。主催者のひとりとして厚く御礼申しあげます。

さて、「世界遺産平城宮（京）のねうち――今日までこんなにも大切にされてきました」という題でお話しますが、ある意味では「こんなにひどい目にあってきました」ということでもあります。それをわたしたちの先輩の方々の力、また皆さんの力で何とか持ちこたえてきたともいえます。今後もこれ以上傷つけられることなく、後世に残すことが、先人に対して、また後世の人々に対するわたしたちの責任であります。

話を明治以後に限りますが、明治以降、平城宮の保存のためにどういう先人の苦心があったか、かいつまんで要領だけお話したいと思います。

平城宮の学問的な研究は実は幕末からはじまっているのですが、それを再発見して近代的な研究のルートに乗せて推し進めたのは、明治三十年代のはじめ、奈良県技師の建築学者関野貞であります。関野は一八九五年（明治二十八）東京帝国大学を卒業、伊東忠太博士の薦めにより、古社寺保存事業の責任者として九六年末に奈良に赴任、翌九七年（明治三十）に奈良県技師に任じられたのが彼の活動の始まりです。

関野は早速奈良県下の古社寺の研究に専念するのですが、一八九九年一月二十二日の土曜の午後、奈良西郊を散策し、法華寺の西の田圃のあぜ道を歩いていて、田圃の中に小高い草地があるのに気がつきます。近くの農夫にきくと、「大黒の芝」と呼ばれているといいます。関野は大黒は大極殿のダイゴクがなまったものではないかと気がつきます。南を眺めると田圃のあいだにやや高くなった草地が点々とみえます。一二あったはずの朝堂の跡にちがいありません。こうして平城宮跡の研究が始まることは、太田博太郎先生の紹介（太田著『建築史の先達たち』彰国社、一九八三年）などで今日ではよく知られています。

内裏や宮城の研究は裏松固禅が一七九七年（寛政九）に完成した『大内裏図考証』がありますが、これは平安宮の研究です。関野はこの本を読み直すとともに、奈良の古書店をめぐって北浦定政の著した「平城宮大内裏跡坪割之図」にであいます。これがさきほど申しました幕末の研究です。定政は伊勢の藤堂藩の領地があった大和古市（現、奈良市古市町）の奉行所の侍で、前記の『坪割之図』は一八五二年（嘉永五）の著作です。実測にもとづく精密な図面で、関野は大いに刺激を受けたようです。関野自身の研究はそれから八年後の一九〇七年に『平城京及大内裏考』としてまとめられますが、その中で定政の研究を推賞し、「爾後平城京の制度を論ずる者皆之（「平城宮大内裏跡坪割之図」―直木補）を師宗とせざるはなし」と言っています。

1　初期の保存運動――棚田嘉十郎の貢献

関野は『平城京及大内裏考』を発表するまえに、一九〇〇年（明治三十三）正月に大極殿の研究の概要をまとめた「平城宮大極殿跡考」という論文を『奈良新聞』に発表し、それを読んだ奈良公園出入りの植木商、棚田嘉十郎という人がたいへん感銘を受けて、現地「大黒の芝」のあたりをたずねました。「大黒の芝」をはじめ若干の草地が残っているほかは田圃ばかりで、そのあいだに所々、肥溜めがあります。一九二六年（大正十五）刊の『史蹟精査報告』第二（平城宮阯調査報告、内務省）には、「奈良の人棚田嘉十郎氏（中略）其地が空しく農夫の糞屎の堆積所たるの状景を目撃して、慨然としてそれが保存顕彰に尽瘁せん事を誓ひ」とあります。

棚田も明治の人ですから、そういうことも発奮の材料の一つではあったでしょうが、その底には郷土の史跡への愛情があったと思います。彼は率先して宮跡保存運動に乗り出します。平城宮跡保存運動は、東大寺をはじめ南都六大寺の僧がやったのではない、県庁の役人が始めたのでもない、一植木商が私財をなげうって始めたのが起りです。

棚田の詳細は中田善明氏著『小説棚田嘉十郎』（京都書院、一九八八年）に譲ります。ただし「小説」と銘うっていますから想像で書いたところもあるようですが、史実と大きくは外れていないと思います。どんなふうに棚田が運動をすすめたか、この本によって一例をあげますと、北浦定政の「坪割之図」を三万枚印刷して、宮跡をたずねてくる人に手渡し、また根来塗の春日扇一〇〇〇本を用意して、表には平城宮跡出土の古瓦の文様を、裏には坪割図の略図を印刷し、これはと思う人に進上して保存を訴えた、とあります。このようにして各方面に保存を訴え、一九〇六年（明治三十九）に棚田と溝辺文四郎は石崎勝蔵、塚本松治郎とともに平城宮址保存会を組織します。溝辺はいまも平城宮跡の北に邸宅のある旧家です。塚本松治郎は当時県の土木技手で、測量の技術を持ち、関野の仕事を助けていました。ちょっと不審なのは、前記の『史蹟精査報告』第二は平城宮阯保存会を組織した塚本松治郎に当る人物を「現文部省嘱託塚本慶尚」としていることですが、多分塚本慶尚と塚本松治郎とは同一人物なのでしょう。

保存運動はその後さらに発展して、一九一三年（大正二）に侯爵徳川頼倫を会長、男爵阪谷芳郎を副会長とする奈良大極殿阯保存会が設立されます。その会の設立が契機となって、その後、宮跡のある都跡村（現在は奈良市に編入）の有志からの土地寄付、保存会による購入、匿名の篤志家からの寄付などによって、大極殿と朝堂院一帯の地九町二反余（九ヘクタール余り）が確保できます。保存会はこれを内務省に寄付して国有地とし、一九二二年十月、内務省はそれをふくむ約四七ヘクタール（大部分は民有地）を、一九一九年制定の史跡名勝天然記念物保護法に基づいて史跡に指定しました。棚田二〇年の悲願は成就したのです（図1）。

図1　棚田嘉十郎

ところが棚田はよろこびの日を迎えることなく、

その一年前の一九二一年に世を去りました。それも尋常の死にかたではありません。覚悟の割腹自殺です。当時一六歳であった棚田の三女とめ子さんは、後につぎのように回想して話しています。

　墓まいりから母と姉といっしょに帰ると、父はうら返したタタミの上に白装束で正座し、短刀で腹を切っていました。わたしたちが帰ったときにはまだ息があり、〝いつまでも遺志を忘れぬよう〟とはっきりした声で申しました。（『朝日新聞』一九六三年一月二十四日）

ではなぜ棚田は自殺したのでしょうか。

前記の『小説棚田嘉十郎』、とくにそのなかに引用してある棚田の死を報ずる『大阪毎日新聞』の一九二一年八月十七日付記事や、当時のことを記憶している薬師寺元管主橋本凝胤さんのかつての談話などによると、土地を買収するのに寄付をした匿名の篤志家というのは、実は岡山に本拠を置く福田海という仏教系の宗教団体で、寄付も売名のための行為であったことが明らかになり、大極殿阯保存会に迷惑がかかるだけでなく、神聖なるべき平城宮跡を汚すことになったと、棚田は深い責任を感じたためのようです。

橋本凝胤さんの談話は『大和文化研究』一二巻一〇・一一号の合併号（一九六七年十月）に載っていますが、凝胤さんは「向う（福田海）が不敬事件を起して、その金貰ってやったと言う事で棚田が切腹した」と言っておられますが、刑法上の不敬罪というほどのことではあるまいと私は考えています。よほど棚田という人は責任感の強い人なのですね。このとき、数え六三歳、お墓は奈良市雑司町の空海寺にあるそうです。

2　平城宮跡の調査の進行

一九二二年（大正十一）の史跡指定にともない、二四年に平城宮跡保存工事が行なわれ、大極殿周囲の回廊雨落溝が発掘され、「大黒の芝」が大極殿であることがはっきりしました。昭和にはいって一九二八、二九年（昭和三、四）に、大極殿の北東方で石積の溝が発掘され、「宮内省」と墨書した土器が出土しました。調査に当ったのは関野の何代かあとの奈良県技師岸熊吉さんです。その報告は『奈良県史蹟名勝天然記念物調査報告』一二（一九三四年）に出ています。岸技師は先年なくなられた岸俊男さん（京都大学名誉教授・橿原考古学研究所長）のご尊父です。俊男さんは、「あの調査の時にも木簡が出土したにちがいない。惜しいことをした」と言っていました。平城宮跡から木簡が発見されたのは、それから三二年後の一九六一年のことです。

それからあとしばらくはあまり変ったことはなかったと思います。さきに買収して国有地になった九ヘクタール余りは、大極殿の周辺から十二朝堂のあった朝堂院へかけての地で、青草の茂るにまかせていました。私は京都大学の学生であった一九四一、四二年ごろ、何度か宮跡を訪ね、青草のあいだにねそべって空を行く白雲を眺めたものです。白鷺が飛んできて、同行の一人が若山牧水の歌をもじって、「白鷺は悲しからずや空の青草の青にも染まずただよふ」と朗詠したこともありました。

あのころはのんびりしていて、よかったなあ。

という人もだんだん少なくなりました。

問題は終戦後しばらく経ってから起りました。平城宮跡の東北方、法華寺の北にウワナベ古墳・コナベ古墳という中期の典型的な前方後円墳がありますが、そのあいだの土地が米軍の駐留地、つまりキャンプになりました。現在は自衛隊がはいっています。問題というのは、そこと近鉄西大寺駅を結ぶ道路が当時は狭くて何度も折れまがっているのを拡幅して直線道路としようという、日米行政協定に基づく改修工事の実施です。調査は一九五三年十二月にはじまります。奈良国立文化財研究所（以下「奈文研」）はその前年の四月に設立されていましたが、まだ体制が整わず、奈良県教育委員会が中心になり、奈良国立博物館・奈文研・奈良女子大学その他が協力しました。私も見学に行きましたが、十二月末の寒風の吹きつけるなか、頬や手先を真っ赤にして発掘に従事している女子大の学生にまじって、作業に打ちこんでいた岸さんを思い出します。当時岸さんは奈良女の助教授でした。調査区域は道路に沿って東西約二〇〇メートル、南北平均四〜五メートルの長細い範囲ですが、それでも柱跡や敷石遺構が土器類とともにたくさん発見され、土中に奈良時代の遺構・遺物が多数残存していることがわかりました。

米国駐留軍の強い要請によって行なわれた調査で、調査期間は翌年の一月二十九日まででしたが、難波宮跡の発掘がその翌年の二月からはじまり、長岡宮跡の調査がさらにその翌年の五五年にはじまることを思うと、この平城宮の調査は宮跡調査に大きな刺激となったといえるでしょう。そうして奈文研による平城宮跡の本格的調査は一九五九年から開始されます。

3　平城宮跡を守るたたかい

本格的発掘調査が開始されて三年目の一九六二年、大きな問題が起ります。近畿日本鉄道（以下「近鉄」）が西大寺駅の隣接する平城宮跡の地域内に検車区、わかりやすくいえば車庫と操車場を建設しようとしたのです。私たちが知ったのはその計画を文化財保護委員会（現在の文部科学省の文化庁の前身）が承認したあとで、法的にはいつでも近鉄は車庫を建てられる状態になっていました。

私の所属する大阪歴史学会古代史部会は一九六二年三月七日付で工事阻止に関する声明を出しています。『続日本紀研究』九巻一号に載っていますが、その冒頭に「二月二七日、文化財保護委員会は近畿日本鉄道株式会社に対し、平城宮跡内の一画五万四千平方米の地域に、検車区設営の着工許可を与えた」とあります。工事の中止を要望する決議や声明を発表した歴史関係の学会は少なくありませんが、全国規模の運動の先頭に立ったのは、日本考古学協会の文化財保存特別委員会委員長の和島誠一さんです。

奈良では東大寺の上司海雲さん、薬師寺の橋本凝胤さんも、それぞれの立場から活動されました。上司さんは『文芸春秋』八月号に「阿保によし奈良は田舎」という文章を載せ、橋本さんは自民党の政治家大野伴睦を動かされたようです。奈良県知事奥田良三氏は飛鳥平城宮跡保存会の会長として、保存を訴えました。ただし奈良の市民の盛りあがりはそれほど高くはなかったようで、鈴木良さん他著『奈良県の百年』（山川出版社、一九八五年）によると、この年七月十二日に商工観光館で開いた平城宮跡をまもる講演会は、私も講師の一人として出演しましたが、参加者は約六〇人でした。一般の人びとの文化財に対する認識がまだ低かったのです。このころの文化財保護運動の困難であった理由の一つです。

それでも日本教職員組合（日教組）の協力もあって、署名運動は全国的にひろまり、二、三ヵ月で二

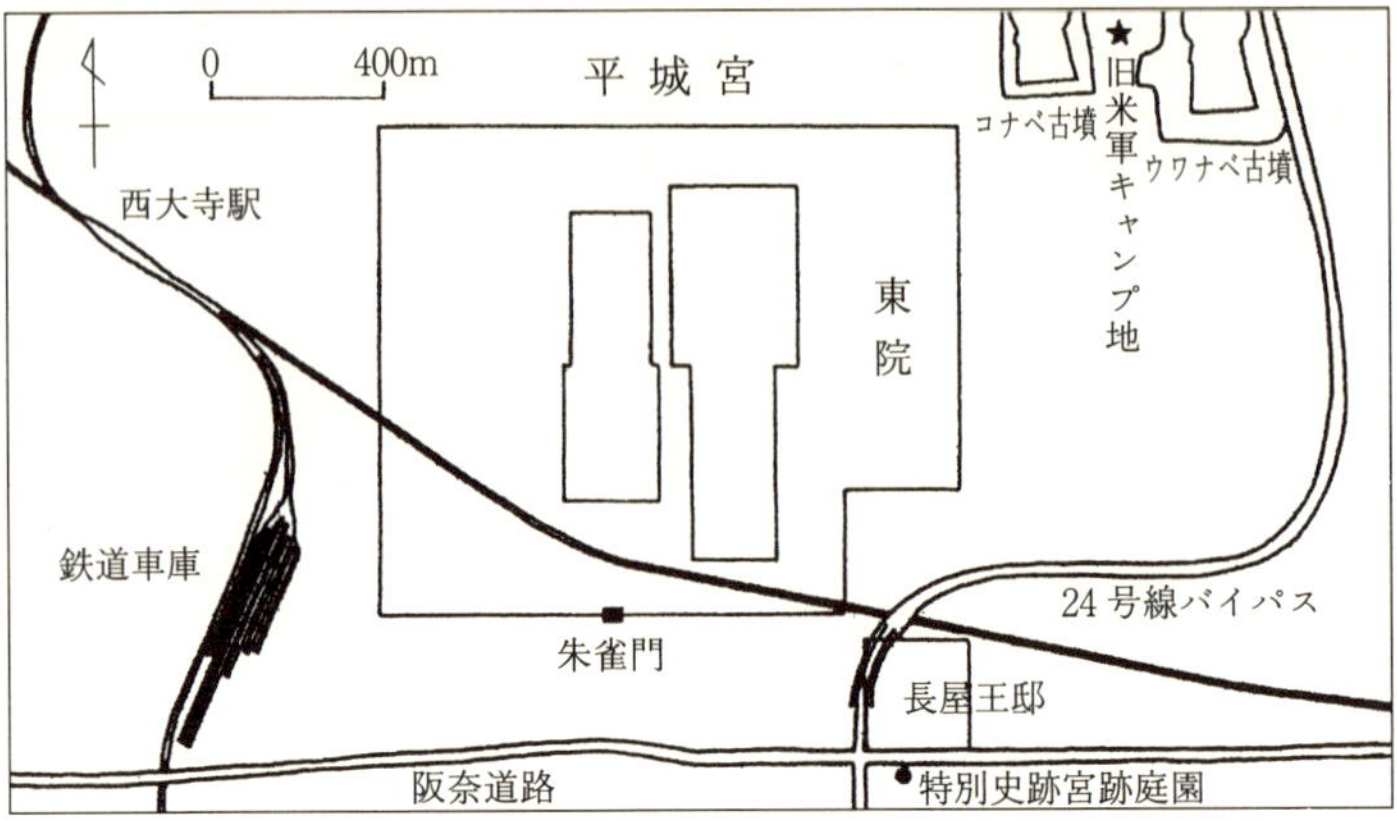

図2　鉄道車庫と24号線バイパスの計画変更

万六〇〇〇人の署名が集まりました。これもいまから思うと多いとはいえませんが、当時としては大きな数でした。

こうした全国的な高まりにより、大蔵省は十二月二十七日に平城宮跡の買収予算四億二千余万円を計上、近鉄も計画を変更することになり、阻止運動は成功しました。前記『奈良県の百年』は、「国民の声が平城宮をまもったのである」と結んでいます（図2）。

つぎに起った大きな問題は「国道二四号線バイパス問題」です。京都から木津町を通り、奈良坂の東、転害門の前をへて奈良の市街地へはいってくる二四号線が混雑するので（後述の平野邦雄さんの談によれば、直接には一九七〇年に大阪で万国博覧会が催されることに備えての計画だそうです）、奈良山を越えて平城宮の東の左京一坊大路へ通すバイパスが計画され、そうした計画のあることが一九六六年（昭和四十一）に明らかになりました。同年三月には文化財保護委員会は内諾を与えたのですが、奈文研で事前調査をしますと、いままで正方形と考えられていた平城宮が実は東へ半坊分、二五〇メートルほど張り出していることがわかりました。現在、東院と呼ばれている部分です。したがってバイパスを予定通り通すと、東院部分を破壊することになります。それで東院を守れという運動が起りました。

奈良では奈良女子大名誉教授の帷子《かたびら》二郎先生（自然地理学）を代表、奈良女子大付属高校の鈴木良さんを事務局長とする「奈良バイパスの平城宮跡通過に反対する協議会」という長い名前の会を作って、運動しました。その会で出した『平城宮跡を守るために』というパンフレットには、巻頭に帷子先生の挨拶、つぎに和島誠一先生のメッセージ、そのつぎに私のコメントが載っています。この運動には奈文研の職員組合も協力してくれました。その中には狩野久さん（現在、京都橘女子大教授）や鬼頭清明さん（二〇〇一年没。生前、東洋大学教授）などもおられました。東京では井上光貞さんや平野邦雄さんも通過反対の運動をされたそうです（平野邦雄・笹山晴生・佐藤信対談「学問・史跡・博物館」上『日本歴史』六二五号、二〇〇〇年六月）。「僕らは大いにハッスルしました」と平野さんは語っています。

そうした各方面の努力があって一九六八年四月にバイパスのコース変更が決定され、ウワナベ古墳の東を通る現在の路線になりました。

そのほか奈良の景観を守る運動では、県庁改築のとき高い塔屋に反対するとか、シルクロード博による自然破壊や建築物の高さ制限の緩和に抗議する、また平城京左京三条二坊の地から発見された奈良時代の庭園保存問題とかいろいろありましたが、平城宮跡に限りますと、以後いままであまり大きな問題が起らなかったと思います。

むすび――京奈和自動車道について

ところがこのたび自動車専用高速道路である「京奈和自動車道」が平城宮跡を通過する計画が起って参りました。今年（二〇〇〇年）は棚田嘉十郎が関野貞の論文を読んで平城宮跡保存の決心をしてからちょうど一〇〇年目であります。その間平城宮跡は多くの人びとの苦心によって守られてきました。人びとの思いはさまざまでありまして、なかには天皇の尊厳を汚すまいというところに力点をおいた人もあったかもしれませんが、古代の貴重な文化の遺産を守って後世に伝えたいという一点では共通していると思います。

トンネルで地下を通過すれば遺跡をこわさないという意見もありますが、木簡をはじめとする木製品を損壊するおそれは大きく、また地盤の沈下を生じて地下の遺構を変形させる危険も少なくありません。平城宮跡保存の経過の概略を述べ、皆さんのご理解をえたいと思う次第であります。ご静聴ありがとうございました。

〔付記〕　本文は二〇〇〇年六月四日に奈良文化会館で行なわれたシンポジウム「世界遺産平城宮跡と高速自動車道を考える」での講演をもとに加筆・修正したものである。

古代宮城の門について――あとがき

1

私が京都大学文学部史学科に入学したのは一九四一年四月のことで、いまに至るまで六八年のあいだに関心を持った事項は少なくないが、比較的早く興味をいだき、いまなお関心のつづいている問題の一つに、古代の宮城の門がある。今回はそれに関する思い出を書く。

戦後の学界で宮城の門を論究した最初の論文は、大阪大学に在職しておられた井上薫氏が一九五四年七月に『続日本紀研究』一巻七号に発表した「宮城十二門の門号と乙巳の変」であろう。この論文に応えるように、その三か月後の同年十月に新潟大学の山田英雄氏の論文「宮城十二門号について」が『続日本紀研究』一巻一〇号に載り、つづいて翌一九五五年四月・七月に佐伯有清氏の「宮城十二門号と古代天皇近侍氏族」（上・下）が『続日本紀研究』二巻四号・五号に発表された。

こうして宮城十二門の門号の問題は一応の結着をみるのであるが、執筆者の年齢をみると、井上氏が一九一七年、山田氏が一九二〇年、佐伯氏が一九二五年の生れの少壮の学究である。論文発表時には三〇代か三〇そこそこである。諸氏による一連の研究は、文字通り戦後の学界に新風を吹き入れたと評価してよかろう。

門についてのこの研究に私がとくに感銘を受けたのは、当時私が『続日本紀研究』の編集者の一人であり、刊行の任にあたっていたことも関係したであろう。つぎに『続日本紀研究』刊行の経過を述べておく。

2

この雑誌は続日本紀研究会によって発行されているが、今も刊行されているこの雑誌の表紙に記してあるように、大阪歴史学会の古代史部会の仕事として始まったのである。大阪歴史学会の創立の事情については私はつまびらかではないが、一九四七年から五二年まで、大阪第一師範（のち大阪学芸大学）に勤務され東京教育大学に移られた津田秀夫氏によると、大阪大学の井上薫氏と第一師範の酒井忠雄氏とが熱心に努力された由であるが、四七〜四八年ごろ大阪歴史談話会が成立し、大阪における歴史研究の一つの中心となり、新しい歴史学を望む研究者が参加し、発展した。

当初は月例の口頭による研究会を持つだけであったが、やがて会の名を大阪歴史学会と改め、一九五一年六月の大会では、機関誌の発行が決議され、『ヒストリア』と名づけられた創刊号は同年九月に世に出た。そのときの会長は魚澄惣五郎氏、日本史の委員は有坂隆道・石井孝・井上薫・岡本良一・酒井忠雄・津田秀夫の六氏（ほかに東洋史二名、西洋史一名の委員がいたが名は省略）であった。

私は一九五〇年三月に大阪市立大学法文学部の助手に任用されるが、それ以前は一九四六年四月以来、京都大学の大学院特別研究生ということで京大の研究室にいたため、大阪歴史学会とは関係がなかった。はじめて大阪歴史学会の催しに出席したのが、五一年六月の前記の大会である。会場は大阪市の堂島川の田蓑橋に近い阪大理学部の広い階段教室で、盛会であった。私はその翌年から委員に選任されて大阪歴史学会の仕事をするようになった。

一九五三年度の大会はこの年の六月に大阪市立美術館の講堂で行なわれたが、大会後の懇親会の席上、古代史部会を作ってはどうかという提案があり、私が会の委員であった関係上、部会の担当者となった。部会は八月十日から始まり、ほぼ毎週一回、新刊の著書や論文の合評や研究の発表を行ない、その第一二回目の十二月三日より『続日本紀』の輪読にとりくむことになった。毎週木曜日午後六時半（ただし第五木曜は休会）から九時近くまでの日程だから、ずいぶん勤勉にやったものである。会場は当初は会員の一人の田中卓氏の勤務校である府立社会事業短期大学の学生寮の空き部屋を利用させてもらった。寮は南区田島町にあり、近鉄奈良線の上本町六丁目の駅から徒歩一〇分あまりで、奈良に住む私には便利であった。

会に井上薫氏が出席されたのはもちろんだが、奈良に住む岸俊男氏（当時、奈良女子大学助教授）も私が誘うまでもなく、進んで出席された。このお二人と田中氏および私が会の常連で、そのほか中・高の学校や図書館に勤務の方や大学の学生など毎回八、九人が出席したと思う。

例会の二、三回目のころ、輪読の記録を残したいというところから、会誌発行の議が起った。私が会誌の発行を熱心に主張したのではないが、部会の担当者であったため、発行所と発行の事務を引き受けた。これが五五年後の現在も活発に活動している『続日本紀研究』の刊行の事情である。

一巻一号は、井上薫・田中卓両氏や私などの研究やノートを載せて、一九五四年一月に出版された。B5判・一八ページ、謄写版印刷のパンフレットのような雑誌であった。まだ知名度の低い若手の研究者が集まり、有力な大学や出版社の後援もなく始める雑誌なので、発行部数は多くは望めない。また経済的に恵まれない研究者のことを思うと、価格はできるだけ安くしたい。それでこういう形の雑誌としたのだが、第一号は発行部数一〇〇部、定価は三〇円とした。当時『週刊朝日』は同価格、コーヒーも一杯三〇円前後であった。担当は二年で交替、以後、輪番制となる。

3

話を「門」にもどすと、『続日本紀研究』で問題とされたのは、宮城十二門の門号となっている氏族名の由来についてである。門号を簡略に説明すると、古代の宮城（藤原・平城）には外郭の四方に三門ずつ計一二門があると考えられていたが、それぞれの門の名が門号である。その門号は『弘仁式』の陰陽寮式によれば、県犬養門《あがたのいぬがいもん》・山《やま》門・壬生《みぶ》門・大伴《おおとも》門・達部《たつべ》門・若《わか》犬養門・伊福部《いふきべ》門・丹治比《たじひ》門・玉手《たまて》門・佐伯《さえき》門・海《あま》犬養門・猪使《いつかい》門の一二、『貞観式』（逸文）によれば、山門・建部《たけるべ》門・壬生門・大伴門・的《いくわ》門・若犬養門・伊福部門・丹比門・玉手門・佐伯門・海犬養門・猪使門の一二である。両者を比較すると、達部門と建部門は同じと考えられるから、大部分は同じである。ただ『弘仁式』に見える県犬養門は『貞観式』には見えず、代りに的門がある。門号が変化することもあったことが知られる。

一方、その他の史料を見ると、『続日本紀』大宝二年六月条に「海犬養門」、天平神護二年五月条に

「中壬生門」、宝亀三年十二月条に「的門」が見え、奈良時代後期の「正倉院文書」断簡（『大日本古文書』巻一二―三九二ページ）に「建部門」が見える。

これらの門号が氏族名にもとづくことは明らかであるが、そうした門号が平城宮で用いられただけではなく、『続日本紀』の大宝二年条に「海犬養門」がみえるので、藤原宮にまでさかのぼることがわかる。なぜそんなに古い時代から、これらの氏族名が門号とされたのか。それが問題点である。

それについて述べる前に、門号の氏族名が平安時代初期に唐風の二字の佳字に改められたことを述べておく。『弘仁式』陰陽寮式では、門号は県犬養・山・壬生・大伴など氏族名を用いていたが、『延喜式』の陰陽寮式では陽明《ようめい》・待賢《たいけん》・美福《びふく》・朱雀《すざく》などに改称されているのである。『日本紀略』弘仁九年四月二十七日条に、この日に「殿閣及び諸門の号を改む」とあるので、このときに改名されたと考えられる。従来の氏族名による門号と唐風の佳名に改名された門号を対照すると、左上の表のようである。

表　門号対照表

氏族名門号	唐風門号
山　門	陽明門
建部門	待賢門
的　門	郁芳門
壬生門	美福門
大伴門	朱雀門
若犬養門	皇嘉門
玉手門	談天門
佐伯門	藻壁門
伊福部門	殷富門
海犬養門	安嘉門
猪使門	偉監門
丹治比門	達智門

諸門の氏族名は、大伴門が朱雀門となった以外は、左上の門号対照表に見るように、音がつながっている。山門と陽明門とはあまり似ていないが、山門はもと山部門であり、それが桓武天皇の諱が山部親王であるために、桓武の即位とともに山門に改めたものと思われる。

さて門号の由来であるが、『掌中歴』（平安末期）や『拾芥抄』（鎌倉時代）に、「陽明門山氏造之。待賢門建部氏造之」などとあって、門はそれぞれ門号となった氏族が造ったと説明している。この伝えにもとづき門の造営を記念して、造営に当った氏族の名を門号としたのだとする説が行なわれていた。しかし平安末期や鎌倉時代の書物に見える説がどこまで事実を伝えているかは疑問である。またこれらの門号氏族がとくに建築にすぐれていたとは思えない。旧説を批判して、井上氏以下の諸氏の説が出されたのは無理からぬところである。

井上氏は、大化改新の幕あけとなる乙巳の変において、中大兄が一二通門を鏁《とざ》して蘇我入鹿を討ったとき、海犬養連勝麻呂《あまのいぬかいのむらじかつまろ》・佐伯連小麻呂《さえきのむらじこまろ》・葛城稚犬養連網田《かずらぎのわかいぬかいのむらじあみた》らが中大兄を助けたと『日本書紀』に見えることを指摘し、そこに見える海犬養連・佐伯連・葛城稚犬養連の諸氏の名が宮城十二門の門号と一致することに注目して、門号に見える氏族は大化以前から宮城の門の警護を職掌としており、乙巳の変で中大兄に協力した功を記念するために宮城の門にその氏族名を冠して呼ぶことになった、と論じられた。

山田英雄氏は、海犬養など三氏が大化以前から朝廷の護衛に当り、門の警備にも任じたであろうことは認めるが、乙巳の変にはこの三氏以外の門号氏族は見えないことを指摘し、門号が乙巳の変の記念として成立したのではなく、これらの氏族は軍事的大族の大伴・佐伯両氏の指揮下にあって、大化以前から朝廷の護衛に当り、令制成立後は宮門警備を任とする門部となって諸門を守り、氏族名が門号となったのであろうと論ぜられた。

佐伯有清氏は、門号氏族のいちいちを検討して、大伴・佐伯・建部など軍事をこととする氏族のほか、犬養氏のように警備・狩猟をこととした氏族や、山（部）・伊福部・猪使（猪養）など供膳に関した氏族、あるいは壬生・丹治比のように皇子の養育に当る氏族など、天皇・皇族に近侍する氏族が多いことを論証し、これらの氏族も大伴・佐伯などの軍事氏族とともに天皇の警護に当り、大化後宮城が整備されたときに、宮城十二門の門号に名を残すことになった、と論ぜられた。山田氏の説を継承して、さらに発展させたものといってよい。

これらの研究に感銘を受けたことはさきに述べたが、井上氏の着想もさることながらとくに山田・佐伯両氏の研究に教えられることが多かった。具体的にいうと、教えられたのは大化前代における王権の構造を解明する方法で、簡単にいうと、一つは律令制にのこる前代の遺制を手がかりにすること、もう一つは個別氏族とくに連姓の伴造氏族の研究を推進することである。

こういうところから出発した私の軍事制度についての研究が、貧しいながら実を結ぶのが、一三年後の一九六八年にまとめた『日本古代兵制史の研究』（吉川弘文館）である。

4

その後、門号の研究を推しすすめたのは、門号を記した木簡の出土によるところが大きい。古代の宮跡で木簡の出土が明らかになるのは一九六一年の平城宮跡の発掘においてであるが、つづいて一九六六年にはじまる藤原宮跡の発掘・調査でも木簡が検出された。両宮跡から出土した木簡の数を私は正確に挙げることはできないが、平城宮跡からは約三万点、藤原宮跡からは七、八千点にのぼるのではあるまいか。平城京跡を含めると、長屋王邸跡や左京の二条大路から大量に出土し、二〇万点に近いようである。そしてその木簡のなかには、宮城の門号を記したものが少なくない。

そのすべてを挙げる用意はないが、たとえば藤原宮跡からは猪使門・少子部《ちいさこべ》門・建部門・丹治比門、平城宮跡からは伴門・丹比門・若犬養門・小子門・小子部門などの門号木簡が出土している。木簡から知られる門号が、文献から知られる門号と一致するのは当然であるが、門号としては文献には見えない「小子門」「小子部門」（少子部は小子部と同じと見る）の木簡があることに私は興味を惹かれた。というのは、私はかねてから「小子部」をウジとする「小子部連」という氏族に関心を持ち、門号には見えないが、これもまた軍事氏族ではないかと考えていたからである。

このことは本巻Ⅰ—四「日本古代の内裏と後宮」で述べたので、ここでは簡略にするが、小子部は主として少年によって構成されて天皇の側近に仕え、後宮の庶務に当り、あわせて天皇の護衛をこととする軍事的集団ではないか、とかねがね考えていた（詳しくは拙稿「小子部について」『日本古代兵制の研究』〈前掲〉所収）。その名を門号として記した木簡が、藤原・平城の両宮跡から出土したことは、私見を裏づける史料となる。

なお言えば、「小子門」の名は門号としては文献に見えないが、『続日本紀』天平宝字八年十月九日条に淳仁天皇が平城宮から出るときに通った門として見えていることは、よく知られていた。そして「身賤しきもの〻通行する小門なるべし」（朝日新聞社版『六国史』頭注）、つまり門の脇にある「くぐり」と理解されていたのである。しかし小子門の木簡が出た現在では、宮城十二門の門の一つである時期のあったことが認められている。この木簡が出土した地点は、藤原・平城両宮跡とも的門の存在した東面南門の近くである。

もう一つ門号で問題となった門に「中壬生門」がある。『続日本紀』の天平神護二年五月五日条に、柱を中壬生門の西に建て、官司に圧迫された者や無実の罪をおしつけられた人が柱の下に訴え出、訴状を弾正台が受理することにした、とある。壬生門は平城宮南面東門、すなわち朱雀門の東隣りの門であるが、「中」が何を意味するか、疑問とされていた。しかしそれはそんなにむずかしいことではなく、壬生門の北約一〇〇メートルのところにある朝集殿院の南門をさすと考えればよいのではあるまいか。壬生門の中にあるから中壬生門である。

そもそも宮城は政治を議する場であるが、それとともに天皇を護衛することを重要な任務とした。門もその目的に応じて、内門・中門・外門の三重となる。大まかに言うと、天皇の生活する内裏と天皇が出御する大極殿の門が内門、政治を議する場を守るのが中門、そして宮城全体を守る門が外門であるといってよかろう。大宝令ではこの建前に従って、宮中の諸門を内・中・外の諸門に分類した。養老令ではそれを閤門《こうもん》・宮門・宮城門と改称し、兵衛府が閤門、衛門府と衛士府が宮門、衛門府が宮城門の守衛をそれぞれ担当したこともよく知られている。

大極殿をかこむ一郭を大極殿院というが、その南の門は閤門である。天皇が出御する大極殿の門だからであろう。その南に十二朝堂のある朝堂院があり、その門（平安宮では会昌門、平城宮では重閣中門な

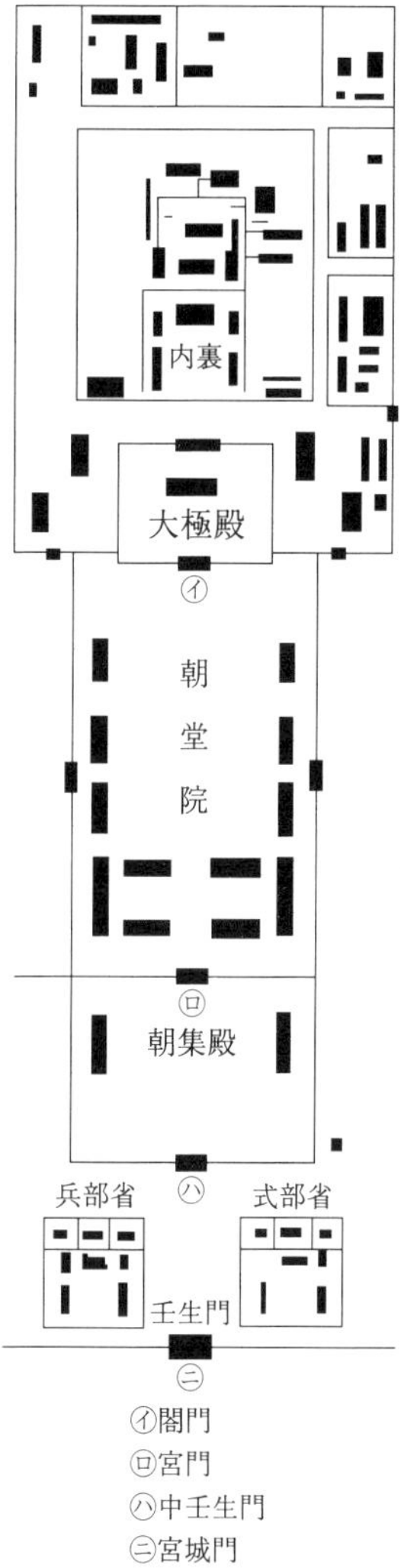

図　平城宮第二次朝堂院と壬生門

どと呼ぶ）は宮門、そして平城宮の第二次朝堂院では、その南に宮城門である壬生門とのあいだに朝集殿院とその門がある（前ページ図のハ）。これが壬生門の中にある門だから、中壬生門と呼ばれたのである。

これが私の説だが、これに対し、訴えを受理する柱を宮城門内に建てたのでは、訴えに行けない人が多かろう、中壬生門は壬生門の前にあったとすべきだ、という説がある。もっともな意見のようだが、門を通るのに必要な門籍は、『令集解』衛門府条の穴説には、「門籍、律に依るに宮門に在るべき也」とある。また『令義解』宮衛令の宮閤門条には、宮閤門に入るには籍が必要であると定めているが、宮城門に入る場合の籍について規定がない。

もちろんだれでも宮城門を通ることができたのではないが、官人であればいちいち通行証を点検したのではあるまい。官人は出勤の場合、初位以上は朝服、無位は制服を着ることが定められている（「衣服令」）から、証明書がなくても宮に仕える人であることは服装を見ればわかったであろう。そして、一般に訴えを受けつけると言っても、訴人は訴状を用意しなければならない。当時、貴族・官人以外に訴状（漢字・漢文で書かねばならない）を書けるものがどれだけいたか。中壬生門で訴状を受けつけるという制は、始めから官人を対象としているのである。中壬生門が壬生門内にあってさしつかえはない。壬生門の前にもう一つ門を建てるというのは、むしろ暴論である。

5

このように考えてくると、『続日本紀』天平十六年三月十一日条に見える「難波宮中外門」の解釈も可能になる。この年閏正月十一日に聖武天皇は元正太上天皇や左大臣橘諸兄らを伴って恭仁宮より難波宮に行幸し、難波に遷都するかに見えたが、二月二十四日に至って聖武は難波宮に元正と諸兄を残して紫香楽に幸する。残された元正太上天皇は、難波宮を皇都とするという勅を諸兄に宣《の》べさせ、三月十一日に、大いなる楯・槍《ほこ》を難波宮の中外門に樹てた（「樹二大楯槍於難波宮中外門一」）、というのである。「楯・槍」については、本巻Ⅰ—三「正月元日の朱雀門と楯槍」で述べたように、正月元日や大嘗祭など天皇が大極殿や大嘗宮に出御して重要な儀礼が行なわれるときに用いられる品である。それが樹てられた難波宮の中外門とはどの門のことか。

林陸朗氏の『完訳注釈　続日本紀』第二分冊（現代思潮社、一九八六年）は「不詳」とし、新日本古典文学大系『続日本紀』二（岩波書店、一九九〇年）では「中門と外門」とする。前者の「不詳」は問題にならないし、後者の説も、難波宮の規模が平城宮などより小さかったにしても、中門と外門をあわせれば一〇以上の門があったに違いない。その門のすべてに楯槍を樹てたとはとうてい考えられないことで、やはり解答になっていない。

この門は「中門と外門」ではなく、「中外門」とひとつづきに読むべきで、その門は、前掲拙稿で、「中壬生門」の例から類推して述べたように、難波の朱雀門（これが外門）のうちがわにある門、すなわち朝堂院の南門（平安宮では会昌門）と朱雀門とのあいだにある門（平安宮では応天門）と考えられるのである。付け加えると平城宮では、朝堂院が第一次と第二次と二つあったから、中外門も朱雀門のうちがわと壬生門のうちがわの二か所にあったが、朝堂院が一か所の難波宮では、中外門は一か所だけである。中朱雀門と言わなくても、中外門と言えばよいのである。

以上で藤原・平城両宮の門（付、難波宮の門）についての私見の大要について述べ終ったが、最後に付け加えておきたいのは、宮の門が内・中・外の三つになる、換言すれば天皇の居所が三重の門で守られるようになるのはいつからか、という問題である。

紙面が尽きたので見通しを述べるにとどめるが、孝徳朝に造営されたと考えられる前期難波宮に始まるのであろう。宮跡発掘の成果によれば、孝徳朝のつぎの斉明朝の後岡本宮と考えられる飛鳥の板蓋宮伝承地のⅢ―A期の遺構も、天武天皇の浄御原宮と考えられるⅢ―B期の遺構も、外郭の門（未発掘）と内郭の門（SB八〇一〇）を通れば、内裏や大安殿・内安殿など、天皇の居所や儀式のさいに出御する殿舎に至ることができると考えられるからである。

つまり飛鳥の宮では、斉明朝でも天武朝でも門は二重であったのである。『日本書紀』推古十六年八月条や同十八年十月条では小墾田宮には南門と大門の二重の門があり、舒明即位前紀の推古三十六年条をみると、山背大兄は門と閤門の二つの門を通って、推古天皇の居所の「大殿」に至っている。門は二重で、宮城門に相当する門は書かれていない。おそらく舒明・皇極朝も同様であろう。

大化改新の政変をへて造られた孝徳朝の前期難波宮（難波長柄豊碕宮）ではじめて、宮の門が内・中・外の三重となり、一時都が飛鳥にもどったとき、さきに見たように後岡本宮や天武朝の浄御原宮は二重の門となるが、持統天皇の藤原宮とそれ以後、三重にもどって、後に続くのである。

もう一つ、門の守衛について付け加えておく。門が二重であったとき、内門は天皇直属の親衛軍である舎人が守り、外門は大伴氏と大伴氏の率いる軍事氏族（食事のことなどで天皇に近侍する氏族を含む）

が守る。これがすでに指摘されているように、兵衛府と衛門府の前身である。孝徳朝以降、門が三重になったとき、内門・外門の守衛担当者に変動はないが、新設の中門の守衛には新しく衛士が配置され、大伴氏の率いる衛門府前身の氏族とともに守衛に当る。大伴氏の率いる衛門府前身氏族が中門の守衛に当ったのは、中門が二重門時代の外門の後身だからであろう。そして新設の衛士が衛士府の前身となる。

ほかにも述べたいことがあるが、予定の紙数を超えたので、筆を擱く。

〔後記〕　本論の4・5節に述べた「中壬生門」と「中外門」、および宮城の門が二重から三重になり、さらに場所によっては四重となったことについては、本シリーズ第十一巻Ⅱ―一「難波遷都から平城京まで」の6節「門の発達」に簡略に述べた。簡略であるが、門の関係の略図を入れてあるので、わかりやすい点もあると思う。併読していただければ幸いである。

出典一覧

序　奈良の都の歴史的位置（直木孝次郎編『古代を考える　奈良』一九八五年五月、吉川弘文館）

Ⅰ　平城京のさかえ

一　奈良のあけぼの（『奈良公園史』一九八二年三月、奈良県）

二　平城京と京の人々（原題「平城京の人びと」、亀井勝一郎編『平城京』一九六三年十月、筑摩書房。直木孝次郎著『古代史の人びと』一九七六年六月、吉川弘文館に再録）

三　正月元日の朱雀門と楯槍再考（原題「正月元日の朱雀門と楯槍」『日本歴史』六三二、二〇〇一年一月）

四　日本古代の内裏と後宮（朝日新聞社編『古代史を語る』一九九二年五月、朝日新聞社。直木孝次郎著『飛鳥奈良時代の考察』一九九六年四月、高科書店に再録）

Ⅱ　聖武天皇と貴族・官人

一　藤原不比等（直木孝次郎他著『古代日本の人間像』三〈エコール・ド・ロイヤル　古代日本を考える七〉、一九八五年十一月、学生社）

二　親王と呼ばれた栄光と悲劇—長屋王邸跡出土木簡の意味するもの—（『読売新聞』一九八八年九月十六日号）

三　聖武天皇の後宮について—平城京出土木簡を手がかりに—（『甲子園短期大学紀要』一〇、一九九一年。奈良国立文化財研究所編『長屋王家・二条大路木簡を読む』二〇〇一年三月、奈良国立文化財研究所に再録）

四　難波使社下月足とその交易（『難波宮址の研究』第七〈論考篇〉、一九八一年三月、大阪市文化財協会。直木孝次郎著『難波宮と難波津の研究』一九九四年二月、吉川弘文館に再録）

五　藤原清河の娘―済恩院の由来について―（竹内理三編『平安遺文』第一巻月報一一、一九六四年四月。直木孝次郎著『古代史の人びと』一九七六年六月、吉川弘文館に再録）

六　安拝常麻呂解の斜について（『続日本紀研究』一〇―六・七合併号、一九六三年七月。直木孝次郎著『奈良時代史の諸問題』一九六八年十一月、塙書房に再録）

Ⅲ　寺々と仏たち

一　咲き匂う奈良の都―その実像と幻想―（入江泰吉『奈良の四季』一九七八年四月、国際情報社）

二　西の京（原題「西の京散歩」、林屋辰三郎編『奈良歴史散歩』一九五六年九月、河出書房。直木孝次郎著『秋篠川のほとりから』一九九五年二月、塙書房に再録）

三　回想の広目天より（『新潮古代美術館』一三巻、一九八一年一月、新潮社。直木孝次郎著『秋篠川のほとりから』一九九五年二月、塙書房に再録）

四　仏像の美しく見えるとき（『伊珂留我』一五、一九九四年四月、法隆寺昭和資財帳編纂所。直木孝次郎著『秋篠川のほとりから』一九九五年二月、塙書房に再録）

Ⅳ　遺跡と遺跡保存

一　称徳天皇山陵の所在地（『高麗美術館研究紀要』五、二〇〇六年十一月、高麗美術館）

補論1　小字高塚について（新稿）

補論2　北辺坊四坊について（新稿）

二　平城宮跡保存の歴史概略（原題「世界遺産平城宮（京）跡のねうち―今日までこんなにも大切にされてきました―」、直木孝次郎・鈴木重治編『世界遺産平城宮跡を考える―考古学・歴史学・地質学・環境論・交通論から―』二〇〇二年十一月、ケイ・アイ・メディア）

古代宮城の門について――あとがき（新稿）

著者略歴

一九一九年　兵庫県に生まれる
一九四三年　京都帝国大学文学部国史学科卒業
大阪市立大学教授、岡山大学教授、相愛大学教授、
甲子園短期大学教授を経て
現在　大阪市立大学名誉教授

〔主要著書〕
日本古代国家の構造　持統天皇　日本古代の氏族
と天皇　日本古代兵制史の研究　神話と歴史　飛
鳥奈良時代の研究　万葉集と古代史　古代河内政
権の研究　日本古代の氏族と国家　額田王

直木孝次郎　古代を語る13

奈良の都

二〇〇九年(平成二十一)十月十日　第一刷発行

著　者　直《なお》木《き》孝《こう》次《じ》郎《ろう》
発行者　前田求恭
発行所　株式会社 吉川弘文館
郵便番号一一三―〇〇三三
東京都文京区本郷七丁目二番八号
電話〇三―三八一三―九一五一〈代表〉
振替口座〇〇一〇〇―五―二四四番
http://www.yoshikawa-k.co.jp/

印刷＝株式会社 精興社
製本＝誠製本株式会社
装幀＝山崎　登

ISBN978-4-642-07894-8

直木孝次郎 古代を語る

刊行に当たって

日本古代史の碩学、直木孝次郎先生は一九一九年（大正八）に生まれ、一九四一年（昭和十六）京都帝国大学に入学、大学卒業後の一時期太平洋戦争の終戦まで海軍飛行予科練習生（予科練）および海軍兵学校の教官として過ごされましたが、その後八九歳の今日まで一貫して古代史研究に邁進してこられました。

先生の研究領域は幅広く、古代史全般にわたっていますが、とくに国家の発生から奈良時代に至る、政治・社会構造・文化を総合的に究め、学術書・教養書・啓蒙書を合わせて四〇冊を超える著書を出版し、古代史の重鎮として学界を指導されてきました。この間、紀元節問題や教科書裁判にも自らの学問に基づき積極的に多くの提言をされ、難波宮をはじめ平城宮・斑鳩・和歌浦・吉野などの文化財保存運動にも取り組まれ、貴重な古代遺跡の保存に貢献されました。また、文学にも造詣が深く、自ら短歌の歌集を刊行されていることは周知の通りです。

このような先生の業績の多くは、著書にまとめられていますが、なお論文、講演記録、自治体史、一般雑誌・新聞のエッセイなどで、未収録のまま残されているものが少なくありません。そこで、小社では『直木孝次郎　古代を語る』のシリーズ名のもとに、読者にとって興味深いテーマを立て、全一四巻に集成することといたしました。

本シリーズの各巻が、多くの方々に読み継がれ、古代の魅力とロマンに浸っていただくとともに、読書から得られる創造の醍醐味を体感していただければ幸いでございます。

二〇〇八年七月

吉川弘文館

直木孝次郎 古代を語る

全14巻の構成　（価格は税込）

1 古代の日本　二七三〇円
2 邪馬台国と卑弥呼　二七三〇円
3 神話と古事記・日本書紀　二七三〇円
4 伊勢神宮と古代の神々　二七三〇円
5 大和王権と河内王権　二七三〇円
6 古代国家の形成—雄略朝から継体・欽明朝へ—　二七三〇円
7 古代の動乱　二七三〇円
8 飛鳥の都　二七三〇円
9 飛鳥寺と法隆寺　二七三〇円
10 古代難波とその周辺　二七三〇円
11 難波宮の歴史と保存　二七三〇円
12 万葉集と歌人たち　二七三〇円
13 奈良の都　二七三〇円
14 古代への道　（11月刊行）

私の歴史散歩

直木孝次郎と奈良・万葉を歩く

春夏――Ａ５判・カラー口絵四頁・一七六頁／一八九〇円

秋冬――Ａ５判・カラー口絵四頁・一六〇頁／一七八五円

古代のロマンに満ちた奈良・万葉の世界。そのすべてを知り尽くした歴史学者が、四季折々の散策にふさわしいおすすめの歴史散歩コースを紹介する。大きな活字で読みやすく、自ら歩いた全コースを味わい深い達意の文章と豊富な写真で道案内。歴史散歩に役立つ付録も充実。一味違った奈良・万葉が楽しめる、格好のガイドブック。